内蒙古自治区"十四五"职业教育规划教材

客户关系管理实务

（第2版）

主　编　郑志丽

北京理工大学出版社
BEIJING INSTITUTE OF TECHNOLOGY PRESS

内容简介

本教材是内蒙古自治区"十四五"职业教育规划教材,教材在对客户管理工作岗位群的典型工作任务分析的基础上,以工作过程为导向,设计了5个学习情境,每个学习情境包含若干任务,每个任务都按照"资讯—计划—决策—实施—评价—检查"的完整过程进行教学内容设计,为了兼顾知识的系统性和客户关系管理的技能训练,在教材结构组织上前4个学习情境以案例分析、专项技能训练来提升专业技能,第5个学习情境以12个工作任务为依托,综合训练提升专业技能。本书可以作为市场营销、工商企业管理、连锁经营与管理、商务管理等相关专业必修课程的教材用书或者参考书,也可以作为客服专员、超市管理人员、个体从业人员的自学与培训用书。

版权专有　侵权必究

图书在版编目(CIP)数据

客户关系管理实务/郑志丽主编 . —2 版 . —北京:北京理工大学出版社,2020.3
(2024.1 重印)

ISBN 978-7-5682-7856-0

Ⅰ.①客… Ⅱ.①郑… Ⅲ.①企业管理-供销管理-教材 Ⅳ.①F274

中国版本图书馆 CIP 数据核字(2019)第 252052 号

责任编辑:徐春英　　**文案编辑**:徐春英
责任校对:周瑞红　　**责任印制**:施胜娟

出版发行 / 北京理工大学出版社有限责任公司
社　　址 / 北京市丰台区四合庄路6号
邮　　编 / 100070
电　　话 / (010) 68914026(教材售后服务热线)
　　　　　　(010) 68944437(课件资源服务热线)
网　　址 / http://www.bitpress.com.cn

版 印 次 / 2024年1月第2版第5次印刷
印　　刷 / 北京虎彩文化传播有限公司
开　　本 / 787 mm×1092 mm　1/16
印　　张 / 15
字　　数 / 355 千字
定　　价 / 39.80元

图书出现印装质量问题,请拨打售后服务热线,负责调换

前　言

二十大报告中提出，未来我国将"加快构建新发展格局，着力推动高质量发展"，稳步扩大规则、规制、管理、标准等制度型开放，营造市场化、法治化、国际化一流营商环境，推动共建"一带一路"高质量发展，有序推进人民币国际化，深度参与全球产业分工和合作，维护多元稳定的国际经济格局和经贸关系。这为我国商贸行业迎来了新发展、新机会、新利好。在这样的经济发展大背景下，结合新时代高等职业教育"三教"改革、课程思政"建设的要求，本书也需要不断充实和完善。本书第1版在2016年出版，得到广大读者的好评，多次印刷并被多所高职院校选为教材，根据教材使用中教师和学生的意见和建议，这一版在学习目标、案例选取、资源建设等方面较以前版本做了大量的改进，形成了以下特色：

一、设计任务分解引导岗位技能训练

在每个任务的前部加入了任务分解，让学生对本任务的技能训练点一目了然，同时突出任务导向，以客户关系管理员工的视角阐述所遇到的问题，任务随之展开。

二、利用信息化手段打造新形态教材

积极贯彻二十大精神，选取符合专业方向的适当案例和拓展资料，结合现在线上教育的趋势，用信息化手段，任务章节都可以利用职教云等在线资源形式，通过二维码链接，进行视频学习、实例训练与自我测试；并对相关电子教案、教学课件、配套习题测试题库及答案进行配套完善，帮助学生课上课下随时随地进行学习；在每节知识点后增加网上学习材料链接，帮助学生扩充知识面。

三、课程思政因素融入内容，推进立德树人

作为课堂教学载体的教材，也是国家"三教改革"的内容之一，应强化课程的思政育人功能，"在全社会弘扬劳动精神、奋斗精神、奉献精神、创造精神、勤俭节约精神，培育时代新风新貌"，将这些精神纳入课程素质目标中，课程思政因素融入内容，推进立德树人。

本教材由郑志丽主编，赵娟、贾敏燕和郭少军任副主编。郑志丽负责编写大纲和整体策划统稿。具体编写分工是：学习情境1由郑志丽编写，学习情境2由赵娟、贾敏燕编写，学习情境3由贾敏燕、郭少军编写，学习情境4、5由赵娟、贾敏燕编写。郑志丽进行了全书统稿。内蒙古旭威信息技术有限公司李宏江先生为本教材编写提供了任务所涉及的岗位技能点凝练以及大量客户关系管理实战案例，谨表感谢。本教材在修订过程中参阅了国内外许多客户关系管理方面的文献，在此对相关作者致以深深的谢意。

  由于编者水平有限，书中难免有错误和纰漏，敬请专家和读者不吝指正！

目 录

学习情境 1　认知客户关系管理 ………………………………………………… 1
 学习目标 ……………………………………………………………………………… 1
 情境引入 ……………………………………………………………………………… 2
 任务 1　掌握客户关系管理的内涵 ………………………………………………… 5
  1.1　客户的内涵 ………………………………………………………………… 6
  1.2　客户关系的内涵 …………………………………………………………… 11
  1.3　客户关系管理的内涵 ……………………………………………………… 17
  1.4　客户关系管理与企业组织结构 …………………………………………… 21
 综合练习 ……………………………………………………………………………… 23
 技能训练 ……………………………………………………………………………… 25
 拓展学习 ……………………………………………………………………………… 25
 任务 2　了解客户关系管理的发展历程 …………………………………………… 26
  2.1　客户关系管理产生的背景 ………………………………………………… 28
  2.2　客户关系管理产生的原因 ………………………………………………… 29
  2.3　客户关系管理理论的演变过程 …………………………………………… 32
  2.4　客户关系管理的研究现状和发展趋势 …………………………………… 34
 综合练习 ……………………………………………………………………………… 36
 技能训练 ……………………………………………………………………………… 37
 拓展学习 ……………………………………………………………………………… 38

学习情境 2　客户挖掘 ………………………………………………………………… 42
 学习目标 ……………………………………………………………………………… 42
 情境引入 ……………………………………………………………………………… 43
 任务 3　客户信息调查与分析 ……………………………………………………… 44
  3.1　客户调查的内容 …………………………………………………………… 45
  3.2　客户调查的步骤 …………………………………………………………… 48
  3.3　客户调查的方法 …………………………………………………………… 53
  3.4　调查资料的整理与分析 …………………………………………………… 57

综合练习 · 58
　　技能训练 · 59
　　拓展学习 · 59
　　任务4　客户识别与选择 · 60
　　　　4.1　客户识别 · 61
　　　　4.2　客户关系的选择 · 64
　　　　4.3　潜在客户的识别与选择 · 68
　　　　4.4　有价值客户的识别与选择 · 74
　　综合练习 · 76
　　技能训练 · 77
　　拓展学习 · 79
　　任务5　客户信息管理 · 80
　　　　5.1　建立客户资料库 · 82
　　　　5.2　建立客户信息档案 · 86
　　　　5.3　客户信息分析 · 90
　　综合练习 · 94
　　技能训练 · 94
　　拓展学习 · 95
　　任务6　建立客户关系 · 96
　　　　6.1　拜访客户 · 98
　　　　6.2　建立客户关系（策划市场活动） · 102
　　综合练习 · 105
　　技能训练 · 106
　　拓展学习 · 106
　　任务7　商机管理 · 107
　　　　7.1　商机 · 108
　　　　7.2　报价 · 112
　　综合练习 · 115
　　技能训练 · 115
　　拓展学习 · 116

学习情境3　客户关系的保持管理 · 119

　　学习目标 · 119
　　情境引入 · 120
　　任务8　客户满意度管理 · 121
　　　　8.1　客户满意的内涵 · 123
　　　　8.2　客户满意度管理 · 125
　　　　8.3　客户满意度测评 · 130

综合练习	137
技能训练	138
拓展学习	139
任务9　客户忠诚度管理	141
9.1　客户忠诚度的内涵	142
9.2　客户满意度和忠诚度的关系	145
9.3　客户忠诚度的衡量指标	147
9.4　建立有效的客户忠诚计划	149
综合练习	153
技能训练	154
拓展学习	155

学习情境4　客户服务管理　158

学习目标	158
情境引入	159
任务10　客户异议管理	161
10.1　客户异议的内涵	162
10.2　客户异议管理	165
综合练习	168
技能训练	168
拓展学习	169
任务11　客户投诉管理	170
11.1　客户投诉的内涵	171
11.2　客户投诉管理内容及方法	174
综合练习	176
技能训练	177
拓展学习	178
任务12　客户服务管理	179
12.1　客户服务的含义与作用	181
12.2　客户服务的类型	182
12.3　客户服务标准	186
12.4　提高客户服务水平的方法	187
12.5　CRM思想下的客户服务与传统客户服务的区别	188
综合练习	189
技能训练	190
拓展学习	190
任务13　客户流失管理	190
13.1　对客户流失的认识	191

13.2　客户挽回 ·· 194

学习情境 5　客户关系管理综合实训 ·· 202

　学习目标 ·· 202
　任务 14　熟悉客户专员的岗位职责 ··· 203
　任务 15　利用街头拦截访问法收集客户信息 ·· 205
　任务 16　建立客户信息档案 ·· 208
　任务 17　准确识别与管理超市的大客户 ··· 210
　任务 18　拜访大客户 ··· 213
　任务 19　设计超市报价单 ·· 214
　任务 20　制定提升客户满意度方案 ··· 216
　任务 21　培养客户忠诚度具体措施 ··· 218
　任务 22　积极化解客户异议 ·· 220
　任务 23　妥善处理客户投诉 ·· 221
　任务 24　有效提升客户服务 ·· 224
　任务 25　恰当防止客户流失 ·· 228

学习情境 1

认知客户关系管理

学习目标

素质目标

1. 在梳理客户关系管理岗位能力的过程中培养学生敬业奉献的工匠精神;
2. 在了解客户关系发展历程中培养学生具有良好的思想政治素质和遵纪守法的精神;
3. 通过技能训练培养学生具备团队协作能力、语言表达能力、问题分析能力和归纳总结能力等基本素养。

知识目标

1. 掌握客户、客户关系、客户关系管理的内涵;
2. 掌握客户细分的概念,了解客户细分的类型;
3. 掌握客户关系管理的内容、流程;
4. 了解客户关系管理产生的背景、发展现状及未来展望。

技能目标

1. 能根据某企业产品细分客户;
2. 能画出客户关系管理流程。

主要任务

任务1 掌握客户关系管理的内涵;
任务2 了解客户关系管理的发展历程。

情境引入

屈臣氏独特的客户关系管理理念

《Campaign Asia - Pacific》2012年［亚洲一千家最佳品牌］对超过5 000名亚洲受访者进行市场调查,结果显示屈臣氏成为亚洲第一"个人护理"店品牌。

没错,屈臣氏成功的重要因素是它视"关系"为关键资产,屈臣氏旨在为顾客提供个性化、特色化服务,它的个人护理商店以"探索"为主题,提出了"健康、美态、快乐"三大理念,真正关心顾客的健康生活,协助顾客热爱生活,注重品质,塑造内在美与外在美统一的形象。正是屈臣氏的"个人护理"概念,牢牢抓住了顾客的心,建立了稳固的客户关系,并通过一系列的维护活动,将这份客户关系长久地经营下去。

1. 屈臣氏与客户关系的建立

1) 客户状态分类

每天光顾屈臣氏店铺的顾客很多,有些只是进来走一走,看一看;有些会停在某个柜台前,因为被一个新产品所吸引;而有些人则是目标明确,到熟悉的柜台,选熟悉的商品。但从来不会光顾的"顾客"也并非对里面的商品没兴趣,至少每一次经过店铺都会向里面张望,这说明他有需求但还没有产生购买动机。对各类型的顾客进行科学的分类,并针对各类型顾客设计营销策略,有助于屈臣氏建立与客户的关系。

2) 对各种状态客户的管理

(1) 对潜在客户和目标客户的管理

只要是没有产生购买行为的顾客、在将来会产生购买行为的顾客都是潜在客户和目标客户。这时就需要屈臣氏的员工进行仔细的观察,主动接触,看看是否有需求,何种需求,要尽量详细介绍产品或者服务,更要耐心解答他们提出的问题。而对于明确表示有购买需求、对价格敏感的顾客,如果员工在经过耐心的介绍后仍然没有刺激到顾客的购买动机,那么可以记下顾客的联系方式,等到节假日促销活动、打折促销活动时可以联系顾客,进行"追踪"。

(2) 对初次购买客户的管理

对初次购买客户的管理目标是使其发展成为忠诚客户或重复购买客户。员工在与第一次购买客户的交流中,要跳开针对大众的广告和促销活动,进行有针对性的个性化交流,目的在于让顾客感受到关怀与呵护,努力与他们建立一种相互信任的关系,增加他第二次光顾的可能性。

(3) 对重复购买客户和忠诚客户的管理

销售给潜在客户和目标客户的成功率为6%,而销售给初次购买客户的成功率为15%,销售给重复购买客户和忠诚客户的成功率为50%,可见,对重复购买客户和忠诚客户的管理是客户管理工作的重点。

企业应要求员工在接触老客户时，要主动询问最近使用产品和享受服务时发现的问题和不满意的地方，听取他们的意见或建议，及时有效沟通，然后根据他们的要求或需要，对产品和服务进行改进。这样企业就有可能将重复购买的客户培养成忠诚客户，使忠诚客户继续对企业的产品或服务保持最高的信任度和忠诚度。

3) 选择最有价值客户并管理

屈臣氏在调研中发现18～35岁，月收入2 500元以上的女性消费者有较强的消费能力，但时间紧张，追求的是舒适的购物环境，这与屈臣氏的定位非常吻合。

为了方便"最有价值客户"，在选址方面，最繁华的一类商圈是屈臣氏首选，货架的高度从1.65米降低到1.40米，并且主销产品在货架的陈列高度一般在1.3米到1.5米。在商品的陈列方面，按化妆品－护肤品－美容用品－护发用品－时尚用品－药品－饰品化妆工具－女性日用品的分类顺序摆放，并且在不同的分类区域推出不同的新产品和促销商品。

4) 客户开发策略

（1）具有特色产品

光顾过屈臣氏的客户都有这样一个共识：我要买的，屈臣氏都有；我要买的，只有屈臣氏才有。不错，屈臣氏的产品具有足够的特色，来区别于市场上同质同类的产品。

（2）品牌

屈臣氏销售的产品都是知名国际、国内品牌。品牌是一份合同，一个保证，一种承诺。并且品牌不分地域，提供统一的标准。目前，屈臣氏代理的品牌有：欧莱雅、肌研、碧柔、资生堂、多芬、玉兰油等；屈臣氏自主创建的品牌有：里美、魔法医生等，这些很受年轻女性青睐的品牌只在屈臣氏独家经销。这在很大程度上吸引着一部分客户，也能开发对这两个品牌有需求的新客户。

（3）网络营销

屈臣氏有自己的官方网站商城，销售各类产品，几乎与店铺同步，价格也是一样的，但会实行包邮的优惠策略。在官方商城，可以浏览屈臣氏代理的所有品牌以及产品，还可以在线咨询美容、健康顾问。为没有时间逛街的白领提供了极大的便利。

2. 屈臣氏与客户关系的维系

1) 客户信息管理

屈臣氏超市的收银员在为每位客户结账时，都会问一句："请问您有会员卡吗？"如果有，则会进行积分；如果没有，会马上为客户办理。

2) 屈臣氏与客户的沟通

到屈臣氏店铺购物的客户可以和店员直接沟通，店员则要耐心与客户进行有效沟通，并记录有关客户个人信息、购买产品的信息以及不满意的地方，尽量在客户下次来时，弥补不足之处。特别要注意的是，有些客户喜欢独自购物，比较厌烦销售人员的解说，这时要给客户相对轻松、自由的购物方式，不要一味灌输，赶走客户。

3）提高客户满意度

（1）把握客户期望

通常屈臣氏的价格折扣是在特殊活动中才有的，如果客户在没有价格折扣的情况下购买产品，却要求店员给价格折扣，这时店员要委婉拒绝，不要给客户期望，但可以通过赠品来弥补客户的不满足感。

（2）提高客户感知价值

提高客户的感知价值的两个方面：一方面，给客户提供在别处买不到的产品；另一方面，在屈臣氏购物大大降低了客户的时间成本。

4）提高客户忠诚度

（1）实现客户满意

客户享受的购物体验满意度越高，越喜欢这种购物体验，甚至和好友分享，这自然会提高客户忠诚度。

（2）奖励忠诚

对于忠诚客户，要特别记录，这样有利于了解忠诚客户的生活习惯，然后根据这种习惯，投其所好，能大大增加客户对企业的好感，对企业更加忠诚。

5）挽回流失客户的策略

（1）调查原因，缓解不满

当客户对购买产品不满意时，店员一定要做出合理解释，不能采取对抗和不认账的方式，尽量满足客户的要求，并要把客户不满的原因记录在案，以方便改正。

（2）针对性策略

找到了客户不满意原因，要采取针对性措施，对于普通客户要尽力挽回；对重要客户则要极力挽回。客户流失到竞争对手的领域，则要参照竞争对手的营销策略，根据流失客户所需，改变自己的营销策略。还要注重创新，客户永远不会厌倦惊喜。

加强客户关系管理正在被越来越多的企业所重视。屈臣氏大陆市场获得的巨大成功，就在于其对CRM的成功运用。屈臣氏集团通过准确、合理定位的目标市场群体，创造良好的购物环境，强调个性化的服务，长期保持和会员客户的关系，培养出了忠实的客户群。实践证明，CRM的实施，使用CRM数据分析技术锁定目标客户群；采用经典换购方式与供应商合作，提供换购产品和自由品牌产品；使用多通道宣传模式，采用部分商品长期打折的策略，吸引并提高了客户忠诚度。CRM是屈臣氏经久不衰的重要环节，也是其他零售业需要深入思考和学习的重要内容。

情境描述

本情境是对客户关系管理的认知，属于基本知识的学习，所以重点介绍客户关系管理的基本概念、客户关系管理的内容和流程、客户关系管理的产生和发展，使学生对客户关系管理有正确而全面的认知，确立客户关系管理的理念。

学习情境 ① 认知客户关系管理

任务1　掌握客户关系管理的内涵

任务引入

顾客如潮涌，不得不关门

微课学习：走进客户关系管理

党的二十大提出的"增强消费对经济发展的基础性作用，顺应消费升级趋势，提升传统消费，培育新型消费"的精神和国家"十四五"规划"加快发展现代服务业"的要求，河南商业零售企业胖东来，正以其优质的客户服务打造"以客户为中心"的现代服务体系。

阔别已久的"胖东来"终于在新乡市民的期望中如约归来。这次回归，就如它当初暂别时那样"风淡云轻"，没有任何开业典礼。大胖的低调却阻挡不了消费者对它狂热的追崇！开业仅一个小时，就因为人气爆棚而被迫暂停营业！

据说，关店原因是其已超出最高接待量，"胖东来"紧急通知，停止顾客入场，只能出不能进，这样的场景在中国百货商场开业历史上估计为数不多。

"胖东来"在民间被喻为"中国最好的店"，可见外界对其评价之高，它寄托了许多零售人的梦想，也寄托了消费者的购物理想。媒体评论称，如果新乡有一个商场几乎牵动整个城市，那一定是"胖东来"！它改变了本地百货行业的格局，让老百姓第一次体会到了逛商场除了购物，还能享受到更爱心的服务。

任务分解

胖东来成功的经验证明，重视增加客户所得价值或可能增加的客户所得价值，企业才有望实现持续发展。而企业怎么做，取决于其观念如何。所以"以客户为中心"的观念是提高企业价值的核心。作为第一次接触客户关系管理的新人，首先要掌握客户关系管理的基本概念、客户关系管理的内容和流程，其次要完成下面的任务：

（1）厘清客户、客户关系、客户关系管理三个概念的逻辑结构；
（2）能够对某一产品做出客户细分；
（3）画出客户关系管理的管理流程；
（4）查找资料，找出客户关系管理的工作岗位以及岗位的能力要求。

知识链接

客户关系管理（Customer Relationship Management，CRM）是20世纪90年代在欧美兴起的为企业创造利润的最有价值的工具，在2004年被评为全球五大最佳管理工具之一，受到了企业的重视。但很多企业对客户关系管理的运用停留在技术层面，如购买一套客户关系管理软件，由于对客户关系管理本身缺乏足够和全面的认识，往往导致客户关系管理系统应用的失败，因此探索客户关系管理的理论内涵对企业成功地进行客户关系管

· 5 ·

理十分重要。

为了更好地理解客户关系管理的内涵，我们将客户关系管理分成3个层次：客户、客户关系、客户关系管理，这样对客户关系管理内涵的理解会更清楚。

1.1 客户的内涵

1.1.1 客户的含义

"客户"一词由来已久。在我国古代，客户泛指那些流亡他乡，没有土地、以租地为生的人，后来指代由外迁来的住户。随着商品经济的产生和发展，与工厂企业来往的主顾、客商被称为客户。客户是承接价值的主体，通过货币的付出获得使用价值，也就是要达到相应需求或满足，因此客户也是需求的载体或代表。现代企业管理中，客户是企业的利润之源，是企业发展的动力，很多企业将"客户是我们的衣食父母"作为企业客户管理的理念。

那么到底什么是客户呢？在西方的论著中，顾客（Customer）和客户（Client）是两个不同的概念。尽管顾客与客户都是购买和消费企业产品的人或者组织，但两者最大的区别就在于，顾客只是"没有名字的一张脸"，而客户的资料却很详尽地保存在企业的信息库之中。在客户管理时代，一个非常重要的管理理念就是要将顾客视为"客户"，而不再是"一张没有名字的脸"。在现代营销管理的观念中，顾客与客户也是有区别的，顾客可以由任何人或机构来提供服务，而客户则主要由专门的人员来提供服务。也就是说，客户是针对特定的某一类人或者某一个细分市场而言的。因此，客户是从顾客中提升而来的。

客户管理中的客户的内涵已经扩大化，在关系营销中甚至将公司内部上流程与下流程的工作人员都称为客户。因此可以这样定义：客户是接受企业产品或服务，并由企业掌握其有关信息资料，主要由专门的人员为其提供服务的组织或个人。客户的含义可从以下几个方面来理解。

（1）客户不一定是产品或服务的最终接受者。处于供应链下游的企业或个人是上游企业的客户，他们可以是批发商、零售商或中介商，而最终的接受者可能是消费产品和服务的人或机构。

（2）客户不一定是用户。处于供应链下游的批发商、零售商是生产商的客户，只有当他们消费这些产品和服务时，他们才是用户。

（3）客户不一定在公司之外，内部客户日益引起重视。人们习惯于为企业之外的客户服务，而把企业内的上、下流程工作人员和供应链中的上、下游企业看作是同事或合作伙伴，从而淡化了服务意识，造成服务的内外脱节和不能落实。

（4）客户一定在公司存有相应的资料。企业尤其是许多服务性企业会将客户的信息资料建成数据库，以提供服务和发展业务。

（5）客户是所有接受产品或服务的组织和个人的统称。在现代客户观念指导下，个体的客户和组织的客户都可称为客户，因为无论是个体或是组织都是接受企业产品或服务的对象，而且从最终的结果来看，客户的下游还是客户。因此，客户是相对于产品或服务提供者而言的，是所有接受产品或服务的组织和个人的统称。

1.1.2 客户的细分

1897 年意大利经济学家帕累托提出了二八法则，这一法则在经济和社会生活中得到了广泛的应用。对于企业而言，企业利润的 80% 来自约 20% 的重要客户，而其余 80% 的客户对企业来说是微利的甚至是无利可图的。如一些统计表明，23% 的男子消耗了约 81% 的啤酒；17% 的家庭购买了 79% 的咖啡产品。此外，研究还发现，在一个企业的客户群体中，30% 的客户带来了 50% 的利润，这些客户热衷于企业的各种促销计划，一旦发现无法获得任何优惠，就有可能选择其他提供优惠的企业。

因此不同的客户能够为企业提供的价值是不同的，企业要想知道哪些是企业最有价值的客户，哪些是企业的忠诚客户，哪些是企业的潜在客户，哪些客户容易流失，哪些客户最具有成长性，就必须对客户进行细分：区分不同的客户，针对不同的客户采取不同的营销策略，从而帮助企业获得最大程度的利润。此外，客户细分能够使企业所拥有的高价值的客户资源显性化，使企业能够就相应的客户关系对企业未来的盈利影响进行分析，从而为企业决策提供依据。企业可以利用信息技术，搜集客户信息，建立客户数据库，通过对现有客户数据的分析、整理，识别每一个具体客户，进而找出具有多个相同或相似需求特点的客户群体，合理地划分客户类型，更有效地实现企业的经营目标。

所谓客户细分就是指根据客户的价值、需求、偏好等综合因素对客户进行分类，并提供有针对性的产品和服务及营销模式。按照客户的规模、消费行为、购买方式、忠诚度等不同的分类标准可以把客户分成不同类型，如表 1-1 所示。

表 1-1 客户细分

序号	划分依据	细分类型
1	根据客户与企业的关系划分	消费者客户 中间客户 内部客户 公利客户
2	根据客户对企业的价值大小划分	贵宾型客户 重要型客户 普通型客户
3	根据客户的忠诚度划分	忠诚客户 老客户 新客户 潜在客户
4	根据客户提供价值的能力划分	灯塔型客户 跟随型客户 理性客户 逐利客户

微课学习：客户细分

1. 根据客户与企业的关系划分

购买者购买企业产品和服务的目的并不相同，因此其与企业形成的购买关系也就不同。可以根据客户与企业的关系对客户进行细分，以帮助企业充分认识到自己客户的特点，从而对不同的客户采取不同的策略。表1-2为根据客户与企业关系的客户细分。

表1-2 根据客户与企业关系的客户细分

类型	定义	特点
消费者客户	购买企业最终产品与服务的直接消费者，通常是个人或家庭，又称最终客户或终端客户	这类客户通常数量众多，但消费额一般不高。企业往往对其最为关注，付出精力很大，但是很难使这类客户满意
中间客户	购买企业的产品或服务，但并不是产品或服务的直接消费者，他们将购买来的产品或服务附加到自己的产品或服务上，再进行销售	他们是处于企业与消费者之间的经营者，经销商就是典型的中间客户
内部客户	企业（或联盟企业）内部的个人或业务部门	他们需要通过企业的产品或服务来实现他们的商业目标，通常是最容易被企业忽略的一类客户，他们也是具有长期获利性的客户，企业员工应该是企业较为重要的内部客户
公利客户	代表公众利益，向企业提供资源，然后直接或间接从企业获利中收取一定比例费用的客户	典型例子是政府、行业协会和媒体

2. 根据客户对企业的价值大小划分

企业可以按客户对企业利润的重要程度区分自己的客户，将客户分为贵宾型客户、重要型客户、普通型客户。按照二八法则，贵宾型客户、重要型客户共占客户总量的约20%，而这部分客户为企业创造的利润大约为80%。在80%的普通型客户中，还可以进行进一步划分，找出其中不能为企业创造利润或创造利润很少但消耗着企业许多资源的客户，采取相应措施，使其要么向重要型客户转变，要么中止与企业的交易，从而减少企业不能创造利润的资源消耗。如：在现实中有的银行对交易量很小的个人客户，采取提高手续费的形式促使其到其他银行办理业务。图1-1和表1-3所示分别为客户金字塔结构和根据客户对企业价值的客户细分。

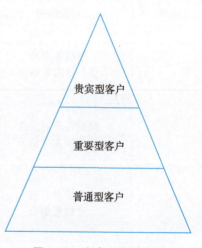

图1-1 客户金字塔结构

表1-3 根据客户对企业价值的客户细分

类型	特点
贵宾型客户	对企业而言这类客户数量最少,但是其消费额占企业销售额总量的比例非常大,对企业销售贡献的价值最大
重要型客户	这类客户是指那些除了贵宾型客户之外,消费额所占比例较大,能够给企业带来较高利润的客户
普通型客户	这类客户人数众多,但是消费总量不大,能为企业带来的利润不多,甚至有可能给企业带来的利润不抵所消耗的企业资源,导致企业不能够从他们身上盈利,甚至造成亏损

例如肯德基是以回头率来划分客户的,认为消费越多,对企业的价值就越大。其将客户分为重度消费者,一个星期来消费一次的;中度消费者,大约一个月来消费一次;而半年消费一次的算是轻度消费者。重度消费者占全部消费者的30%~40%,对于他们来说,肯德基和他们生活的环境、习惯相联系,并逐渐成为他们生活的一部分。对重度消费者,肯德基的策略是保有他们的忠诚度,不要让他们失望;而对于轻度消费者,调查发现,许多人没有光临肯德基的最大原因是购买的不便利性,这只能通过开设新店来实现了。

3. 根据客户的忠诚度划分

客户对企业忠诚度不同,对企业利润的贡献大小也不同。因此按照客户对企业的忠诚度进行客户分类(见表1-4),针对不同客户采取不同的措施,不断提高客户的忠诚度是十分必要的。

客户的忠诚度与企业和客户交易的时间长短和次数是正相关关系,只有忠诚客户才能长时间、高频率地与企业进行交易。而随着与企业交往时间的增加,客户对企业的产品和服务的了解程度也会

案例资源:赣州全辖农商银行,推行客户分类差异服务

不断加深,如果其购买或消费体验一直保持满意,那么客户就会忠诚于企业及其产品和服务。企业的营销措施适当,能够让客户满意,就能赢得客户的信任和支持,潜在客户可以转变为现实的新客户,新客户可变为老客户,老客户可变为忠诚客户。反之,企业的营销措施如果不能令客户满意,甚至损害了客户利益,客户会出现反向变化,从而减少、中止或彻底终止与企业的交易。

表1-4 根据客户忠诚度的客户细分

类型	特点
忠诚客户	对企业的产品和服务有全面深刻的了解,对企业以及企业的产品和服务有高度信任感和消费偏好,并与企业保持着长期稳定关系
老客户	与企业有较长时间的交易,对企业的产品和服务有较深了解,但同时还与其他企业有一定交易往来
新客户	刚刚开始与企业有交易往来,但对企业的产品和服务缺乏较全面了解
潜在客户	对企业的产品或服务有需求,但目前尚未与企业进行交易,需要企业大力争取

4. 根据客户提供价值的能力划分

根据客户提供价值能力的客户细分见表1-5。

表1-5 根据客户提供价值能力的客户细分

类型	特点
灯塔型客户	对新生事物和新技术非常敏感，喜欢新的尝试，对价格不敏感，是潮流的领先者
跟随型客户	紧跟潮流，他们不一定真正了解和完全接受新产品和新技术，但他们以灯塔型客户作为自己的参照群体，他们是真正的感性消费者，在意产品带给自己的心理满足和情感特征，他们对价格不一定敏感，但十分注意品牌形象
理性客户	在购买决策时小心谨慎，他们最在意产品的效用价格比，对产品（服务）质量、承诺以及价格都比较敏感
逐利客户	对价格十分敏感，他们只有在企业与竞争对手相比有价格上的明显优势时才可能选择购买本企业产品

灯塔型客户行为特征背后一定还存在一些基本特征，比如他们往往收入颇丰，受教育程度较高，具有较强的探索与学习能力，对产品相关知识有一定了解，在所属群体中处于舆论领导者地位或者希望成为舆论领导者。灯塔型客户不仅自己率先购买，而且积极鼓动他人，并为企业提供可借鉴的建议。正是灯塔型客户拥有的这些优秀品质，使其成为众商家愿意倾力投资的目标，这也提升了其交易价值。

理性客户对他人的建议听取而不盲从，他们一般只相信自己的判断，而且每一次购买决策都需精密计算，不依赖于某一品牌。因此他们基本不具备交易价值，只能为企业提供客户购买价值、信息价值与口碑价值。

逐利客户的形成可能与他们的收入水平密切相关，其可能处在社会的较底层，对他人的影响力较低，而且其传达的信息也集中于价格方面，因此逐利客户的口碑价值可以忽略不计。逐利客户只为企业提供最基本的两种价值：购买价值与信息价值。

如戴尔公司拥有基于客户重要性的在线信息政策，公司将客户分为所有客户层、注册客户层、签约客户层和白金客户层四个层次，客户收到的信息数量因他们的客户级别而异。越重要的客户收到的信息越全面，得到的服务也就越广泛，价格也更优惠。所有客户层客户得到的信息比较广泛，保证在线质量，其中包括产品细节、订购配置一台特殊计算机的能力、报价清单、一般的技术支持、用户论坛以及其他与公司有关的信息。从注册用户开始，公司提供附加的个性化信息。一个注册用户可以要求对有关信息的跟踪，以戴尔的大型客户之———大型数据库软件供应商甲骨文（Oracle）公司为例，只要甲骨文公司一有新进人员报到，戴尔很快就会把该员工所需规格的计算机准备好，新员工很快就可以上网工作了。白金客户得到的服务最具个性化，戴尔公司翻译了18种语言，在36个国家设立了客户网站，白金客户可以在线与产品设计者一起讨论，保证新产品能够充分满足客户的需求。戴尔公司通过向不同层次的客户提供不同层次的信息和不同级别的服务，使公司的活动能够反映客户个人的特殊需求和希望。客户与公司之间方便、灵活的互动，帮助戴尔公司建立并不断加深与客户的关系，使公司从拥有的相对固定的客户群中获得了利益的最大化并使客户关系得到了持久发展。

客户细分是企业实施客户关系管理过程中一个非常重要的环节,企业要选定细分的依据,明确细分标准,将客户分为不同的类别。过于宽泛的客户细分会混淆不同客户的特征,达不到客户细分的目的,过于细致的客户细分尽管能够识别不同的客户群体,但是会消耗较高的成本,因此企业要合理地进行客户细分。

1.2 客户关系的内涵

如果说管理的目标是创造客户,那么客户关系就是企业生存和发展的生命线。建立客户关系是客户关系管理的首要任务,在此基础上需要采取一系列营销措施进一步优化这种关系,加深关系强度、延长关系时间、最大化关系周期内接触的频次、最大化每一次接触给企业带来的利润。

1.2.1 客户关系的含义

客户关系是指企业为达到其经营目标,主动与客户建立起的某种联系。这种联系可能是单纯的交易关系,可能是通信联系,也可能是为客户提供一种特殊的接触机会,还可能是为双方利益而形成某种买卖合同或联盟关系。客户关系不仅仅可以为交易提供方便、

微课学习:客户生命周期的含义

节约交易成本,也可以为企业深入理解客户的需求和交流双方信息提供机会。客户关系具有多样性、差异性、持续性、竞争性、双赢性的特征。企业与客户关系状况可以从以下几个方面进行理解。

(1)客户关系长度,也就是企业维持与客户关系的时间长短。通常以客户关系生命周期来表示,分为考察期、形成期、稳定期、衰退期。客户生命周期主要是针对现有客户而言,要延长客户关系,可通过培养客户忠诚、挽留有价值客户、减少客户流失、去除不具有潜在价值的关系等来提高客户关系生命周期平均长度,发展与客户的长期关系,将老客户永远留住。

(2)客户关系深度,也就是企业与客户双方关系的质量。衡量客户关系深度的指标通常是重复购买收入、交叉销售收入、增量销售收入、客户口碑与推荐等。

(3)客户关系广度,也就是拥有客户关系的数量,既包括获取新客户的数量,又包括保留老客户的数量,还包括重新获得已流失的客户数量。拥有相当数量的客户是企业生存与发展的基础,因此需要不断挖掘潜在客户、赢取新客户,尽量减少客户的流失。此外,要努力保持老客户,由于开发一个新客户的成本是维系一个老客户成本的5倍,所以保持老客户可以节约获取新客户的成本。另外,老客户对价格等影响满意度的关键要素敏感性较低,对企业及其产品的某些失误更宽容。所以保持老客户可以给企业带来多方面的收益。而对于流失的客户要尽力争取,一方面减少客户的流失,另一方面让已流失的客户重新成为企业的客户。

企业要想取得长期的竞争优势就要维系良好的客户关系,而这种与客户持续的良好关系也逐渐成为企业的核心竞争力。企业在加强客户关系的同时,不仅要关注关系的物质因素,更要考虑到关系的另一个特点,即客户的感觉等其他非物质的情感因素,达到创造新

客户、维持老客户、提高客户满意度与忠诚度，从而提升客户的价值和利润的目的。

1.2.2 影响客户关系的因素

面临不断变化的环境，客户的需求也在发生变化，很多因素影响着客户及其行为，进而影响着客户与企业之间的关系，改变着客户对企业的价值。

1. 客户自身因素

客户自身因素包括生理、心理两个方面的因素。客户生理、心理状态，尤其是他们的心理因素对其购买行为都有很大影响。人类的心理过程带有普遍性，是所有个体客户或客户代表在消费行为中必然经历的共同过程，是客户购买心理的共性。客户的个性心理分为个性倾向性（需要、动机、爱好、理想信念、价值观等）和个性心理特征（能力、气质、性格等）。其中，需要和动机在客户自身因素中占有特别重要的地位，与客户行为有直接而紧密的关系，任何客户的购买行为都是有目的或有目标的。需要是购买行为的最初原动力，而动机则是直接驱动力。需要能否转化成购买动机并最终促成购买行为，有赖于企业采取措施加以诱导、强化。

以下因素影响客户在购买活动中的行为。比如，客户购买前的搜集信息和整理信息、在购买中的选择决策和实际购买及购买后的使用、评价、保养、维修。客户的购买行为从萌发到购买后评价，处于持续发展的状态中。客户行为过程既是一个具体活动的整体过程，也是一个动态的发展过程。购买后满意是保持客户关系的关键。

2. 外部影响因素

外部影响因素包括社会环境因素和自然环境因素。社会环境因素如经济、政治、法律、文化、科技、宗教、社会群体、社会阶层等，自然环境因素如地理、气候、资源、生态环境等，都会对客户关系产生重要的影响。例如，技术的进步使得那些采用了新技术的产品更加吸引客户；社会经济的衰退造成客户的消费能力下降；生态环境的恶化使得客户对环保性产品的需求增加。这些外部影响因素都会左右着客户的行为，影响客户关系的变化。

3. 竞争性因素

竞争性因素包括产品、价格、销售渠道、促销、公共关系、政府关系等。竞争对手的价格策略、渠道策略、促销活动、公共关系状态、政府关系等，都直接影响着客户的购买行为。企业不能只管理自己的客户关系，还要与竞争对手的客户关系进行比较，这样才能发现问题，从而不断改进自己的客户关系。

4. 客户的购买体验

客户决策过程分为认识需要、收集信息、评价选择、决定购买、购后感受等阶段。购买决策内容包括客户的产品选择、品牌选择、经销商选择、时机选择、数量选择。产品竞争激烈的时候，决定获得或者维持客户的已经不再是产品本身了，而是客户的购买体验。企业不仅仅是卖产品，而且也是卖服务和感觉，即卖一种符合客户需求甚至引导客户需求的东西。不同的企业给客户提供的产品内容是不同的，这中间的差距会给客户带来不同的体验。

总之，影响客户行为的因素是全面的、动态的，各种因素是共同作用的，所以企业必须及时掌握客户动态，有针对性地采取措施管理客户关系。

1.2.3 客户关系的类型

菲利普·科特勒曾经区分了企业与客户之间的 5 种不同程度的关系水平，如表 1-6 所示。

表 1-6 企业与客户之间的 5 种关系水平

关系类型	关系状态
基本型	销售人员把产品销售出去就不再与客户接触
被动型	销售人员把产品销售出去并鼓动客户在遇到问题或者有意见的时候和公司联系
责任型	销售人员在产品售出以后联系客户，询问产品是否符合客户的要求；销售人员同时征求有关产品改进的各种建议，以及任何特殊的缺陷和不足，以帮助公司不断改进产品使之更加符合客户需求
能动型	销售人员不断联系客户，收集有关改进产品用途的建议并发布新产品的信息
伙伴型	公司不断地和客户共同努力，帮助客户解决问题，支持客户的成功，实现共同发展

需要指出的是，这 5 种程度的客户关系类型并不是一个简单的从优到劣的顺序，企业所能采用的客户关系的类型一般是由它的产品以及客户决定的。比如某日化公司洗发水、洗衣粉的客户之间是一种被动型的关系；该日化公司设立客户抱怨处理机构，处理客户投诉，改进产品；但是该日化公司和当地大型超市之间却可以建立互惠互利的伙伴型关系。

科特勒根据企业的客户数量以及企业产品的边际利润水平提供了一个表格，以帮助企业选择适合自己的客户关系类型，如图 1-2 所示。如果企业面对少量客户，提供的产品或服务的边际利润水平相当高，那么应当采用伙伴型客户关系，力争实现客户成功的同时，自己也获得丰厚的回报；但如果产品或服务的边际利润水平很低，客户数量极其庞大，那么企业会倾向于采用基本型客户关系，否则可能因为售后服务的较高成本而出现亏损。其余的类型可由企业自行选择和组合。因此，一般来说，企业对客户关系进行管理或改造的趋势，应当是朝着为客户提供满意服务（客户让渡价值高）并提高产品的边际利润水平的方向发展。

客户数量	基本型	被动型	责任型
	被动型	责任型	能动型
	责任型	能动型	伙伴型

边际利润水平 →

图 1-2 企业选择客户关系的类型

企业的客户关系类型或者说企业客户关系管理的水平并不是固定不变的，企业客户关系管理应该积极地在横向上向右推动。现在已经有越来越多的公司正在这样做，且效果明显。比如生产塑胶的某化学公司在 20 世纪 80 年代末的竞争中并不占有优势,公司所做的调查表明,在客户偏好方面该公司落后于另外两家橡胶公司处在第三位;不过,调查还表明客户对于三家的服务均不满意。这个发现促使其改变其经营策略,不再局限于提供优质产品和按时交货以及服务,该公司开始和客户建立更加密切的伙伴型关系,不仅出售产品和服务,还出售客户"成功"。公司的一位高级经理说"不论他们使用我公司的塑胶去做安全套还是复杂的飞机设备,我们都要去帮助他们在市场上取得成功"。这种基于"双赢"的伙伴型关系策略很快使该公司成为橡胶行业的领先者。

　　建立和维系与客户的关系,其基础是企业提供给客户的价值,也就是客户从拥有和使用某种产品、服务中所获得的收益与取得该产品所付出的成本之差。较高价值的体现是多方面的,比如优秀的产品、服务质量,良好的客户满意度和口碑等,这些是吸引新客户的重要手段,同时对于增进与老客户的关系也非常有效。

　　从供应链的角度将客户关系分成四类:买卖关系、优先供应关系、合作伙伴关系及战略联盟关系。

　　(1) 买卖关系。一些企业与其客户之间的关系维持在买卖关系水平,客户将企业作为一个普通的卖主,销售被认为仅仅是一次公平交易,交易目的简单。企业与客户之间只有低层次的人员接触,企业在客户企业中知名度低,双方较少进行交易以外的沟通,客户信息极为有限。客户只是购买企业按其自身标准所生产的产品,企业维护关系的成本与关系创造的价值均极低。无论是企业损失客户还是客户丧失这一供货渠道,对双方业务并无太大影响。

　　(2) 优先供应关系。企业与客户的关系可以发展成为优先供应关系。处于此种关系水平的企业,其销售团队与客户中的许多关键人物都有良好的关系,企业可以获得许多优先的甚至独占的机会,与客户之间信息的共享得到扩大,在同等条件下乃至竞争对手有一定优势的情况下,客户对企业仍有偏爱。

　　在此关系水平上,企业需要投入较多的资源维护客户关系,主要包括给予这些客户销售优惠政策,优先考虑其交付需求,建立团队、加强双方人员交流等。在这个阶段,关系价值的创造主要局限于双方接触障碍的消除、交易成本的下降等"降成本"方面。企业对客户信息的利用主要表现在战术层面,企业通过对客户让渡部分价值来达到交易长期化的目的,可以说是一种通过价值向客户倾斜来换取长期获取价值的模式,是一种"不平等"关系。客户由于优惠、关系友好而不愿意离开供应商,但离开供应商并不影响其竞争能力。优先供应关系的核心是价值在供应商与客户之间的分配比例和分配方式。

　　(3) 合作伙伴关系。当双方的关系存在于企业的最高管理者之间、企业与客户交易长期化、双方就产品与服务达成认知上的高度一致时,双方进入了合作伙伴阶段。在这个阶段,企业深刻地了解客户的需求并进行客户导向的投资,双方人员共同探讨行动计划,企业对竞争对手形成了很高的进入壁垒。客户将这一关系视为垂直整合的关系,客户企业里的成员承认两个企业间的特殊关系,他们认识到企业的产品和服务对他们的意义,客户对企业有着很强的忠诚度。在此关系水平上,价值由双方共同创造、共同分享。企业对客户成功地区别于其竞争对手、赢得竞争优势发挥着重要作用。双方对关系的背弃均要付出巨大代价。企业对客户信息的利用表现在战略层面,二者关系的核心由价值的分配转变为新价值的创造。

（4）战略联盟关系。战略联盟是指双方有着正式或非正式的联盟关系，双方的近期目标和愿景高度一致，双方可能有相互的股权关系或成立合资企业。两个企业通过共同安排争取更大的市场份额与利润，竞争对手进入这一领域存在极大的难度。现代企业的竞争不再是企业与企业之间的竞争，而是一个供应链体系与另一个供应链体系之间的竞争，供应商与客户之间的关系是"内部关系外部化"的体现。

这四类关系并无好坏优劣之分，并不是所有企业都需要与客户建立战略联盟。只有那些供应商与客户之间彼此具有重要意义且双方的谈判能力都不足以完全操控对方、互相需要又具有较高转移成本的企业间，建立合作伙伴以上的关系才是恰当的。而对大部分企业与客户之间的关系来说，优先供应的关系就足够了。因为关系的建立需要资源，如果资源的付出比企业的所得还多，那么这种关系就是"奢侈的"。

1.2.4 发展客户关系的方法

要留住客户，提高客户的忠诚度，可以在正确识别客户的基础上按照以下三个步骤发展客户关系。

知识拓展：社交网络时代客户关系管理发展策略

1. 对客户进行差异分析

客户之间的差异主要在于两点：第一，客户对于公司的商业价值不同；第二，客户对于产品的需求不同。因此，对客户进行有效的差异分析，可以帮助企业区分客户、了解客户需求，进而更好地配置企业资源，改进产品和服务，牢牢抓住客户，取得最大的利润。

2. 与客户保持良好的接触

客户关系管理的一个主要组成部分就是降低与客户接触的成本，增加与客户接触的收效。前者可以通过开拓"自助式"接触渠道来实现，用互联网上的信息交互来代替人工的重复工作。后者的实现需要更及时充分地更新客户的信息，从而加强对客户需求的透视深度，更精确地描述需求画面。具体讲，也就是把与客户的每一次接触或者联系放在"上下"的环境中，对于上一次接触或者联系何时何地发生，都应该清楚了解，从而可以在下次继续下去，形成一条连续不断的客户信息链。

3. 调整产品或服务以满足每个客户的需要

要进行有效的客户关系管理，将客户锁定在"学习型关系"之中，企业就必须因人而异提供个性化的产品或服务，其调整点不仅仅是最终产品，还应该包括服务。

客户关系的进展程度与企业客户管理和服务水平紧密相关，建立客户关系的过程还要注重对客户进行感情投资，与客户接触的各个方面让客户感到亲切；尽可能给客户更多方便和更多选择；为客户提供个性化的服务，更有效地满足客户需求；提供快速、有效的客户服务，建立客户服务快速反应机制。

在进行客户管理时，既要确保重要大客户的优先服务，也要照顾到中小客户的服务质量。对于大客户，要给予充分重视，实施重点服务，满足这些客户的个性化需求；而对于小客户（普通客户），则要用标准化服务满足他们的需要，实现规模经济，这种服务的底线是不能引发客户的不满，因为小客户数量众多，他们的不满意会带来广泛的负面口碑相传，给企业带来巨大的损失。

1.2.5 客户价值

客户价值是客户关系管理领域的一个研究热点。学者们在客户价值的定义、评价、量化、优化以及相关的管理应用方面都展开了深入的研究。客户价值是客户细分管理的基本依据，通过客户价值分析，能使企业真正理解客户价值的内涵，从而针对不同的客户进行有效的客户关系管理，使企业和客户真正实现双赢。

1. 客户价值的含义

从不同的角度出发，对客户价值有许多种定义和多种计算方法，另外，还出现了许多种不同复杂程度的客户价值计算模型。

有学者在对客户价值进行界定时以客户价值—客户响应作为指标，进行客户分类，得到四种客户类型：最佳客户群是具有价值且有回应的客户，是企业的目标客户；奇异客户群拥有价值，但并不倾向于与企业建立关系；致命诱惑客户群对企业的响应很高，但却相对无利可图；幽灵客户群是相对低价值且无回应的客户。该研究认为企业的资源最好用在客户价值高并且有回应的客户群上。

微课学习：客户价值理论

也有学者将客户价值定义为客户利润，以客户价值—客户忠诚作为客户细分的两个指标，构造客户价值—忠诚度矩阵，将客户分成四类：高客户价值、高忠诚度的客户被称为黄金客户；高客户价值、低忠诚度的客户被称为风险客户；低客户价值、高忠诚度的客户被称为边际客户；低客户价值、低忠诚度的客户被称为垃圾客户，他们无须企业提供过多的客户服务。这些学者还针对不同的客户类型提出了客户关系的不同发展策略。

还有学者将客户价值定义为企业的决策者从客户关系中所感受到的收益与付出之间的权衡。这里的收益和付出既包括货币因素，又包括诸如情感等非货币因素。该定义将客户价值的非货币化因素和货币化因素置于同等重要的地位，突出强调了客户价值的非货币价值。

随着研究的不断深入，有学者从客户对企业的时间价值的角度进行客户价值的研究。该研究突出了客户生命周期对企业的价值，将时间价值作为一个衡量客户价值的重要参数，提出了客户终身价值的概念。

本书从客户和企业的角度给出客户价值的定义：从客户的角度看，客户需要从购买的企业的产品和服务中得到需求的满足，因此客户所认为的客户价值是客户从某种产品或服务中所能获得的总利益与在购买和拥有时所付出的总代价的比较，也即客户从企业为其提供的产品和服务中所得到的满足。从企业的角度看，企业需要从客户的消费购买中实现企业的收益，也就是客户的盈利能力。因此企业所认为的客户价值是企业从与其具有长期稳定关系并愿意为企业提供的产品和服务承担合适价格的客户中获得的利润，也即客户对企业的利润贡献。长期的稳定的关系表现为客户的时间性，即客户生命周期。因为一个偶尔与企业接触的客户和一个经常与企业保持接触的客户对于企业来说具有不同的客户价值，这一客户价值的衡量是根据客户消费行为和消费特征等变量所测度出的客户能够为企业创造出的价值。

2. 客户价值分析的意义

客户价值的理解是企业管理的关键，如果没有评价客户价值的要素标准，就无法使企业的客户价值最大化。如果不知道客户的价值，企业就很难判断什么样的市场策略是最佳的。因为企业不知道自己的客户现在值多少钱，所以可能浪费企业的资源，企业可能不知道什么样的客户是有价值的，也不知道企业应从竞争对手那里抢过多少客户。这样一来，企业就很盲目。假如每一个客户一直都是一样的，有着同样的价值，这也就不成问题。但是实际情况并非如此，在企业的客户群中，客户的盈利能力是有很大区别的。各种商业广告和促销活动在每一个客户上的分摊是差不多的，但是不同的客户产生的影响却可能是积极的也可能是消极的。一般而言，在客户身上花的钱越多，他们保持更高的价值的可能性就越大。对于企业而言，投资回报率是很重要的指标，所投入的资金必须与从中获得的收益相符。客户价值可以帮助企业很清楚地发现有一些客户比其他客户更值钱，而通过客户价值分析可以有效地帮助企业发现哪些客户最有价值，并知道应该为获得或保留这些客户投入多少。

1.3 客户关系管理的内涵

1.3.1 客户关系管理的定义

由于不同研究者和使用者的出发点和观念不同，客户关系管理的定义也有所不同，目前在学术界和企业界都还没有一个统一的定义。关于客户关系管理的定义，不同的研究机构或公司及个人有着不同的表述。

1. Gartner Group 的描述

最早提出客户关系管理这个概念的 Gartner Group 是全球最具权威的 IT 研究与顾问咨询公司。Gartner Group 认为，所谓客户关系管理，是企业的一项商业策略，它按照客户的细分情况有效地组织企业资源，培养以客户为中心的经营行为以及实施以客户为中心的业务流程，并以此为手段来提高企业的获利能力、收入以及客户满意度。

该定义明确指出：CRM 是企业的一个商业策略，而不是某种 IT 技术；CRM 是为了提高企业的获利能力，而不只是为了提高客户的满意度；以客户为中心的经营机制的建立是实现 CRM 目的的重要手段；提出区别对待客户、分割群体、有效组织企业资源的重要性。但是该定义没有提及信息技术在企业实现客户关系管理过程中的作用。

2. IBM 对 CRM 的理解

作为世界著名的 IT 硬件供应商和解决方案提供商，IBM 是较早推行客户关系管理并从中受益的企业，IBM 所理解的客户关系管理应该是管理客户关系的一套完整的核心的运作实践。这种运作的实践是通过将客户关系管理活动深入到执行市场营销活动、回应客户服务电话和完成销售的现实世界中。

IBM 所理解的客户关系管理包括企业识别、挑选、获取、发展和保持客户的整个商业过程。它把客户关系管理分为三类：关系管理、流程管理和接入管理。客户关系管理包括两个层面的内容：一是企业的商务目标，企业实施 CRM 的目的，就是通过一系列的技术手段了解客户目前的需求和潜在客户的需求。企业牢牢地抓住这两点，就能够适时地为客户提供产品和服务。CRM 不是一个空洞目标，而是由一系列技术手段作为支持的具体的目标。二是企业要整合各方面的信息，使得企业所掌握的每一位客户的信息是完整一致的。

企业对分布于不同的部门、存在于客户所有接触点上的信息进行分析和挖掘，分析客户的所有行为，预测客户下一步对产品和服务的需求。分析的结果反馈给企业内的相关部门，相关部门根据客户的需求，进行一对一的个性化服务。

3. Hurwitz Group 的描述

Hurwitz Group 认为，CRM 的焦点是信息自动化的改善与销售、市场营销、客户服务和支持等领域的客户关系有关的商业流程。CRM 既是一套原则制度，也是一套软件和技术。它的目标是缩减销售周期和销售成本、增加收入、寻找扩展业务所需的新的市场和渠道，以及提高客户的价值、满意度、营利性和忠实度。CRM 应用软件将最佳的实践具体化，并使用了先进的技术来协助企业实现这些目标。CRM 在整个客户生命周期中都以客户为中心，这意味着 CRM 应用软件将客户当作企业运作的核心。CRM 应用软件简化协调了各业务功能（如销售、市场营销、服务和支持）的过程并将其注意力集中于满足客户的需要上。CRM 应用还将多种与客户交流的渠道，如面对面、电话接洽以及 Web 访问协调为一体，这样，企业就可以按客户的喜好使用适当的渠道与之进行交流。

除上述描述外，还有很多其他研究机构与学者提出了不同的 CRM 定义。这些定义没有谁对谁错之分，只是对问题分析的角度不同。可以看出以上各种定义对客户关系概念理解的共同之处是明确的、一致的，即客户关系是客户与企业发生的所有关系的综合，是企业与客户之间建立的一种互惠互利的关系。

综合上述观点，本书认为客户关系管理是指经营者在现代信息技术的基础上收集和分析客户信息，把握客户需求特征和行为偏好，有针对性地为客户提供产品或服务，发展和管理与客户之间的关系，从而培养客户的长期忠诚度，以实现客户价值最大化和企业收益最大化之间的平衡的一种企业经营战略。

客户关系管理使企业以客户关系为出发点，通过开展系统化的客户研究、优化企业组织体系和业务流程，提高客户满意度和忠诚度，提高企业效率和利润水平，在实施客户关系管理的过程中不断改进与客户关系相关的全部业务流程，最终实现企业运营过程的电子化、自动化、最大化之间的平衡。

1.3.2 客户关系管理的原则

客户关系管理有以下四项原则。

（1）客户关系管理是一个动态的过程。因为客户的情况是不断变化的，所以客户的资料也要不断加以更新。

（2）客户关系管理要突出重点。对于重点客户或大客户要予以优先考虑，配置足够的资源，不断加强已建立的良好关系。

（3）灵活有效地运用客户的资料。对于数据库中的客户资料要善加利用，在留住老客户的基础上，不断开发新客户。

(4) 客户关系管理最好的办法是专人负责，以便随时掌握客户的最新情况。

客户是一个企业的利润中心，管好了客户就是管好了钱袋子。客户关系管理的核心是制度化、日常化、规范化和专人负责。只有这样才能将客户关系管理落实到实际工作中去，也才能真正管好客户。

1.3.3 客户关系管理的内容

客户关系管理的内容包括以下几方面：

首先是建立客户关系，即对客户的识别、选择、开发（将目标客户和潜在客户开发为现实客户）。

其次是维护客户关系，包括对客户信息的掌握，对客户的细分，对客户进行满意度分析，并想办法实现客户的忠诚、客户体验、客户投诉和客户服务。

最后是应用 CRM 软件系统完成客户关系管理的信息化工作。

客户关系管理主要内容的关系如图 1-3 所示。

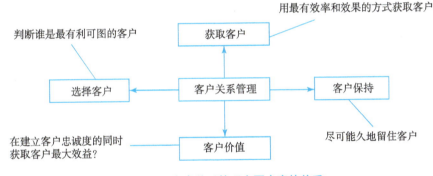

图 1-3 客户关系管理主要内容的关系

1.3.4 客户关系管理的流程

客户关系管理首先应当对客户进行识别和选择，以支持企业在合适的时间和合适的场合，通过合适的方式，将价格合适的产品和服务提供给合适的客户。客户关系管理的基本流程如下。

案例资源：某企业客户关系管理软件功能介绍

1. 客户信息资料的收集

客户信息资料的收集主要是指收集、整理相关资料，分析谁是企业的客户、客户的基本类型及需求特征和购买愿望，并在此基础上分析客户差异对企业利润的影响等问题。

收集、整理和分析客户信息的目的是分辨一般客户、合适客户和关键客户，这是客户管理的基础；与合适客户和关键客户建立深入关系，并根据客户信息制订客户服务方案，来满足客户的个性化需求，提高客户价值。

2. 客户信息分析

客户信息分析不能仅仅停留在对客户信息数据的分析上，更重要的是要对客户的态度、能力、信用、社会关系进行评价。具体包括以下内容：

(1) 客户是关键客户还是合适客户；

（2）哪些客户在什么期间导致了企业成本的增加；
（3）企业本年度最想和哪些企业客户建立商业关系；
（4）本年度有哪些合适或关键客户，他们对企业的产品或服务提出了几次抱怨；
（5）去年最大的客户是否今年也订了不少产品；
（6）哪些客户已把目光转向别的企业。

3. 客户信息交流与反馈管理

客户管理过程就是与客户交流信息的过程，实现有效的信息交流是建立和保持企业与客户良好关系的途径。客户反馈可以衡量企业承诺目标实现的程度，在及时发现客户服务过程中的问题等方面具有重要作用。

4. 客户服务管理

客户服务管理的主要内容有：服务项目的快速录入；服务项目的安排、调度和重新分配；客户的分类分级管理；搜索和跟踪与业务相关的事件；生成事件报告；服务协议和合同；订单管理和跟踪；建立客户问题及其解决方法的数据库。

5. 客户时间管理

客户时间管理的主要内容有：进行客户管理日程安排，设计程序使客户与活动计划冲突时系统即时提示；进行客户时间和团队时间安排；查看团队中其他人的安排，以免发生冲突；把时间的安排通知相关的人；任务表、预算表、预告与提示、记事本、电子邮件、传真以及配送安排等。

1.3.5 客户关系管理的作用

客户关系管理通过采集和分析客户的各种信息掌握客户的真正需求，把销售、营销和客户服务整合到一起，使整个企业协同起来满足客户的需要，不断改善客户的关系，提高客户的满意度和忠诚度，并从现有的客户中获取更大的利润。因此，实施客户关系管理，能够提升企业的竞争能力。

客户关系管理的作用主要体现在以下几个方面。

首先，良好的客户关系管理可以使企业获得成本优势。客户管理系统能够对各种销售活动进行跟踪，并对跟踪结果进行评判，从而增加销售额和客户满意度，降低销售和服务成本，缩短销售周期，增加企业市场利润。

其次，通过客户资源管理，可以对客户信息进行全面整合，实现信息充分共享，保证为客户提供更为快捷与周到的服务，从而优化企业的业务流程，提高客户的满意度和忠诚度，增加客户保持率。

最后，客户关系管理可以提高企业的收益水平。客户关系管理赋予了企业提高经营水平的三种能力，即客户价值能力（customer value）、客户交往能力（customer interaction）和客户洞察能力（customer insight），客户关系管理为企业带来的收益主要是通过这三种能力来实现的。

总之，客户关系管理有利于企业营销合理化和实现客户与企业的良好沟通，使企业规避市场风险，提高竞争力。

1.4 客户关系管理与企业组织结构

1.4.1 客户关系管理促使组织结构的变革

企业组织结构是企业为实现既定的经营目标和发展战略而确立的一种内部权力、责任、控制和协调关系的形式。企业的组织结构不能是一成不变的,而应该随着组织内外部环境以及业务流程的变化而变化。

传统组织观念适应于"以生产为中心"的经营,是短缺经济时代的组织形式。传统的组织结构是金字塔式的组织结构,最高管理层在塔尖,客户在底端。在客户服务没有被重视的时候,传统的金字塔结构的组织是没有什么问题的。但是当服务被摆到前所未有的重要位置之后,如果组织还是原来的金字塔结构,就会远离客户。企业即使应用 CRM,也无法真正贯彻下去。以客户为中心,把客户服务当作价值之源,就必须形成顶端是客户、最底层是领导层、从下至上支持一线人员服务于客户的"以客户为中心"的组织结构,与 CRM 的理念相融合,才能做到 CRM 与企业的整合。

1.4.2 客户关系管理下的组织架构

企业在实施客户关系管理时,需要相应的组织架构与之配合,以使客户关系管理的实施效果达到最佳,一般包括 CRM 营销副总裁、营销分析师、活动经理、细分经理、渠道经理等。

案例资源:围绕客户
再造邮政经营组织

CRM 营销副总裁也就是企业关系沟通的副总裁。其工作内容有协调营销流程的所有层面,评估客户保留、盈利能力及客户争取,制订营销规划、战略和控制实施过程。

CRM 营销分析师是市场挖掘者,肩负着识别客户和发现有利可图的投资机会的责任。他们往往需要得到 IT 部门的信息管理系统、数据库管理等的支持。工作内容有客户确认分析、提供报告和预测模型、客户信息的集成管理。

CRM 活动经理主要负责在 CRM 营销分析师识别了各种机会后,创造出针对客户所需要提供的内容,CRM 活动经理需要得到 ERP 系统和 MA 系统的支持。工作内容包括与产品经理、广告经理等公关部门和公司外部进行联系,设计客户所需要提供的内容,决定活动策略,营销测试,与邮件公司、电话营销公司建立关系。

CRM 细分经理掌控业务问题,把握着诸如保留客户、争取客户等业务机会。工作内容是管理企业和客户之间的对话、决定沟通计划、在企业内掌握隐私等。

随着 CRM 流程的持续深入,正确的客户、正确的项目、正确的时间都已确立,从客户的单一视图到统一企业形象的转化也已经实现。这时,CRM 渠道经理对客户、项目、时间安排等进行协调,做出渠道决策,并保持同样的项目在所有的"接触点"得到沟通和加强。工作内容有协调所有接触的渠道,为客户呈现单一企业形象,与呼叫中心、因特网团队、销售队伍、客户队伍、客户服务、中间商等整个客户沟通渠道进行联络。

1.4.3 客户关系管理组织系统的层级

CRM 划分组织系统要考虑到企业不同层级的需求。首先，企业与客户有密切联系的主要部门有市场营销、销售和客户服务部，CRM 系统将满足这些部门级的需求，提高市场决策能力，加强统一的销售管理，提高客户服务质量；其次，CRM 必须将企业的市场、销售和服务协同起来，建立市场、销售和服务之间的沟通渠道，也就是满足企业部门协同级的需求；最后，CRM 要与企业的相关业务系统紧密结合，以客户为中心优化生产过程，必须满足企业级的管理需求。

1. 部门级需求

企业中对 CRM 有最强烈需求的是市场营销、销售和客户服务等部门。要满足企业部门级的需求，CRM 系统至少应该包含数据仓库、数据挖掘系统、销售（自动化）管理、营销（自动化）管理、客户服务与支持等子系统，从而支持市场营销部门开展市场活动管理、跟踪和反馈，并进行活动评价，同时得到客户的构成、地理分布等信息，分析客户行为，对客户状态进行分类。此外，CRM 系统应支持销售部门提出销售任务、分配任务、评价和度量销售，使客户服务部门及时得到系统提供的关于客户服务的准确信息，保证各部门一致对待客户等。

2. 协同级需求

协同级需求主要解决企业在运作过程中遇到的实时传递信息和渠道优化的问题。满足了企业协同级的需求，CRM 才能将市场、销售和服务部门紧密地结合在一起。只有将营销数据分析的结果实时传递给销售和服务部门，它们才能更好地理解客户的行为，留住老客户；同时销售和服务部门收集的信息也要及时传递给市场部门，以便对销售、服务和投诉等信息进行及时分析，从而制订出更有效的竞争策略。渠道优化则是指在众多的销售渠道中选取效果最佳、成本最低的销售渠道。总之，通过市场、销售和服务部门的协同工作，可以达到企业实时掌握商机的目标。

3. 企业级需求

CRM 还要满足企业级管理的需求，因为许多企业往往存在比较复杂的管理系统，如果它们相互孤立，就很难充分发挥各系统的功能。CRM 要发挥在不同系统之间的相互协调功能，充分提高企业的运作效率和降低 IT 系统的成本。企业管理系统如财务系统、后端支持生产制造的 ERP、支持供应流转的 SCM 等系统，都要通过 CRM 整合形成一个闭合的系统，这样才能全面提高企业运作的能力。

CRM 与这些系统的结合主要表现在：第一，CRM 要从企业已有系统中获得客户数据和信息；第二，CRM 系统可以直接集成企业已有 IT 系统中的一些模块，利用已有系统的功能，同时也降低了自身的成本；第三，CRM 的分析结果可以被企业内其他 IT 系统所运用。

要满足企业不同层级的需求，CRM 系统就必须有良好的可扩展性，企业能在不同时期根据自身的经营规模、系统状况和需求灵活地扩展 CRM 系统的功能。CRM 系统中的企业应用系统集成（EAI）方案就是采用应用系统交换（包括数据库适配器、语言适配器和应用适配器等）、信息转换技术，确保 CRM 与企业的其他 IT 系统结合起来。同样，只有满足层级需求且具备良好扩展性的组织,才是 CRM 重组的目标。

综合练习

一、单选题

1. 著名经济学的 2∶8 法则是指( )。
   A. 企业 80% 的销售额来自 20% 的老顾客
   B. 企业有 80% 的新客户和 20% 的老客户
   C. 企业 80% 的员工为 20% 的老客户服务
   D. 企业的 80% 的利润来自 20% 的重要客户

2. 可以根据客户与企业的关系划分,可以根据客户的状态划分,以下四个选项中哪个跟另外三个是不同类的?( )
   A. 消费客户　　B. 公利客户　　C. 中间客户　　D. VIP 客户

3. 根据客户的忠诚度将客户分类,其中位于最底层的是( )。
   A. 忠诚客户　　B. 潜在客户　　C. 普通型客户　　D. 老客户

4. 根据客户的重要性可以将客户分为三类,其中( )约占客户总量的 15%。
   A. 贵宾型客户　　B. 重要型客户　　C. 普通型客户　　D. 老客户

5. 客户关系管理这个词的核心主体是( )。
   A. 客户　　B. 关系　　C. 服务　　D. 管理

二、多选题

1. 客户关系的类型有( )。
   A. 基本型　　B. 被动型　　C. 责任型　　D. 能动型
   E. 伙伴型

2. 影响客户关系的主要因素有( )。
   A. 客户自身因素　　　　　　B. 外部影响因素
   C. 竞争性因素　　　　　　　D. 客户的购买体验

3. 根据客户提供价值能力的角度可将客户细分为( )。
   A. 灯塔型客户　　B. 跟随型客户　　C. 理性客户　　D. 逐利性客户

4. 以下关于客户关系管理说法正确的是( )。
   A. 良好的客户关系管理可以使企业获得成本优势
   B. 通过客户资源管理,可以对企业信息进行全面整合,提升客户满意度与忠诚度
   C. 客户关系管理就是针对大客户的管理
   D. 客户关系管理能够提高企业收益水平

5. 以下关于客户的说法正确的是( )。
   A. 客户不一定是产品或者服务的最终接受者
   B. 客户不一定是用户
   C. 客户不一定在公司之外
   D. 客户是所有接受产品或者服务的组织和个人的统称

三、简答题

1. 什么是客户?什么是客户细分?客户有哪些类别?

2. 什么是客户关系？客户关系有哪些类型？
3. 如何发展客户关系？
4. 客户关系管理的内容和流程分别是什么？
5. 如何提高客户价值？

四、案例分析题

海底捞火锅，如何做到服务制胜

海底捞火锅来自四川简阳，创建于1994年，以经营川味火锅为主。短短十多年的时间里海底捞获得了很快的发展，如今，在北京、西安、郑州、上海等全国各大城市，都可以看到海底捞的身影。在中国，提到海底捞，最令人津津乐道的是这家火锅店的服务。这家从四川成都走出来的涮羊肉的店到底有什么不同？海底捞的服务不仅仅是体现于一个细小的环节，而是形成了从顾客进门到就餐结束离开的一套完整的服务体系。

海底捞的服务之所以让消费者印象深刻，就在于将其他同类火锅店所存在的普遍性问题通过服务的形式予以很好的解决，比如说在就餐高峰的时候，很多火锅店都需要排队等位置，而一般的火锅店都是让顾客在那里干等，很少提供相关服务，这样难免会让一些心急的顾客流失。

而海底捞就不同，它会在顾客等候的时候提供一些让人感觉很温暖、很温馨的服务，如免费为顾客送上西瓜、苹果、花生、炸虾片等各式小吃，还有豆浆、柠檬水、薄荷水等饮料，同时，顾客在等待的时候还可以免费上网，甚至女士可以在等待的时候免费修理指甲等等。正因为如此，很多顾客甚至很乐意在海底捞排队等位置，这也无形中形成了海底捞的一个服务招牌，从而有效地留住了客源。

看起来是十分小的事情，但这个时候却让顾客感觉到了海底捞的不同之处，不让等候的顾客流失，也有效地提升了海底捞的营业额。

除了等位服务之外，在点菜、就餐期间，海底捞也是无处不体现出服务的细节。如客人点菜期间，很多顾客为了面子特别是在请朋友吃饭的时候，或许点很多的菜品，换成以一般的餐饮店，客人点的菜越多越好，但海底捞的服务员会对客人进行善意提醒，让客人感觉很温暖，面子上也过得去，让顾客感觉到店家为自己着想，更增添了对海底捞的好感度。

同时，在就餐期间，海底捞也会提供比较细致周到的服务，如多次为顾客更换热毛巾，魏女士提供发夹防止头发掉落。为顾客提供手机套，防止手机进水、为顾客提供的就餐围裙等等，总之都是一些小细节，但这些细节组合起来就形成了一套服务体系。

另外，海底捞在店内建立了专供儿童玩乐的场所，这样就是让带有儿童前来就餐的父母们能够专心用餐，而不用担心小孩破坏就餐的氛围，甚至海底捞的服务员还可以带这些小孩玩，喂饭给小孩吃，充当起了这些孩子的临时性保姆。在卫生间，海底捞设有专人，客人洗手后就会立刻递上纸巾，让顾客仿佛到了星级酒店一样，这与很多火锅店一比较，顾客的感受自然不同。

还有就是在就餐后，海底捞的其他餐饮店的做法一样，会送上一个果盘，但如果客人提出要求说再要一个，海底捞的服务员也会热情地为你送上。

虽然有些服务会增加一点点海底捞的运营成本，但这种付出是值得的，与稳定的顾客、不断扩大的忠实消费群也及品牌的美誉度相比较，这种投入产出是十分合算的，也正是海底捞的聪明之处。

从顾客进门等候到就餐到就餐完毕，海底捞的服务贯穿其中。虽然很多的餐饮店在其中的某一个环节上也做到了如海底捞一样的服务，但是没有形成系统性、制度化，因此，海底捞的服务才会显得更加突出，而这也是餐饮企业在服务上所需要借鉴与学习的。

海底捞以优质的服务成为其核心竞争力之一，成为海底捞的特色招牌之一。更为重要的是，海底捞的服务建立起了一整套完善的体系，给顾客留下了深刻的印象，说到海底捞，很多人会说，服务不错。海底捞服务品牌赢得了顾客的认可，并且形成了口碑效应，很好地为品牌加分。

去过海底捞的每一个人都会极力向朋友推荐，因为在这里，你消费的不仅是餐饮，还有热忱的心！服务成了海底捞吸引消费者光临的一大核心竞争力，也是海底捞获得持续发展的一大关键因素。

问题：
1. 海底捞的客户理念是怎样的？
2. 海底捞是如何对其进行客户关系管理的？

技能训练

实训内容：查找资料，找出客户关系管理的工作岗位以及岗位的能力要求。

实训地点：机房或教室。

实训目的：把客户关系管理的基本概念与工作岗位及岗位要求结合，使学生对客户关系管理的认知更加具体化。

实训过程设计：

（1）给学生15～20分钟，通过网络查阅客户关系管理的工作岗位和能力要求。
（2）组织学生结合所查资料汇总、梳理。
（3）结合自己的兴趣规划客户关系管理岗位的岗位意向。

拓展学习

屈臣氏个人护理用品商店的客户细分

屈臣氏是现阶段亚洲地区最具规模的个人护理用品连锁店，是目前全球最大的保健及美容产品零售商、香水及化妆品零售商之一。屈臣氏在个人立体养护和护理用品领域，不仅聚集了众多世界顶级品牌，而且还自己开发生产了600余种自有品牌。在实施客户关系管理的过程中，屈臣氏发现在日益同质化竞争的零售行业，如何锁定目标客户群是至关重要的。屈臣氏纵向截取目标消费群中的一部分优质客户，横向做精、做细、做全目标客户市场，倡导"健康、美态、欢乐"经营理念，锁定18～35岁的年轻女性消费群，专注于个人护理与保健品的经营。屈臣氏认为这个年龄段的女性消费者是最富有挑战精神的。她们喜欢用最好的产品，寻求新奇体验、追求时尚，愿意在朋友面前展示自我。她们更愿意用金钱为自己带来大的变革，愿意进行各种新的尝试。而之所以更关注35岁以下的消费者，是因为年龄长一些的女性大多早有自己固定的品牌和生活方式。屈臣氏通过深度研究目标消费群体心理与消费趋势，使自有品牌产品从品质到包装全方位考虑客户需求，同时降低了产品开发成本，也创造了价格优势。

靠自有品牌产品掌握了雄厚的上游生产资源，屈臣氏就可以将终端消费市场的信息第一时间反馈给上游生产企业，进而不断调整商品。从商品的原料选择到包装、容量直至定价，每个环节几乎都是从消费者的需求出发，因而所提供的货品就像是为目标客户量身定制一般，哪怕是一瓶蒸馏水，不论是造型还是颜色，都可以看出屈臣氏与其他品牌产品的不同。

自有品牌在屈臣氏店内是一个独特的类别，消费者光顾屈臣氏不但选购其他品牌的产品，也购买屈臣氏的自有品牌产品。自有品牌产品每次推出都以消费者的需求为导向和根本出发点，不断带给消费者新鲜的理念。通过自有品牌，屈臣氏时刻都在直接与消费者打交道，能及时、准确地了解消费者对商品的各种需求信息，又能及时分析掌握各类商品的适销状况。在实施自有品牌策略的过程中，由零售商而不是制造商提出新产品的开发设计要求具有产品项目开发周期短、产销不易脱节等特征，还在降低风险的同时降低了产品开发成本，也创造了价格优势。

"买贵退差价""我敢发誓保证低价"是屈臣氏的一大价格策略，但屈臣氏也通过差异化和个性化来提升品牌价值，一直以来并不是完全走低价路线。屈臣氏推出贵宾卡，加强了对客户的价值管理。凭贵宾卡可以购物积分和积分换购店内任意商品，双周贵宾特惠，部分产品享受8折优惠。会员购物每10元获得一个积分奖赏，每个积分相当于0.1元的消费额。积分可以随心兑换，有多种产品供选择，也可以累计以体验更高价值的换购乐趣。还有额外积分产品、贵宾折扣和贵宾独享等优惠。相信这些举措将给客户带来更多的消费乐趣。

完成以下问题：
（1）屈臣氏是如何进行客户细分的？
（2）屈臣氏是如何创造客户价值的？

任务2　了解客户关系管理的发展历程

任务引入

老北京流传着这样一句话：头戴马聚源，身穿瑞蚨祥，脚蹬内联升。如今，走在商铺林立的北京前门大街，不经意间转入大栅栏34号，便来到了内联升总店。一层、二层金字招牌上的"内联升"三字分别出自张爱萍将军和郭沫若的手笔。描金彩绘的店面，琳琅满目的布鞋、绣花鞋，熙熙攘攘的顾客……让人回味起内联升近160多年来的繁华与沧桑。

百年老店的创业过程和市场定位

1853年，在一阵噼里啪啦的鞭炮声中，内联升于北京东江米巷（今东交民巷）开张了。创办人赵廷为天津武清人，他14岁便到京城东四牌楼一家靴鞋店做学徒。顺利出师后，赵廷从一位宫廷官员那里获得了一笔八千两白银的"风险投资"，加上自己此前的两千积蓄，他开始了掌柜生涯。

与诸多老字号一样，内联升沿袭了前店后厂、自产自销的经营模式。几经分析，赵廷把目光锁定在了那些"坐轿的人"身上，他决定先给达官贵人定制朝靴：朝靴顾客群稳定、消费能力强，一双售价五十两白银，除去原料及制作成本，利润依然可观。

单从"内联升"这块招牌名就不难看出赵廷的良苦用心。"内"泛指大内、宫廷，与"联升"合起来，意即穿了内联升的靴子定可连升三级、青云直上。这些吉祥的寓意颇合官员们升官的心理。

除了字号中听，要想让消费者掏腰包，更主要的当然是靠货真价实、物有所值。赵廷花大价钱从南京买进质量最好的黑贡缎，这种缎子色泽乌亮，经久不起毛。内联升朝靴靴底有30多层，但厚而不重，如果沾上浮土，用大绒鞋擦轻轻刷打，鞋面重新乌黑闪亮。穿上内联升牌朝靴，脚感舒适、轻巧，走路无声，既显庄重又有气派，一时皇亲国戚、达官贵人颇为追捧。洋务大臣李鸿章、两广总督刘长佑、恭亲王奕䜣等先后都成了内联升的主顾。宣统皇帝溥仪在太和殿登基时穿的龙靴，也是内联升做好后送到内务府的。

中国最早的"客户关系管理档案"

三品以上的大员如果要定制朝靴，很少有人亲自光顾店铺，他们往往叫内联升的人到府上为其量尺试样。顾客一多，赵廷多了个心眼。他把王公贵族、大吏要员的靴鞋尺寸、式样、个人爱好等逐一登记在册，几年下来，汇编成了一本《履中备载》。

作为有据可查的中国最早的"客户关系管理档案"，《履中备载》已被编入不少高校MBA课程案例库。凭借手中掌握的VIP客户资源，内联升很快站稳了脚跟。《履中备载》甚至成了官员们的"敲门砖"。不少小官吏、举子士人为谋得一官半职，在逢迎达官显贵、"恩师"等关键人物时，常常到内联升打听上司的"足下之需"。他们不惜花重金定制几双朝靴送礼，以示孝敬心意。连自己穿多大尺寸的鞋码都知道，受礼者自然对来者另眼相看。一旦如愿，那些得到升迁或重用的人，回过头来又成了内联升新的顾客，一些官员还把能在《履中备载》留名视为荣耀。

在160多年前，内联升鞋店掌柜赵廷把京城内达官贵人的鞋码尺寸一一记录在册，创造出一本《履中备载》，对客户用鞋进行个性化管理。而他无论如何也想不到，自己正在做着一件即便是在160年后各大企业也非常倚重的事情——客户关系管理（即CRM）。

2010年，北京内联升鞋业有限公司（下称内联升）重拾镇店之宝，借助客户关系管理（CRM）系统的建设对顾客数据实现高效管理，续写现代版《履中备载》。顾客只要在内联升定制鞋子，相关信息会输入电脑数据库，下次需要时直接调用脚码等数据即可。

在梳理客户关系的同时，2011年，内联升搭上了电子商务这列时代快车，网店每日访问量过千次，日均订单交易超过20笔，年销售过百万元。而在10年前，想买到正宗内联升布鞋可能需要千里迢迢来到北京才行。

任务分解

内联升的故事说明客户关系管理作为实践活动早已存在于商业活动中，重视客户资源、发展客户关系是企业发展壮大的重要秘诀，随着信息技术的发展也推动了客户关系管理手段的多样化。对客户关系管理产生和发展的历史学习后，要完成以下任务：
（1）分析客户关系管理产生的原因。
（2）梳理客户关系管理理论的演变过程。

知识链接

伴随着社会经济的发展，全球正步入个性化消费的时代。在这个时代里，消费者对产品和服务的个性化提出了更高的要求，即以较低的价格实现个性化需求。这种变化趋势越来越体现在社会的方方面面，对传统的规模经济提出了巨大挑战。客户关系管理就是通过技术手段，对客户加以区分，实施不同的管理模式和方法，使企业通过差异化的客户分类管理，在各个细分的客户群体中获得较好的效益，并在关系的维持中不断使双方获得的利益扩大，以期待继续发展客户。

2.1 客户关系管理产生的背景

最早发展客户关系管理的国家是美国，在1980年出现了所谓的接触管理，即专门收集整理客户与公司联系的所有信息。到1990年，接触管理则演变成为包括电话服务中心与客户资料分析的客户关怀服务。1999年，著名的信息技术咨询顾问公司Gartner Group首先提出客户关系管理这个概念，Gartner Group在早些提出的ERP概念中，强调对供应链进行整体管理。而客户作为供应链中的一环，为什么要针对它单独提出一个CRM概念呢？人们在ERP的实际应用中发现，由于ERP系统本身功能方面的局限性，也由于IT技术发展阶段的局限性，ERP系统并没有很好地实施对供应链下游（客户端）的管理，针对3C因素中的客户多样性，ERP并没有给出良好的解决办法。另一方面，到20世纪90年代末期，Internet的应用越来越普及，CTI、客户信息处理技术（如数据仓库、商业智能、知识发现等技术）得到了长足的发展。结合新经济的需求和新技术的发展，Gartner Group提出了CRM概念。

尽管CRM的思想由来已久，但信息技术的不断发展，特别是Internet的广泛应用促进了CRM的进一步前进，客户关系管理在现实中才有了较大的进展，越来越多的企业开始采用这个先进的管理方法。CRM解决方案不仅包括软件，还包括硬件、专业服务和培训，通过为企业员工提供全面、及时的数据，让他们清晰地了解每位客户的需求和购买历史，从而更多地理解客户并为之服务。Web站点、在线客户自助服务和基于销售自动化的电邮件让每一个 CRM 解决方案的采纳者都进一步扩展了为客户服务的能力。通过 CRM 应用软件，公司可以获得每次与客户交流、每次销售活动、客户存在的问题和每次产品升级的详细信息，并利用这些信息来逐步改进业务，最终使客户成为一个对企业忠诚，并能带来利益的终身客户。

可以说 CRM 是新经济与新技术发展的产物。因为新经济的发展带来的是产品竞争的激烈、产品生命周期的缩短、产品需求的多样化和客户需求的个性化。而新技术的出现为企业开展 CRM 奠定了技术基础，从而使企业产生了建立良好客户关系的需求和可能。

2.2 客户关系管理产生的原因

现代客户关系管理的产生可以归因为客户价值实现过程需求的拉动、管理理念的更新、信息技术的推动三个方面共同作用的结果。

2.2.1 需求的变化是客户关系管理产生的根本原因

对于企业，市场的变化使其目前的制度体系和业务流程出现了种种难以解决的问题，如业务人员无法跟踪众多复杂和销售周期长的客户；大量的工作是重复的，常出现人为的错误；因人员或职能分工的阻碍导致客户信息的交流不畅，或与客户沟通口径不统一；企业会由于业务人员的离职而丢失重要的客户、销售信息等。这类问题存在的根源就是企业的销售、客户服务、营销等部门难以获得所需的客户互动信息，来自销售、客户服务、营销等方面的信息分散在企业内，这些零散的信息使得企业无法对客户有一个全面的了解，各部门难以在统一的信息基础上面对客户。因此需要对所有的客户信息进行集成，组建一个以客户为中心的企业，实现对面向客户的活动的全面管理。

另外，企业的客户也面临一些问题，如：从企业的两个销售人员那里得到了同一产品的不同报价，哪个才是可靠的？通过企业的网站发了一封 E-mail，要求联系一下销售人员，可为什么始终没人理？已经提出不希望再给自己发放大量的宣传邮件了，怎么情况并没有改变？为什么维修请求提出一个月了，还是没有等到上门服务？当出现这些问题时，企业只有比竞争对手更有效地解决这些问题，才能让客户感到方便、亲切，才有可能赢得客户。这就需要企业对其客户关系进行有效的管理。

2.2.2 企业相关管理理论的发展是客户关系管理产生的理论依据

1. 企业管理理念的变迁

"产值中心论"是最初的企业管理理念，这种观念的存在条件是，企业面对的是卖方市场，基本上不存在竞争。企业只要生产出产品就不愁卖不出去，提高产量成为企业的管理焦点，扩大生产规模成为企业的核心活动。

随着生产能力的不断扩大，市场出现了竞争，企业管理理念进入第 2 个阶段即"销售中心论"阶段。在这个阶段，由于市场的竞争，企业生产出的产品如果销售不出去，就无法实现资本循环。销售商品成为企业第一目标，销售额成为管理的焦点，加强促销和提高质量成为企业的核心活动。企业一方面通过开展各种促销活动来促进销售指标的上升，另一方面对内则采取严格的质量控制来提高产品质量,以优质的产品质量和促销手段来实现销售额的增加。在这个阶段,企业之间的竞争就是质量的竞争和销售的竞争,所追求的目标就是增加产品的销售额。

但是随着企业间销售竞争和质量竞争的日益激烈,产品的生产成本和销售费用大幅度增加,因此销售额虽然增加了,但是企业的实际利润增长却很缓慢甚至下降了。所以,企业管理的目标又移向了以利润为中心的成本管理,即企业管理理念的第3个阶段"利润中心论"阶段。企业试图通过在生产和营销部门的各个环节上最大限度地削减生产成本和压缩销售费用,来实现利润最大化。

成本不能无限制地削减,当企业成本挖掘到极限,无法再降低的时候,企业开始转向争取客户,企业管理理念进入到第4个阶段即"客户中心论"阶段,客户关系管理成为企业的核心活动,客户的地位被提升到了前所未有的高度。随着社会产品的日益丰富,产品的差异性越来越小,同质性越来越高,客户面对的选择越来越多。企业要提高竞争力,就要满足客户的要求,进而留住客户,提升客户的满意度,从而增强企业的获利潜力。可以说,客户的满意就是企业效益的源泉,客户对产品和服务的满意与否,成为企业发展的决定性因素。因此,"客户中心论"就升华并进入更高的境界,转变成为"客户满意中心论",这样客户的满意程度就成为当今企业管理的中心和基本观念。企业经营理念的发展对比如表2-1所示。

表2-1 企业经营理念的发展对比

经营理论	产生的背景	管理焦点	核心活动
产值中心论	卖方市场,产品供不应求	产值(量)	扩大生产规模
销售中心论	经济危机,产品大量积压	销售额	促销,质量控制
利润中心论	竞争激烈,实际利润下降	利润	成本管理
客户中心论	客户不满,销售滑坡	客户满意	CRM

伴随企业管理理念的发展变化,企业的营销理念也发生着变化。

2. 市场营销观念的发展

市场营销观念的发展对比见表2-2。

表2-2 市场营销观念的发展对比

营销观念	产生背景	基本观点	营销任务
生产观念	买方市场产品供不应求	客户会接受任何他能买到、并且买得起的产品	提高生产和分销的效率
产品观念	只关注产品	只要是生产多功能、高质量的产品就会客户盈门	集中力量改进产品
推销观念	经济危机,产品大量积压	如果企业不进行大规模的促销和推销,客户就不会购买足够多的商品	销售出制造的产品而非市场需要的产品,强调销售的交易而非与客户建立长期的互惠关系

续表

营销观念	产生背景	基本观点	营销任务
营销观念	社会产品急剧增加，竞争激烈	确定目标市场的需求和欲望，提供其所期望的产品和服务	强调客户的需要，按照客户的价值和满意状况建立与客户长期的互惠关系（CRM）
社会营销观念	能源短缺、通货膨胀、消费者保护意识更强	企业应该确定目标市场的欲望、需要和利益，以尊重社会道德为前提，权衡企业利润、客户的需求和公众利益三者的关系	向目标市场提供其所期待的物品或服务，以便改善客户和社会的福利

3. 消费者价值取向的变化

消费者价值取向的变化可以分为以下几个阶段。

第 1 个阶段是理性消费时代。这一时代社会物质尚不充裕，人们的生活水平较低，消费者的消费行为是相当理智的，不但重视价格，而且更看重质量，追求的是物美价廉和经久耐用。此时，消费者价值选择的标准是"好"与"差"。

第 2 个阶段是感觉消费时代。在这一时代，社会物质和财富开始丰富，人们的生活水平逐步提高，消费者的价值选择不再仅仅是经久耐用和物美价廉，而是开始注重产品的形象、品牌、设计、使用的方便性等，选择的标准是"喜欢"和"不喜欢"。

第 3 个阶段是感情消费时代。当市场经济发展到今天，多数产品无论在数量上还是在品种上都非常丰富，而且由于网络和电子商务系统超越地理区域限制的巨大的信息处理能力，为客户提供了一个更广阔的选择范围。客户会在大范围内货比三家，精心挑选。他们利用计算机迅速查询信息、比较分析，以决定是否购买。他们不再以被动的方式接受商家所提供的商品信息，而是会根据自己的需求主动寻找适合的产品。他们对商品的需求已跳出了价格与质量的层次，更加注重追求在商品购买与消费过程中心灵上的满足感。因此，在这一时代，消费者的价值选择是"满意"与"不满意"。

消费者价值取向的发展对比见表 2-3。

表 2-3 消费者价值取向的发展对比

价值取向	背景	特点	选择标准
理性消费	物质不充裕，生活水平低	物美价廉，经久耐用	"好"与"差"
感觉消费	物质和财富开始丰富，生活水平提高	注重产品的形象、品牌、设计、方便性	"喜欢"与"不喜欢"
感情消费	物质非常丰富，选择范围更广	追求购买与消费过程中心理上的满足感	"满意"与"不满意"

2.2.3 信息技术的发展是客户关系管理产生的技术条件

在生活中可能会遇到这样的事情，在客户常去的一家小吃店，老板会努力记住他喜欢吃辣这种信息，当他要一份炒面时，老板会征询他的意见，要不要加辣椒。但如果客户到一个大型的快餐店，即使他每天都去一次，也不会得到这种待遇。为什么呢？最重要的原因是，要识别每个客户，快餐店要搜集和处理的客户信息量是小吃店的若干倍，超出了企业的信息搜集和处理能力。这就说明要有效地管理大量的客户就必须依靠信息技术。在一定程度上客户关系管理的发展过程就是信息技术不断发展应用的过程。在 1990 年前后，许多美国企业为了满足竞争日益激烈的市场需求，开始以联系人管理软件为基础，开发销售自动化系统（SFA），随后又着力发展客户服务系统（CSS）。1996 年后一些公司把 SFA 和 CSS 两个系统合并起来，再加上营销策划（Marketing）、现场服务（Field service），在此基础上再集成 CTI（计算机电话集成技术）形成集销售和服务于一体的呼叫中心（Call Center）。

随着信息技术的发展，企业核心竞争力对于企业信息化程度和管理水平的依赖越来越高，这就需要企业主动开展组织架构、工作流程的重组，同时有必要也有可能对面向客户的各项信息和活动进行集成，组建以客户为中心的企业，实现对客户活动的全面管理。在企业的信息化改造方面，企业资源规划（ERP）、供应链管理（SCM）等的应用能帮助企业理顺内部的管理流程、消减成本、实现事务处理自动化。接下来企业所需要的，是可以帮助它真正全面地观察外部市场和客户、可以创造收益的有力工具。从这个意义上讲，企业不仅需要新的客户关系管理系统，更需要适应 Internet 时代企业发展的新管理理念和技术。近年来，随着数据库技术发展应用的突飞猛进及数据仓库、商业智能、知识发现等技术的发展，收集、整理、加工和利用客户信息的质量大大提高，信息技术和 Internet 成为日渐成熟的商业手段和工具，被越来越广泛地应用于金融、证券、电信、电力、商业机构等领域的信息系统构建。其应用种类也从传统的办公事务处理发展到在线分析、决策支持、Internet 内容管理、应用开发等。充分的、先进的技术支持使得 CRM 的实现成为可能。

总之，客户关系管理的产生与发展是有其客观性的。它借助先进的信息技术和管理思想，通过对企业业务流程的重组来整合客户信息资源，并在企业的内部实现客户信息和资源的共享，为客户提供一对一个性化服务，改进客户价值、满意度、盈利能力以及客户的忠诚度，从而保持和吸引更多的客户，最终实现企业利润最大化。客户关系管理已成为面向客户的、先进的管理模式。

2.3 客户关系管理理论的演变过程

2.3.1 客户接触管理

20 世纪 80 年代以前，管理学中所谓的竞争分析，主要是市场结构分析，而企业战略的制定也仅仅是市场定位的过程，这种市场导向战略是把市场定位作为出发点和根本考察对象而制定出来的战略。根据市场导向战略理论，可以把企业资源条件与市场机会的均衡过程描述为企业寻找市场机会，然后再分析自身资源条件，如果自身资源条件不足以把握机会，则重新寻找市场机会，直至市场机会和企业资源条件均衡。20 世纪 60 年代以前，市场环境较为稳定,市场机会延续的时间较长,因此,市场机会可以作为企业的战略机会加以利用。然而,20世纪70年代以来,市场因客户需求的渐进及技术创新的加快而呈现出变化加剧的趋势,各种市场机会总是稍纵即逝,这就对企业制定市场导向战略提出了挑战。因此20世纪70年代后期,美国的许多企业便开始专门收集客户企业联系的所有信息,即所谓的接触管理,以便企业制定市场导向战略。这种原始的客户接触管理可以说是客户关系管理的萌芽。

2.3.2 客户服务理论

随着客户需求的不断演进、技术革命的不断爆发,巨变已经成为20世纪90年代初市场的基本特征。由此,传统的接触管理也随之发展成为客户服务,当时人们定义的客户服务是这样的:以长期满足客户需要为目标,从客户递上订单到客户收到订货,在此期间提供一种连续不断的双方联系机制。为此,企业专门应用了电话呼叫中心系统来辅助企业更好地为客户服务。

传统的客户服务往往是被动的,客户没有问题,企业就不会开展客户服务。而且这种客户服务仅仅局限于售后服务的范围,即只有客户购买了企业的产品之后,才有可能享受到企业的客户服务。这显然与客户关系管理中的主动、全过程的客户服务理念有着显著的差异,它只是当今的客户关系管理中的一个局部视图。

客户接触和客户服务这两种管理思想,是随着社会经济发展、为适应企业运营和客户需求而产生的,它们虽然不系统、不全面,没有形成专门的管理理论,但对于客户关系管理的产生与发展都有着重要的影响。

2.3.3 客户关系管理理论

客户关系管理理论主要包括客户关系管理思想和客户关系管理技术两个方面。客户关系管理思想是选择和管理客户的经营思想和业务战略,目的是实现客户长期价值的最大化,它要求企业经营以客户为中心,并构建在市场竞争、销售及支持、客户服务等方面协调一致的新型商务模式;而客户关系管理技术,主要包括Internet技术、呼叫中心技术、数据仓库技术、数据挖掘技术、商业智能技术等。这两方面结合起来就形成了客户关系管理的应用系统。

2.3.4 客户联盟理论

客户联盟理论主要是从管理思想的角度发展了现行的客户关系管理理论。最成功的企业往往是那些与客户建立了紧密的共同获胜关系的企业,这种信赖关系可转化为更高的生产效益,并由此创造更大的成功。一些学者把这种被众多成功企业所广泛接受并建立起来的客户和供应商之间的新型关系定义为客户联盟。其核心是三种典型的客户联盟模式,它们应当成为那些正在实施客户关系管理的企业的美好前景。

案例资源:中联重科的客户联盟

2.4 客户关系管理的研究现状和发展趋势

2.4.1 客户关系管理的研究现状

围绕客户关系管理而展开的相关研究非常多,但总的来说,大致可以分成两大阵营。一类是学术界和实业界的探索,它关注的主要是客户关系的有效管理与运用,主要包括四种流派:CRM 是一种经营观念,是企业处理其经营业务及客户关系的一种态度、倾向和价值观,要求企业全面地认识客户,最大限度发展客户与企业的关系,实现客户价值的最大化;CRM 是一套综合的战略方法,用以有效地使用客户信息,培养与现实的、潜在的客户之间的关系,为企业创造大量价值;CRM 是一套基本的商业战略,企业利用完整、稳固的客户关系,而不是某个特定产品或业务单位来传递产品和服务;CRM 通过一系列过程和系统来支持企业总体战略,以建立与特定客户之间的长期、有利可图的关系,其主要目标是通过更好地理解客户需求和偏好来增大客户价值。另一类则是 CRM 方案平台开发商的实践,它强调的是从技术角度来定义 CRM,将其视作一个过程,强调庞大而完整的数据库和数据挖掘技术等高级支持技术,目的是使企业能够最大化地掌握和利用客户信息,增强客户忠诚度和实现客户的终身挽留,并通过 CRM 应用软件的形式加以实现。

良好的技术架构有利于 CRM 作用的高效发挥,但技术架构作为媒介只是提供一个客户关系管理的平台,可以提高 CRM 的有效性。但再先进的技术,也只不过是媒介的一种拓展,也只是起一个支持管理理念的作用。关于客户关系管理有待进一步研究的问题包括统一 CRM 的定义,使这个定义要能简明地反映 CRM 的本质,同时对企业的 CRM 系统的开发以及实际应用具有一定的指导意义。

要对客户让渡价值、客户关系价值以及延伸出来的客户忠诚进行彻底的研究,特别是在网络经济条件下。因为这会使传统意义上的概念出现很大的改变。同时,要建立动态均衡模型,使企业收益和客户利益达到最大,找出均衡条件,从而使客户关系可持续发展。

研究组织结构与 CRM 的关系。CRM 理念会促使组织结构发生怎样的改变呢?有人提出组织中应设立首席客户主管(CCO)这一职位,但这有待检验。

需要给出企业实施 CRM 实践的指导原则以及实施模型,同时要建立一个有效的检测体系对 CRM 进行有效性评价。研究企业文化对 CRM 的影响,特别是组织中成员之间共享客户知识,会对组织文化产生怎样的冲击。

关于技术实现的研究工作。一方面,探讨 CRM 实现的有效技术问题;另一方面探讨具体的应用架构及相关问题,如考虑信息技术与知识管理的融合,找出新的切入点。

总之,CRM 的研究工作应站在系统的角度,基于宽阔的视野进行,既要做 CRM 的理论研究工作,又要研究 CRM 的应用。

2.4.2 客户关系管理的发展趋势

近些年,客户关系管理的概念已经渗透到了各个领域、各个角落。实施客户关系管理可以提高客户满意度、维持较高的客户保持率,对客户收益和潜在收益产生积极的影响。这些利益对企业来说都有很大的诱惑力。无论是从技术还是从市场方面看,CRM 都具有大的发展空间。

1. 从技术方面来看客户关系管理的发展趋势

CRM 的广泛运用还必须建立在与企业新的管理思想充分整合的基础上。近年来，供应链管理（SCM）、企业资源计划（ERP）等新的管理理念和思想不断提出，许多企业将 SCM 能力视为一种重要的竞争资源，ERP 系统所反映的系统化管理思想也得到了越来越多企业的肯定。在这种形势下，CRM 只有与 SCM、ERP 充分整合，才会增加企业的核心竞争力，为企业有效利用自身资源和在市场竞争中取胜奠定良好的基础。从技术方面看，未来 CRM 的发展趋势主要体现在以下几个方面。

首先，客户关系管理与数据仓库、数据挖掘技术的日渐融合。借助数据仓库技术，越来越多的企业拥有了大量的客户数据，当这些数据的规模成为海量时，数据挖掘技术在 CRM 中的应用就成为必然。如果说过去是因为企业掌握的客户数据太少而对客户行为无从把握，今天则是由于企业获得的客户数据太多而使企业无所适从。很显然，在浩如烟海的数据中淘金，仅靠人力是无法做到的。数据挖掘就是从客户数据的"矿山"中挖掘出潜在的、尚不为人知的趋势或模式，从而使企业能更好地进行客户关系管理。数据挖掘能帮助销售人员更准确地定位销售活动，并使活动紧密结合现有客户和潜在客户的需求愿望和状态。数据挖掘软件能自动地从庞大的数据堆中分析得出好的预测客户购买行为模式。统计、邻近、聚类、决策树、神经元网络、规则归纳等数据挖掘技术能在客户盈利能力分析、客户获取、客户保持、客户细分、交叉营销等方面体现出重大的商业价值。在客户关系管理中，数据挖掘正起着导向作用，只有应用数据挖掘技术，大企业才能将客户数据库的大量数据转变成描述客户特征的一些图像。数据仓库和数据挖掘都是 CRM 中不可或缺的重要内容，没有二者的结合应用，CRM 系统就不可能发挥其全部功效。

其次，客户关系管理与电子商务的紧密结合。电子商务的发展将客户关系管理推到了新的高度。Forrester 研究所把基于 Internet 平台和电子商务战略下的客户关系管理系统称作电子客户关系管理或 eCRM。eCRM 是一个把跨通信渠道、跨事务功能的客户关系统一在一起的网络中心方法。表面上看电子商务与客户关系管理并没有必然联系，二者似乎是两个不同层面的问题，但电子商务与传统的商务模式有着诸多不同，电子商务是建立在现代信息技术之上的"非接触经济"，交易双方越是"非接触"，客户关系管理就越显得重要。而且，电子商务环境下企业的客户不再以地理位置为界限，客户数量远远大于传统商务模式下的规模。电子商务模式下客户访问企业的时间是 24 小时，客户不再以某一地区的日出日落为作息时间。空前的客户规模和即时对客户行为做出反应，这一切要求电子商务企业必须有良好的客户关系管理系统提供支持。因此，客户关系管理应用在企业电子商务应用架构中承担着关键角色，即客户关系管理的成功与否直接决定企业电子商务实践的成败。客户关系管理与电子商务整合可以获得快捷性、廉价性、普遍性、可塑性、自动记录、低边际成本、个性化等优势。

最后，客户关系管理与 ERP、SCM 呈现集成趋势。随着 CRM 理论的逐渐成熟及在商务中应用的日渐广泛，关于 CRM 与 ERP、SCM 集成问题的相关研究也引起了人们的关注。CRM 注重改进企业和客户的关系，ERP 注重企业的内部作业流程，SCM 注重企业间协作和上下游的供应链关系，三者的结合将更有利于提高企业的核心竞争力。

在 CRM 诞生之前，很多欧美大中型企业已实施了 ERP，而且，正是在独立依靠 ERP 已无法取得独特竞争优势的大背景下，CRM 才在这些国家盛行起来。CRM 与 ERP 的相互渗透十分重要，任何资源分配最终都将成为重要的约束条件融入 CRM 系统，进而优化客户的利润。著名的管理咨询公司 Yankee Group 指出，尽管 CRM 与 ERP 通过不同途径去实现客户的价值，但能把企业前台管理与后台管理完全融合在一起的公司将最终取得成功。

CRM 与 SCM 的集成范围一般包括销售管理、采购管理、客户管理等多方面，能使企业更有效地管理供应链，从而实现成本的节约和服务的改善，进而使大规模定制成为可能，实现需求和供应链上的资源的最优化配置，获得长久的竞争优势。CRM 与 SCM 整合，能真正实现企业实时响应客户的需求，能为企业提供创造高附加值的方法和途径。

2. 从市场方面来看客户关系管理的发展趋势

进入 21 世纪后，全球的 CRM 市场一直处于爆炸性的快速增长之中。目前，我国的 CRM 市场也已启动，CRM 开始在我国 IT 业内流行了起来。不管是投资商、用户还是国内外软件厂商都开始关注它。经过几年的发展，我国的 CRM 市场已经呈现出自身特有的特点。

首先，国内 CRM 市场处于萌芽时期。无论是从产品结构、区域结构、行业结构，还是从销售渠道来看，国内整个 CRM 市场形态都还不健全。市场区域主要集中在经济发达地区，CRM 的应用行业以邮电、金融等经济实力较强、信息化程度较高的行业为主，一般都是国家重点行业，拥有强大的资金后盾，而且信息化建设已初具规模。我国加入 WTO 后引发的经济格局的变化，给这些行业带来了巨大冲击，它们在感受新机遇的同时也感到了竞争的压力。在机遇与竞争的双重作用下，很多颇具发展眼光的用户选中了能提高营业额、扩展新商机的 CRM 产品。

其次，提供 CRM 产品的厂商较少。目前能够提供功能比较全面的 CRM 产品的国内厂商很少，有些只能提供实现客户关系管理的几个应用模块，有的只是在 ERP 的某些模块上稍作修改，并没有真正实现客户关系系统的"以客户为中心"的理念。

最后，客户关系管理的市场需求量大。对客户关系管理系统的认识，在国内已有较长一段时间，客户关系管理系统也逐渐被国内众多的企业所熟悉和接受。在竞争激烈的信息化时代，客户关系管理系统有帮助提高产品营业额、扩大市场占有率以及提高客户忠诚度等功能，使得很多企事业用户对此产品情有独钟，因此市场需求加大。而因为市场中真正的 CRM 产品很少，适合国情的产品更是少之又少，所以市场上呈现出供不应求的现象。

总之，我国的 CRM 市场正在迅速发展和壮大，其中孕育了较大的商机，已经成为投资商、软件开发厂商和用户共同关注的对象，CRM 的市场前景将十分广阔。

综合练习

一、单选题

1. 客户关系管理产生的根本原因是（　　）。

 A. 技术的进步 B. 需求的变化

 C. 企业管理理念的变化 D. 营销观念的变化

2. 客户中心论关心的焦点是（　　）。

 A. 产值（量） B. 销售额

C. 利润　　　　　　　　　　D. 客户满意与客户忠诚

二、简答题

1. 简述客户关系管理产生的背景。
2. 以客户为中心的管理理念的实质是什么？
3. 如何理解客户关系管理内涵中理念、技术和实施三者的关系。
4. 营销专家詹姆斯·穆尔说："现代企业的命运掌握在客户手中，客户是企业利润的最终决定者。"谈谈你对这句话的理解。

技能训练

实训内容：理解客户关系管理对企业的重要作用。

实训地点：教室。

实训目的：加深学生对客户关系管理的认识和理解，通过案例分析讨论客户关系管理对企业的作用。

背景材料：

客户向比萨店订餐的故事

（东东比萨店的电话铃响了，客服人员拿起电话）

客服：东东比萨店，您好！非常高兴为您服务！请问您有什么需要？

客户：你好，我想要……

客服：先生，请把您的会员卡号码告诉我。

客户：嗯，请等等，123456789。

客服：陈先生您好，您是住在泉州街一号一单元一楼，您家的电话是×××××××，公司的电话是××××××××，您的移动电话是××××××××××，您现在是在用手机通话吧？

客户：为什么你们知道我所有的电话号码？

客服：陈先生，因为我们有联机的 CRM 系统。

客户：我想要一个海鲜比萨。

客服：陈先生，海鲜比萨不适合您。

客户：为什么？

客服：根据您的医疗记录，您有高血压并且胆固醇偏高。

客户：那……你们有什么可以推荐的？

客服：您可以试试我们的低脂健康比萨。

客户：你怎么知道我会喜欢吃这种的？

客服：喔，您上个星期一在本市图书馆借了一本《低脂健康食谱》。

客户：好……我要一个家庭号特大比萨，要多少钱？

客服：这个足够您一家五口吃，390元。不过要提醒您，您的母亲应该少吃，因为她上个月刚刚做了大手术，正处于恢复期，需要汤水调养。

客户：……

客户：可以刷卡吗？

客服：陈先生，对不起，请您付现金，因为您的信用卡已经刷爆了，您现在还欠银行14 687元，而且还不包括房贷利息。

客户：嗯，那我先去附近的提款机取钱。

客服：陈先生，根据您的记录，您已经超过今日提款机提款限额。

客户：算了，你们直接把比萨送来吧，我这里有现金，你们多久会送到？

客服：大约15分钟，如果您自己来取会更快些。

客户：为什么？

客服：根据CRM系统的全球定位系统的车辆行驶自动跟踪系统记录，您正在开着车号为××××的别克轿车，即将从我们店门口经过。

客户：……

实训过程设计：

（1）让学生用20分钟时间思考下面几个问题。

①如果你是这位客户，能够感受到该CRM系统的什么好处？

②案例中的CRM系统给销售带来了什么便利？

③具体谈谈上述对话中客户关系管理的内容与作用都有哪些？

④据你了解，你认为案例中的场景在国内的哪些企业的服务中实现了？

（2）学生自由发言，教师点评。

拓展学习

万科地产公司"非软件化"的客户关系管理

万科地产公司堪称中国房地产业客户关系管理的成功典范，但万科地产公司并没有全面导入以CRM系统软件为主体的CRM系统。究其原因，正是万科地产公司的客户关系管理的内功深厚，而且，万科地产公司突破了传统的客户关系管理的局限性，把员工关系管理和合作伙伴关系管理也导入了企业的客户关系管理范畴。

1. 万科地产公司的客户服务体系

从某种意义上说，万科地产公司已经树立了"以客户为中心"的经营管理思想，万科地产公司的客户服务理念——"建筑无限生活"、"客户是万科地产公司存在的全部理由"、"衡量我们成功与否的最重要的标准，是我们让客户满意的程度"……已经成为万科地产公司企业核心价值观的重要组成部分。在2003年9月以前，万科地产公司的客户服务中心只其物业的一个职能部门，不与万科地产公司发生直接联系。不过，很多与客户有关的事务和万科地产公司都要发生直接关联，但这些事务必须经过物业公司后再与上一级的万科地产公司沟通，由此造成了客户服务效率低下的问题。为了缩短客户与万科地产公司的距离，提高客服务质量，万科地产公司把客户服务中心从物业公司剥离出来，并入万科地产公司。客户服务中心直接接受万科地产公司的领导之后，部门职能得到进一步完善，客户万科地产公司的距离被缩短。万科地产公司认为,"以人为本"的概念就多了也就虚了,万科地产公司的一个中心就是"客户",所以万科地产公司高层领导每天都会看公司的4个公开网站和客户服务中心呈报的资料,看的就是客户的投诉,所以客户服务中心会配备20多人的力量,而整个深圳公司只有170多人。

2. 销售管理系统

万科地产公司没有全面导入CRM软件,并不是它沉醉于自身内功的深厚,也不是它轻视CRM软件作为CRM工具的重要作用,而是因为万科地产公司采取的是稳步发展的策略。房地产销售流程复杂、管理难度大。销售管理水平不仅影响着销售效率和销售业绩,而且能否为客户提供方便快捷的服务直接影响着客户的满意度。因此,万科地产公司首先引入销售管理系统。

深圳万科地产公司于1999年初引入了明源企业版售楼管理系统,同时在四季花城、金色家园、温馨家园3个现场售楼部中使用,并通过ISDN通讯线路将3个现场售楼部和深圳地产总部组成了广域网网络,以实现现场售楼部和公司总部的实时数据交换,使公司与售楼业务相关的工作人员(包括销售部、财务部、按揭组、管理层等)可以通过明源企业版售楼管理系统进行实时的数据录入、修改、查询和统计分析工作。万科地产集团的4家分分公司——深圳、上海、北京和天津先后采用了明源企业版售楼管理系统。

3. 会员管理信息系统——万客会

"万客会"是万科地产公司建立的会员制俱乐部,倡导在"让万科地产公司理解客户、让客户了解万科地产公司"的基础上建立理性、对等、双赢的供求交流方式。万客会的服务内容包括提前获得万科地产推出的楼盘资料和最新销售信息、在购直万科公司房产时可以享受会员优惠、参加各类由"万客会"组织的联谊活动和社会活动、定期收到会刊等。这些服务内容让人感觉万科地产公司是在做赔本买卖,而万科却认为,通过万客会,万科地产公司得到的是和消费者建立起来的良好关系以及大量消费者的最直接资料,这是金钱难以买到的。据最近相关法规规定,房地产商在没有拿到预售许可证前不能打广告,万科地产公司在上海"假日风景"的销售,通过万客会这一平台,让2000多名有意买房的上海人了解到"假日风景"的设计规划,其中400余人填写了购房意向登记表,而这一切是在没有花一分广告费的情况下进行的。

4. 员工关系管理

万科地产公司认为"人才是公司的资本",注重对员工方方面面的关爱。万科地产公司一贯倡导的"健康丰盛"理念包括了职员事业发展和家庭生活的健康丰盛。万科作为一家跨地域经营的企业,外派或分公司之间的职员交流调换是不可避免的,所以在新职员参加万科的志愿标格上有一条:同意或不接受外派的选择回答。公司并不排斥不接受外派的职员,只是注明其提拔培训的机会小于接受外派的职员。对于外派的中层管理人员(已婚、有家小),公司的人力资源政策有明确规定：鼓励配偶一起到外派的城市，并协助找工作；对于暂时没有工作的给以经济补贴；对调动的经理给以搬家安置费……

在万科地产公司掌门人王石的力促下，万科在企业内部设置了名为"董事长online"，"董事长online"成为一个非常成功的员工投诉和提出合理化建议的平台。

5. 合作伙伴关系管理

一次，在内部论坛"董事长online"上，一位职员就"三个善待，缺一不可"帖子提出建议"建议再加上'善待合作单位'——广义客户的概念的齐了。"董事长的回复非常积极"善待合作单位，说得好！"就在同一个月，公司出台了《材料设备采购规定》，推出新的统一采购模式，并引入了"战略供应商"概念。随后，在万科公司联动网站上发出了第一份统一采购招标书。随后宾士发电机（深圳）公司、美标（中国）公司、广日电梯以及卡内门太古漆油公司等4家企业成为万科地产公司第一批集团战略供应商。2002年，万科地产公司提出要构建全面均衡的公共关系网络，在这个网络里，既包括客户、投资者、合作伙伴，也包括同行、政府、媒体。

6. 提升客户忠诚度的具体措施

（1）了解客户需求。2002年底万科地产公司委托盖洛普调查公司对公司所在城市的42 000多客户进行了一次满意度调查。调查结果显示，业主的整体满意度远高于全国平均水平。万科地产公司进行客户满意度的调查，更为重要的是为了了解客户存在哪些方面的不满意，哪些因素影响客户的满意度，从而据此改善产品与服务。

（2）坚持透明原则。客户变得忠诚或不忠诚的过程，其实就是客户将他实际得到的和他所付出的东西进行比较的过程。只有当客户认为他的实际所得达到或超越了他的付出的时候，他才会感到满意。只有长期感到满意的客户，才可能变为忠诚的客户。万科地产公司坚持透明原则，加强与客户的沟通，将客户应该知道的信息尽可能全面、完整地传递给客户。

（3）点滴积累，不断进步。为了进一步挖掘造成业主忠诚与不忠诚的潜在驱动因素和情感因素，万科地产公司曾在定量分析报告的基础上，又委托调查公司进行了基于深度访谈的定性研究。通过引导客户回忆从认知万科地产公司到购买万科地产公司产品的全过程，对忠诚客户和非忠诚客户在不同阶段的感受特征进行对比分析，得出了初步结论，即无论非忠诚客户还是忠诚客户，都不会在一夜之间发生突变，而是存在着一个逐步演变的过程。

（4）应对投诉的策略。如何面对和解决客户投诉是影响客户满意度和忠诚度的重要一环。万科地产公司在网站上设立了名为"投诉万科地产公司"的论坛。公司认为"投诉有可能会暂时令部分想买房的人犹豫，但最终它会改进我们的工作，从而使我们赢得更多的客户"。万科地产公司提供的数据表明，99%的客户投诉都能得到妥善处理。许多开发商都头疼于用户的投诉，万科地产公司每年收到 3 万多条客户投诉，但公司发现，投诉越多的客户其忠诚度也越高。万科地产公司每年提取 5 000 多条客户意见进行改变，于是有了今天，在细节上日臻完美的产品。

　　完成以下问题：
　　1. 万科地产公司是如何实施客户关系管理的？
　　2. 万科地产公司的客户关系管理为企业带来了哪些现实和隐含的好处？

学习情境 2

客户挖掘

素质目标

(1) 树立以客户为中心的理念,培养学生尽职尽责的服务意识;

(2) 在客户识别与选择过程中具备发现问题、分析解决问题的开拓意识和创新精神;

(3) 在收集客户信息、建立客户档案是养成严谨细致的工作作风和精益求精的劳动精神;

(4) 在维护客户信息安全过程中要具备遵法守法、诚实守信的职业道德;

(5) 在客户拜访、活动策划过程中培养学生锐意进取的思想意识以及组织、沟通和协调能力。

知识目标

1. 掌握客户调查的内容;
2. 掌握客户调查资料整理的基本知识;
3. 掌握客户识别和客户选择的基本理论和要点;
4. 掌握客户信息的获得方法和分析方法;
5. 掌握客户拜访的基本过程;
6. 掌握活动策划的相关知识;
7. 掌握商机及商机管理的相关知识;
8. 掌握报价的原则和方法。

技能目标

1. 按照客户调查的基本步骤完成调查任务;
2. 能够建立客户资料信息;
3. 运用客户信息获取分析方法进行客户信息管理;

4. 能对新客户、老客户、大客户顺利拜访；
5. 能策划产品推介会活动；
6. 根据商机生命周期推演商机；
7. 根据产品和客户需求简单报价。

主要任务

任务3　客户信息调查与分析；
任务4　客户识别与选择；
任务5　客户信息管理；
任务6　建立客户关系；
任务7　商机管理。

情境引入

老太太买水果

一位老太太每天去菜市场买菜、买水果。一天早晨，她提着篮子，来到菜市场。一个卖水果的小贩问："你要不要买一些水果？"老太太说："你有什么水果？"小贩说："我这里有李子、桃子、苹果、香蕉，你要买哪种呢？"老太太说："我正要买李子。"小贩赶忙介绍："我这个李子，又红又甜又大，特好吃。"老太太仔细一看，果然如此。但老太太却摇摇头，没有买，走了。

老太太继续在菜市场转。遇到第二个小贩。这个小贩也像第一个一样，问老太太买什么水果？老太太说买李子。小贩接着问："我这里有很多李子，有大的，有小的，有酸的，有甜的，你要什么样的呢？"老太太说要买酸李子。小贩说："我这堆李子特别酸，你尝尝？"老太太一咬，果然很酸，满口的酸水。老太太受不了了，但越酸越高兴，马上买了一斤李子。

但老太太没有回家，继续在市场转。遇到第三个小贩，同样问老太太买什么。老太太说买李子。小贩接着问买什么李子，老太太说要买酸李子。小贩很好奇，又接着问："别人都买又甜又大的李子，你为什么要买酸李子？"老太太说："我儿媳妇怀孕了，想吃酸的。"小贩马上说："老太太，你对儿媳妇真好！儿媳妇想吃酸的，就说明她想给你生个孙子，所以你要天天给她买酸李子吃，说不定真给你生个大胖小子！"老太太听了很高兴。小贩又问："那你知道不知道这个孕妇最需要什么样的营养？"老太太不懂科学，说不知道。小贩说，其实孕妇最需要的是维生素，因为她需要供给这个胎儿维生素。所以光吃酸的还不够，还要多补充维生素。他接着问："那你知不知道什么水果含维生素最丰富？"老太太还是不知道。小贩说："水果之中，猕猴桃含维生素最丰富，所以你要经常给儿媳妇买猕猴桃才行！这样的话，能确保你儿媳妇生出一个漂亮健康的宝宝。"老太太一听很高兴啊，马上买了一斤猕猴桃。当老太太要离开的时候，小贩说："我天天在这里摆摊，每天进的水果都是最新鲜的，下次到我这里来买，还能给你优惠。"从此以后，这个老太太每天在他这里买水果。

❀ 情境描述

在这个故事中可以看到：第一个小贩急于推销自己的产品，根本没有探寻客户的需求，自认为自己的产品多而全，结果什么也没有卖出去。第二个小贩探寻出客户的基本需求后，并没有马上推荐商品，而是进一步纵深挖掘客户需求，当明确了客户的需求后，他推荐了对口的商品，很自然地取得了成功。第三个小贩首先获得了客户的信息，分析出客户深层次需求，激发客户解决需求的欲望，然后与客户建立了关系，把握了商机，最后成功挖掘到了客户。所以在客户关系管理中非常重要的就是客户挖掘。

任务3　客户信息调查与分析

🔍 任务引入

微课学习：
客户信息调查

小刘是某家电厂家在某市的业务员，负责该市的销售业务。该厂家采用代理销售的模式，该市的家电批发商王老板是独家代理商。最近，有另一个家电批发商赵老板给小刘打电话，要求代理他们的产品，从事经销批发业务，并保证小刘厂家的产品在该地区的销量比原来的王老板多一倍。小刘的公司要求小刘提供赵老板的资料及参考意见，小刘应该如何处理？怎样开展客户信息调查？

📖 任务分解

客户调查是一项综合性的工作，需要掌握客户调查的内容、步骤、方法等，还要能对调查资料进行整理和分析，最终写出调查报告，因此除了要掌握调查的相关知识，还要完成如下任务：

(1) 完成调查方案的撰写；
(2) 运用2~3种调查方法实地进行调查；
(3) 能够根据调查所得信息撰写调查报告。

📚 知识链接

客户调查是广泛深入掌握客户信息资料、了解客户需求的基础，也是企业有效开展客户关系管理的先决条件。只有通过完整的客户信息收集、整理、分析的过程，才能有效地使用客户数据，从而实现客户关系管理的最大效用。

3.1 客户调查的内容

客户调查是对潜在客户和现实客户的情况、信息进行收集与分析。客户调查的目的是为企业的市场推销和客户管理提供可靠的信息资料，它主要侧重于企业现在的客户和潜在客户的基本情况，具有专门性、全面性和隐秘性。

客户调查一般可分为对个体客户的调查和对企业客户的调查，这两者的调查内容有所不同。

3.1.1 个体客户调查

个体客户调查的基本内容包括客户的基本资料、教育情况、家庭情况、人际情况、事业情况、兴趣爱好、阅历情况和其他可供参考的资料等，如表 3-1 所示。

表 3-1 个体客户调查的基本内容

类别	内容
基本资料	姓名；身份证号；所服务的公司名称；职位职称；家庭住址、电话号码（包括个人手机号码）、传真、电子邮箱；公司地址、电话及传真；出生年月、户籍、身高、体重、性格特征等
教育情况	各阶段所在学校名称与就读时间；读书时期参加的社团，擅长的运动
家庭情况	婚姻状况、配偶姓名、结婚纪念日；兴趣及文化程度等；子女姓名、年龄；子女所在学校；子女喜好等
人际情况	客户在人际交往中处于何种地位、人际关系如何等
事业情况	客户在单位的前一个职务及现职；客户与上司、同事的关系；客户对就职单位的态度等
兴趣爱好	参加的各类社团或俱乐部；对政治活动是否感兴趣；宗教信仰及对宗教的态度；忌讳的事情或事物；喜欢做的事（如看书、看电影、打游戏、体育运动等特长）；自己认为自己的个性如何，以及他人认为其个性如何等
阅历情况	对目前经历的综合看法；对未来人生目标的看法；目前最想完成的事；目前最满意和最遗憾的事等
其他可供参考的资料	与这位客户交谈有哪些顾虑；客户对企业或竞争对手的看法；是否愿意接受他人建议，改变自己；是否重视别人的意见；是否非常固执；待人处世的风格等

了解以上资料相当重要。举例来说，可以根据这些资料，在某个客户的生日前，送他两张电影票，给客户惊喜；也可以寄一份与客户有切身关系的报告给他，如为他提供"如何治疗失眠"的报告（前提是客户的失眠症是公开的，朋友之间所共知的）；还可以利用

客户的业余爱好，与他进行沟通，比如陪他去看球赛或听音乐会。企业要以对待朋友之心去运用这些资料，而不能刻意去笼络客户、功利性地讨好，不能只在客户购买成交时才去拜访或加强关系，而平时则音信全无。

3.1.2　企业客户调查

企业客户与个体客户有共性，也有较大的差别。企业客户中具体办事的人、联系业务的主管领导，以及决策者都是个人，具有鲜明的特点，与此同时他们又都代表企业。企业客户的调查主要包括基本资料、客户特征、业务状况、交易现状，如表3-2所示。

表3-2　企业客户调查的基本内容

类别	详细内容
基本资料	客户的姓名、地址、电话及个人性格、爱好、家庭等，与本企业的起始交易时间、企业组织形式、业务种类、资产等
客户特征	服务区域、销售能力、发展潜力、经营理念、经营方向、经营政策、企业规模、经营特点等
业务状况	销售业绩、经营管理者和销售人员的素质、与其他竞争对手关系、与本企业的业务关系及合作态度等
交易现状	客户的销售活动现状、存在的问题、保持的优势、未来的对策、企业形象、声誉、信用状况、交易条件以及出现的信用问题等

3.1.3　客户调查资料的来源

熟悉资料的来源及检索方法是客户调查工作成败的关键。一个优秀的客户调查人员不但要有丰富的学识和实践经验，还要有孜孜不倦的求知欲望和毅力，以及见微知著、善于发现新知识的洞察能力。

1. 内部资料

本企业的内部资料是调查人员可以优先获取的资料，主要包括本人自有资料和企业档案资料。

（1）本人自有资料。在调研人员的工作中，应把全部用到的资料编制索引，以备日后查询之用。当调研人员进行新的调查活动时，这些资料就是可以参考的重要资料，同时可以减少不必要的大量重复劳动。

（2）企业档案资料。公司本身的业务活动可以为客户调查工作提供大量有参考价值的资料。除此之外，调查人员还可以参阅公司的客户名单、历年销售记录、本企业销售人员提供的客户报告，以及财务信息等。

2. 机构资料

一些著名的数据库公司可以提供十分专业的客户资料数据，例如电信黄页、美国的邓白氏公司等。这些机构或公司有官办的，也有私营的，设立这些机构是为了提供信息业务,以达到信息资源的社会共享。这种服务有无偿服务,也有有偿服务。一般地,有偿服务得到的数据更加真实,因为这些公司为提供优质服务付出了大量时间和精力,为客户提供高价值的数据服务。

3. 图书馆

一个国家通常拥有大量的图书馆,而这些图书馆都有各类文献资料,以及电子数据资料。对于客户调查人员来说,最有价值的莫过于国家级的图书馆,或外贸等部门附设的专业图书馆了。这些图书馆可以提供有关交易的具体数字和某些客户的基本经济情况等资料。同时,图书馆还可提供关于产品、采购单位等较为具体的资料。

4. 国际组织

很多国际组织刊印发行大量可供客户调查、参考的有价值的资料。其中对客户调查较为重要的国际组织有以下几个。

(1) 联合国。可提供关于贸易、工业、农业等方面的系列统计资料,还包括其成员国各自的统计资料。

(2) 国际贸易组织。可提供具体类别产品在某些国家的销售情况的调查报告。除了这些报告以外,某些贸易咨询服务机构还可提供某些具体类别产品的贸易统计资料。

(3) 经济合作与发展组织。可提供关于对外贸易、工业、科技和交通运输等方面的专题论文和有关系列的统计资料。

(4) 国际货币基金组织。可提供关于不同国家、地区和国际范围的外汇管理措施、其他贸易限制、对外贸易以及财政经济等方面的专题报告。

(5) 粮农组织。可提供关于农业及有关方面的系列统计资料和其他专题报告,包括客户调查研究的专题报告。大部分国际组织都提供所负责领域的统计资料,并将出版发行的各种书刊编印成目录或书单印发给其他机构参阅。

5. 政府机关

与客户调查人员联系最紧密的政府机关是统计部门。这些统计部门专门负责整理和公布各种有关系列的统计资料。同时,这些统计部门所公布的关于人口、社会等方面的统计资料对于客户调查也相当有用,调查人员可以从中发现当地客户的购买力、产业布局、行业分布等情况。

6. 商会及行业协会

商会及各行业协会一般属于官方组织,当客户调查人员需要与相关企业交往时,商会往往会起到中间桥梁的作用。而很多行业协会在联系行业内企业时,也能发挥关键性作用。这些行业协会自办定期出版的报刊,定期公布关于本行业的统计数字和会员名单等。

7. 金融及通信企业

这两个行业有着共同的特点,即客户数量众多、分布极为广泛,客户资料完备、准确,并且这些行业的整体水平能反映出当地的经济、社会、文化状况。通过这些行业发布的统计报告和发行的刊物等,可以得到大量关于本地状况的信息。

8. 消费者组织

很多国家都有类似消费者协会这样的组织,其目的是保护消费者合法权益、维护市场公平、引导消费等。很多消费者协会经常查验各自国家的各种产品质量等,并在某些刊物或网站定期公布。而且还对零售价格变动情况提供报告和到现场走访客户,广泛听取意见。这些资料,对于调查工作是十分有用的。

3.2 客户调查的步骤

客户调查的步骤如图3-1所示。

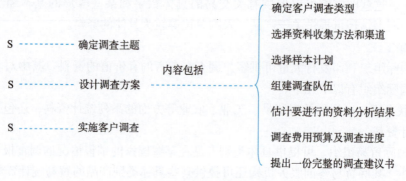

图3-1 客户调查的步骤

3.2.1 确定调查主题

客户调查的起因一般来自某种问题或需要,例如,企业制定服务标准的需要、客户的购买量下降了、客户对企业的服务有抱怨等。有了起因,但不一定构成市场调查的主题,还要对问题或需要进行分析和研究。客户调查主题的确定一般包括以下四个方面。

1. 提出调查主题

调查主题往往由企业管理者提出或者是因为市场、业务发展的需要而提出。当问题提出时,往往涉及面比较广,调研人员对一般性的、大范围的知识背景比较熟悉,如怎样让客户满意。但这个大范围不宜作为调查的主题,需进一步提炼,使目标更加明确,例如客户的购买行为特点、客户购买动机等。

当调查主题提炼到一个较窄的领域,调查人员在这方面的专业知识就相对有限了,因此,要阅读一些现有资料,或与对该领域较熟悉的人进行交谈。在这个非正规的调查中,调查者可能会发现进一步研究的线索,从而把其中某些内容作为进一步研究的主题。

2. 选定具体调查目标

大多数情况下,客户调查的目的有着多重性,如:了解客户的实际需要、喜欢的服务方式、引起某些问题的原因、解决问题的各种措施与方案等。这些大方向的目的还需要化为具体的目标,调查的具体目标通常以研究问题的形式出现,表明了决策者所需要的信息。如客户的购买数量下降,这样调查的总目的是寻求客户购买数量下降的原因,并采取适当的方法实施。

3. 形成假设因素

当调查的具体目标确定之后,就要对市场上各种可能的情况形成一些适当的假设。假设的接受与拒绝都会帮助研究者达到客户调查的目的。假设的形式有两种:调查者可以根据正规研究资料来判断的陈述性假设和研究者要调查的各种可能的行动方案假设。

（1）陈述性假设。陈述性假设一定要与研究目标有密切的联系，如针对客户购买数量下降原因的陈述性假设可能包括客户购买其他供应商的货物、客户业务发生转移等。

（2）不同的行动方案假设。假设也可以用于表达某个行动的不同方案。例如，某超市进行一项客户调查研究，目的之一是吸引更多的客户光临，可以进行以下几个方面的假设：为客户提供更多的优惠、改善超市员工的服务态度、优化购物环境及物品摆放等。

并非所有的调查都需要作正规的假设，这主要取决于假设的接受和拒绝能否帮助调研人员达到调查的目的。一般来说，简单的事实收集研究就不需要作假设，而大多数的客户调查都需要假设，以使资料的收集工作有较大的依据性。

4. 判断调查需要的信息

在调查目的确定并做出相应的假设之后，就需要判断达到调查目的以及对假设进行检验所需的确切信息。判断调查所需信息的工作对于设计问卷或调研提纲并保证达到研究目的有重要意义，但这项工作又常常被研究者忽视。另外，这项工作在调研的初期就要开始，并不局限于等到作研究假设之后再进行，同时，在调查过程中有时还要根据实际情况进行调整。

3.2.2 设计调查方案

实际调查需要有一套完整的调查方案。调查方案主要涉及内容有：客户调查类型的确定，即需要什么类型的信息；资料收集方法和渠道的选择，即通过电话访问、个人访谈、邮寄问卷等；组建客户调查队伍；样本计划的选择；调查预算和时间安排；提出调查建议书等。

1. 确定客户调查类型

客户调查按其研究的问题、目的、性质和形式不同一般分为以下三种类型。

（1）探索性调查。

探索性调查用于调查问题的一般性质。在调查初期，由于问题及其范围不是很确定，不能明确调查主题，而探索性调查主要就是发现问题和提出问题，以便确定调研的重点。例如，近几个月来，客户流失现象严重，究竟是什么原因造成的呢？由于影响客户流失的因素很多，一时难以分清，有时不可能一一调查。为了寻求可能的原因，应先从一些客户入手，收集多方面的信息资料，从分析中发现问题，以便进一步调查。探索性调查的目的是明确的，但研究的问题和范围较大，在研究方法上比较灵活，事先不需要进行周密的策划，在调查过程中可根据情况随时进行调整。

（2）描述性调查。

描述性调查是通过详细的调查和分析，对已经找出的问题做如实的反映和具体的回答。多数的客户调查都属于描述性调查，例如对潜在客户、同类客户占有率，以及竞争对手的状况进行描述等，其目的是收集有关的各种资料，并对这些资料进行分析研究，揭示市场发展变化的趋势，为企业的决策提供科学的依据。与探索性调查相比，描述性调查的目的更加明确，研究的问题更加具体。在调查之初，通常根据决策的内容，把研究的问题进一步分解。描述性调查需要事先拟订周密的调查方案，并制订详细的调查计划和提纲，包括各项准备工作,以确保调查工作的顺利进行。

(3) 因果性调查。

因果性调查是在有必要表明某个变量是否引发其他变量变化时所采用的调查方法。这些变量有的是企业自身可以控制的变量,如产品质量、产品价格、销售渠道等,而有的变量则是企业无法控制的,如市场竞争状况、市场的供求关系等。如果能找到某种关系或联系的证据,就可以判断某种因果关系可能存在,但一定要有适当的证据来证明某个变量在另一个变量变化之后出现相应的变化,且没有其他因果因素引起这种变化。因此,因果性调查的目的就是要找出关联现象或变量之间的因果关系,弄清原因和结果之间的数量关系,进一步揭示和鉴别某种变量的变化究竟受哪些因素的影响,以及各种影响因素的变化对变量产生影响的程度。例如,销售量的下降与价格有关,就可以对客户的购买价格和销售数量进行针对性的调查。

2. 选择资料收集方法和渠道

资料的收集方法和渠道选择是调查方案设计中的核心环节,也是将来调查费用发生的主要部分。第一手资料的获得方法很多,也很灵活,如观察法、实验法、询问法、电话访问、深度面谈、专家访谈等。具体采用什么方法要根据调查的目的、性质及调查经费等多种因素来决定。但是,无论采取哪种方法,都要紧密围绕调查的主题,不能偏离。最常见的资料来源方法有以下三种:企业自身的信息系统;政府的统计部门、行业协会等;专门收集资料以供出售的组织或公司。但实际情况往往是企业要调查的主题是非常个性化的,并没有被纳入正常的统计口径之内,这个时候,企业只有预先"海选",以确定几种渠道。实践证明,这种选择方式是必要的,即使是错误的,也会为企业最终的目标提供帮助。

3. 选择样本计划

大多数调查课题都只能从与研究问题有关的目标总体中的某个样本那里得到。样本计划就是描述性选择这个样本的过程与方法。常用的抽样方法有以下几种。

(1) 随机抽样。随机抽样是指从调查总体中按一定规则抽取一部分单位作为样本,通过对样本的调查结果来推断总体。这样,总体里的每个组成部分都以一个已知且同样的概率被选在样本里。在要表明样本代表总体的程度时,一般使用随机抽样。随机抽样一般有以下两种形式。

①纯随机抽样。完全不区别样本是从总体的哪个部分抽出,在全部总体中的每个单位都有同等机会被抽出。

②机械抽样。将全部调查单位按照某个要素加以排列,并按照一定的间隔抽取调查样本。

(2) 非随机抽样。在非随机抽样中,研究总体中每个组成部分被抽中的概率是不同的,而且也是未知的。具体方法有以下几种。

①类型抽样。把调查总体划分为性质相近的各组,然后在各组内部按纯随机抽样或机械抽样的方法,按各组在全部总体中所占比重,有比例地抽出样本。这种方法也叫作类型比例抽样,抽出的样本代表性更大,可得到较纯随机抽样或机械抽样更精确的结果。

②整群抽样。上述方法都是总体中抽取个别单位,而整群抽样则是整群地抽取样本,

然后对这一群单位进行全面观察。其优点是比较容易组织;缺点是样本分布不均匀,代表性较差。

③任意抽样。根据调查人员的方便来决定样本。

④判断抽样。由专家判断而决定所选的样本,也称大意抽样。

⑤配额抽样。根据经验,主观规定各类样本的数目。

(3)普查和典型调查。普查是对调查对象进行逐个的调查,以取得全面、精确的数字资料,信息准确度高,但耗时长,人力、物力、财力花费大。典型调查是选择有代表性的样本进行调查,据以推论总体,如选择一两个大客户进行调查。

4. 组建调查队伍

客户调查可以由企业内部人员完成,也可以由专业化的社会机构来完成,另外还可以由企业与外部的研究专家联合形成课题小组或请他们完成课题的某一部分,如进行抽样设计或提供特殊的资料分析等。在下面的情境下,寻求外部的帮助是必要的。

(1)企业内部没有进行客户调研的技能或经验,以往做过一些但是效果不理想,没有发掘出真正有用的或想要的信息。

(2)企业对信息的需求紧迫或量大,自身的力量难以胜任。

(3)寻求外部力量帮助的成本要比自己做的低。

(4)企业作为研究结果的使用者,企业的名字及研究的真实目的不宜公开。

5. 估计要进行的资料分析结果

在开始收集资料之前,调查人员必须判断将要收集什么类型的资料,或需要什么样的结果才能达到调查目标,而且该资料也适宜提出决策建议,一旦资料收集完毕,再补救就来不及了。由于这些原因,一定要预先考虑对每个数据将进行何种分析以及做何种检验。一种方法就是模拟问题答案,然后对模拟的答案进行分析,以保证分析结果能达到目标。

6. 调查费用预算及调查进度

调查方案设计到这一步就要对整个调查的费用作恰当的估计,并预测调查的价值,进行成本效益分析,以进一步决定该调查是否要按设计的那样执行或是否有必要进行。在进行费用估计时,可以根据研究阶段或费用类型进行估计,如劳务费、问卷费、差旅费等。另一个考虑因素是时间,调查组织者要对整个调查在时间上做周密的安排,规定每个阶段要达到的目标或任务。这将有利于对调查的进度以及几个阶段的工作进行协调、纠正和控制,以保证按时完成调查任务。

7. 提出一份完整的调查建议书

调查建议书是指导和控制市场调查的计划性文件,是调查过程中各阶段要进行的主要工作的一个概述。另外,从法律的角度来看,调查建议书是调查项目委托人与调查执行人的一个书面合同。它可以检查、回顾主要决策完成情况,从而确保各有关方面在调查的范围和目的上保持一致,以减少偏差和误解。

尽管调查建议书的结构与内容没有统一的要求和规范限制,但通常一份完整的调查建议书需要由以下几部分构成。

(1)概要:简要概述调查建议书的内容。

（2）背景：总结调查项目提出的背景资料以及其他与项目有关的情况。

（3）调查的目的：陈述调查的目的与假设。

（4）调查方法：着重讲述进行调查的技术线路，如样本设计、问卷形式、资料的收集方法等。

（5）调查组织进度安排与费用支付估计。

（6）附录：可提供调查项目承担人或机构的背景资料及业绩等。

3.2.3 实施客户调查

1. 收集资料

通常情况下，收集资料的第一步就是对所有的现有资料来源进行全面的搜寻，以找到能有助于达到调查目的的全部有用信息。一旦找到这些现存的资料并经过分析，调查人员就可以确定是否要获得原始资料，以及需要什么样的原始资料。第二手资料调查完后一般要写一个文献综述。资料的收集阶段通常是调查过程中最费时、费力和花费最大的部分，在该阶段应对进度、费用及资料收集的质量进行有效的管理和监督。

2. 资料处理

所收集到的第二手资料与原始资料必须经过适当的处理、筛选才能对其进行分析。资料的处理过程包括审核、整理、汇编、制表及制图等。

3. 资料分析

资料一旦经过处理，分析阶段就可以开始了。分析与解释工作要针对调查目的，其基本方法有定性分析和定量分析。常见的定量分析的方法有时间序列法、横向列表法、聚类分析法及各种统计检验法等。

4. 提交报告

调查研究资料及结果要以适当的方式提交给调查项目委托人或决策者。调查报告一般要以书面形式出现，但经常还得作口头汇报。报告的使用者可能是不同类型的人，因此，报告中使用的语言和形式要有针对性。调查报告应该对关键的资料有一个简要的总结，并对调查过程、资料和结论作更详细的解释。即使只作口头汇报也有必要写出书面报告。

客户需求调研推动客户销售

某大学城建筑外墙使用建筑涂料，要求涂料质量高并能体现出大学庄重、严谨的风格，同时对施工进度有一定要求，项目招标后，有十多个销售代表提交材料，有的销售代表通过简单了解项目背景后做出了涂料供应方案，而某涂料服务商的销售代表获知这一信息后，并没有马上递交相关材料或者急于找所谓的"关系"，而是做了另外一件事。结果反而在错综的关系中胜出。

（1）成立项目组：根据本项目的初步信息，成立以客户服务总监为首的项目组，向甲方提交专业的初步调研方案并发出希望获准调研的请求。

（2）沟通诊断：认真听取有关领导、校方、设计院、总包单位对本项目的要求和意见，特别针对甲方对外观效果要求较高的情况，安排专业设计师与建筑设计师多次沟通、按设计要求完成外观色彩及效果设计方案并绘制效果图。

（3）现场考核：到施工现场考察将来的施工环境以及大学城周边建筑物的风格色彩的协调性。

（4）协助招标：为甲方特别开设专业研讨会，介绍不同种类建筑涂料性能特点、外观效果、技术参数、施工要素，加深甲方对建筑涂料知识的了解。另外，针对本次投标单位较多的现实情况，为甲方设计评判方案，协助甲方了解各投标单位现场样板展示情况。

（5）拟定并提交涂装方案。

以上案例正是由于该公司注重对客户需求信息的获取才最终一举拿下该订单。

3.3 客户调查的方法

采取恰当的手段和方法进行客户调查是实现调查目的的关键，只有调查手段恰当、调查方法科学，通过调查收集来的资料才能及时、准确和全面。客户调查的方法有很多，每一种方法都有其独特的功能和局限。因此，调查人员要明确各种调查方法的优缺点，然后根据调查的目的、任务、被调查对象的特点来选择合适的调查方法。下面介绍几种常见的调查方法。

知识拓展：
雷军街头做市场调研

3.3.1 观察调查法

观察调查法是调查者在现场对被调查者的情况直接观察、记录，以取得信息资料的一种调查方法。这种方法不是直接向被调查者提出问题要求其回答，而是凭调查人员的直观感觉或是利用录音机、照相机、录像机和其他器材，记录和考察被调查者的活动和现场事实，以获得必要的信息。观察是收集情报、调查取证的基本功，在调查中养成良好观察习惯，比拥有大量学术知识更为重要。观察调查法可以分为以下几种。

1. 现场观察法

现场观察法就是派调查人员去现场直接查看。如一家纺织公司派几名调查人员分别到几家百货商场的布料柜台，直接观察客户最喜欢哪些花色的布料，对哪些花色的布料不感兴趣；或者派几名调查人员到几家服装商场去观察客户最喜欢什么布料的服装等。使用这种方法进行调查，要确定是定期观察还是不定期观察及观察的次数等。

2. 亲历观察法

亲历观察法就是调查人员亲自参与某种活动来收集有关的资料。如某家工厂要了解它的代理商或经销商服务态度的好坏，就可以派人到那里买东西，以实际考察得到第一手资料。通过亲身经历法收集的资料一般是非常真实的。

3. 策划观察法

策划观察法是指调查机构事先设计模拟一种场景，调查员在一个已经设计好的并接近自然的环境中观察调查对象的行为和举止。所设置的场景越接近自然，被观察者的行为就越接近真实。

4. 伪装观察法与非伪装观察法

如果被观察人知道自己被观察，其行为可能会有所不同，观察的结果也就不同，调查所获得的数据也会出现偏差。伪装观察法就是在不为被观察人、物,或者事件所知的情况下监视他们的行为过程。非伪装观察法是指当被观察者知道自己被观察时所开展的观察。

伪装观察的主要优势是可以观察个人的真实反应,但是,如果伪装者观察监视的是受访者隐私或不愿向调研者披露的行为,将会出现严重的法律、伦理问题。并且,通过伪装观察法收集到的数据可能并不如非伪装观察法收集到的数据丰富。而非伪装观察收集的数据也可能被受访者诱发的错误所污染。

5. 人工观察法与机械观察法

人工观察法:完全由人来进行观察。

机械观察法:在某些情况下,用机器观察取代人员观察是可能的甚至是所希望的。在一些特定的环境中,机器可能比人工更便宜、更精确,能够更容易地完成工作。

6. 结构性观察与非结构性观察

结构性观察是明确设定调研数据要求并可以分解为独立的、清楚定义的一组类型的观察方式。非结构性观察可以不预先制订计划、制作观察提纲或观察卡,只凭观察人员随看、随听、随记,操作简便。这种方法对调研人员的要求很高,只有受过良好训练的调查者才能胜任。但受客观发问限制,此法一般只适用于探索性观察。结构观察和非结构观察的差别在于数据收集的性质和类型。

7. 连续观察与非连续观察

连续观察是指在比较长的一段时间内,对被观察对象连续进行多次、反复的观察调查,适用于动态性事件的观察,可以定期进行,也可以不定期进行。非连续性观察只是在较短时间内进行一次性观察调查,一般只适用于过程性、非动态性的观察。

3.3.2 询问调查法

询问调查法是把调查人员事先拟定的调查项目或问题以某种方式向被调查对象提出,要求其给予回答,由此获得信息资料。询问调查法可以分为以下几种。

1. 走访面谈

走访面谈也称访问调查法,调查人员直接向调查对象询问有关的问题以获得信息资料。通常,调查人员根据事先拟好的问卷或调查提纲上问题的顺序,依次进行提问,有时也可采用自由交谈的方式进行。使用该法进行调查时,调查人员可以与一个人进行面谈即专访,也可以与几个人进行面谈即访谈。

2. 电话调查法

电话调查法是由调查人员通过电话向被调查者询问、了解有关问题的一种调查方法。其优点是:取得市场信息资料的速度最快;节省调查时间和经费;覆盖面广,可以对任何有电话的地区、企业和个人进行调查;被调查者不受调查者在场的心理压力,因而能畅所欲言,回答率高;对于那些不易见到面的调查者,采用此法可能会取得成功。

3. 邮件调查法

邮件调查法是将调查问卷寄给被调查者,由被调查者根据问卷的填表要求填好后寄回的一种调查方法。邮件调查法是一种普遍应用的方法,采用此法的关键是选择好邮件调查的对象,最好是老客户,一般可以利用各种通信录、名册等。计算机的应用使企业的信息拥有量大增，可将存入计算机的客户名单地址直接打印，便可寄出。

如果是较大范围的调查，比较常见的形式是某个企业或调查机构委托新闻媒体公布有关问题，要求人们回答，然后将答案寄到某一指定机构。这样调查者可以省时、省力，但通常要有抽奖一类的激励。

4. 留置问卷法

留置问卷法是指调查者将调查表当面交给被调查者，说明调查意图和要求，由被调查者自行填写回答，然后再由调查者按约定的日期收回的一种调查方法。

留置问卷法是介于面谈和邮件调查之间的一种方法。此法既可以弥补当面提问因时间仓促、被调查者考虑不成熟等缺点，又可以克服邮件调查回收率低的不足；缺点是调查地域、范围受一定限制，调查费用相对较高。此法一般用于对老客户的调查。

3.3.3 实验调查法

实验调查法也称试验调查法，就是实验者按照一定实验假设，通过改变某些实验环境的实验活动来认识实验对象的本质及其发展规律的调查。在因果性的调查中，实验法是一种非常重要的工具。实验法源于自然科学中的实验求证方式，通过小规模的实验，记录事物的发展和结果，收集和分析第一手资料。一般来说，采用实验调查法要求调查人员事先将实验对象分组，然后将其置于特殊安排的环境中，做到有控制地观察，或设置空白组，对比实验，找出关键控制因素。

实验调查的基本要素是：

（1）实验者，即实验调查的有目的、有意识的活动主体，他们都以一定的实验假设来指导自己的实验活动；

（2）实验对象，即实验调查者所要认识的客体，往往被分成实验组和对照组两类；

（3）实验环境，即实验对象所处的各种社会条件的总和，可以分为人工实验环境和自然实验环境；

（4）实验活动，即改变实验对象所处社会条件的各种实验活动，在实验调查中被称为"实验激发"；

（5）实验检测，即在实验过程中对实验对象所做的检查或测定，可以分为实验激发前的检测和实验激发后的检测。

实验调查的一般程序是以实验假设为起点，设计实验方案—选择实验对象和实验环境—对实验对象前检测—通过实验激发改变实验对象所处的社会环境—对实验对象后检测—通过前检测和后检测的对比对实验效果做出评价。

实验调查法的优点是：结果具有一定的客观性和实用性；过程具有一定的可控性和主动性；可提高调查的精准性。其缺点是：实验结果不易相互比较；有一定的限制性；花费的时间长、风险大、费用高。

3.3.4 问卷调查法

问卷调查法也称书面调查法，或填表法，是用书面形式间接搜集研究材料的一种调查手段。通过向被调查者发出简明扼要的征询单（表），请求其填写对有关问题的意见和建议来间接获得材料和信息的一种方法。

问卷一般由卷首语、问题与回答方式、编码和其他资料四个部分组成。

（1）卷首语。它是问卷调查的自我介绍，卷首语的内容应该包括调查的目的、意义和主要内容，选择被调查者的途径和方法，对被调查者的希望和要求，填写问卷的说明，回复问卷的方式和时间，调查的匿名和保密原则，以及调查者的名称等。为了能引起被调查者的重视和兴趣，争取他们的合作和支持，卷首语的语气要谦虚、诚恳、平易近人，文字要简明、通俗、有可读性。卷首语一般放在问卷第一页的上面也可单独作为一封信放在问卷的前面。

（2）问题与回答方式。它是问卷的主要组成部分，一般包括调查询问的问题、回答问题的方式以及对回答方式的指导和说明等。

（3）编码。就是把问卷中询问的问题和被调查者的回答，全部转变成为 A，B，C…或 a，b，c…代号和数字，以便运用电子计算机对调查问卷进行数据处理。

（4）其他资料。包括问卷名称、被访问者的地址或单位（可以是编号）、访问员姓名、访问开始时间和结束时间、访问完成情况、审核员姓名和审核意见等。这些资料是对问卷进行审核和分析的重要依据。

此外，有的自填式问卷还有一个结束语。结束语可以是简短的几句话，对被调查者的合作表示真诚感谢，也可稍长一点，顺便征询一下对问卷设计和问卷调查的看法。

3.3.5 客户调查的其他方法

1. 电话调查

（1）电话调查的概念。

电话调查是指调查者通过查找电话号码簿，用电话向被调查者进行询问，以达到搜集调查资料目的的一种专项调查形式。电话调查在西方发达国家应用较多，在我国还只是开始起步。在不久的将来，电话调查将逐渐进入我国人们的日常生活之中。

（2）电话调查的主要优缺点。

电话调查的优点：一是搜集资料的速度快、费用低，可节省大量的调查时间和调查经费；二是覆盖面广，可以对任何有电话的地区、单位和个人直接进行电话询问调查。

电话调查的缺点：一是每次电话调查时间不能过长；二是不能提过于复杂的问题；三是对挂断电话拒绝回答者很难做工作。

2. 文案调查

（1）文案调查的概念。

文案调查，也称二手资料应用，它是指搜集、取得并利用现有的有关资料，对某一专题进行研究的一种专项调查形式。通常，某些文案调查往往还需要辅以必要的专题调查。

（2）文案调查的意义。

采用文案调查的重要意义在于充分利用现有资料。文案调查除直接利用二手资料就某一专题进行研究外，一般还应用于确定是否有必要专门组织一次专题调查，确定专题调查的范围和具体调查内容等。

3.4 调查资料的整理与分析

调查资料的整理是指把商业数据转换成数据库信息，资料的分析则是针对具体应用，抽取数据库中相关的部分，对它进行加工、运算，得到期望的结论。

由于客户调查所收集的大量资料多是原始的、分散的和片面的。即使是根据特定目的收集而来的第一手资料，在没有系统整理以前，也是零星的、杂乱的，还不能系统而集中地说明问题。至于第二手资料，原来就是针对各自不同的目的，在不同情况下编辑而成，因而针对性不强。所以要反映市场现象的基本特征，就必须对原始资料进行分类和归纳、整理，升华到理性阶段进行认识才能得出正确结论，得出符合实际的调查报告。

1. 资料分类

资料分类是整理资料工作的基础。按照不同的性质和特点进行分类，有利于提高市场调查的效率，保证资料分析的质量。资料分类的原则如下。

（1）便于查找、归档。

（2）各类之间有明显的差异和标志，相同或相似的资料应归于同类。

（3）引用的资料要注明出处。

（4）将分类资料编成不同代码，以供计算机进行处理。

2. 资料、数据检校

（1）检测资料的准确性：看资料来源是否可靠，引用是否得当，计算上有无错误。

（2）检查资料的完整性：看搜集的资料和数据是否完整、齐全，有无重复或遗漏。

（3）检测资料的可比性：看引用数量的口径是否相同，历史资料的引用是否合适，有无可比因素。

（4）检查资料的时间性：看引用资料的时间、口径是否一致，以保证资料的连续性和可比性。

3. 列表分析

通过表格的形式反映市场相关因素的经济关系或因果关系，把大量复杂的经济问题或调查结果用一组或多组数据反映出来，既有利于节省时间和篇幅，又可以集中问题，反映相互关系，便于研究和分析。因此，列表是整理分析调查资料的重要手段。列表主要采取两种方式：一种是反映被调查对象的时间连续性，即调查对象在不同年份、不同月份直接接受同一服务的连续变化规律和趋势；另一种是列表反映调查对象接受不同服务在同一时间点上的对比变化情况。

4. 数据整理分析

数据整理是根据客户服务的内在特点和市场研究的任务，将调查得来的大量数据资料按照一定标的和类型分成若干部分。通过分组形式，将不同性质的需求现象区分开，使相同性质的需求现象归纳在一起，从而反映出被研究对象的本质和特征。数据分析是指依据一定的统计分析方法，通过分析研究调查过程中获得的资料和数据，探索被调查对象的发展动向及变化规律。数据分析方法主要有描述性分析和探讨分析两种。前者又具体分为分组分析、集中趋势分析、离散程度分析、相对程度分析等；后者可以分为假设检验、方差分析、相关分析、回归分析、聚类分析等。

5. 调查报告的撰写

调查报告是市场调查分析的综合结果，调查报告有专门报告和综合报告两种形式，主要包括背景材料、调查事实、分析与建议三个方面的内容，如表3-3所示。

表3-3 调查报告的主要内容

类别	内容
背景资料	（1）调查研究是为谁和由谁进行的 （2）调查目的：为什么要进行调查，调查什么 （3）调查的地点和对象：在什么地方调查、调查谁 （4）调查的时间和样本数：什么时间调查的，现场调查时间和范围 （5）调查组织：调查人员和调查经费 （6）调查运用的基本方法
调查事实	（1）调查对象的基本情况。例如，对市场的调查：社会、经济环境，市场的人口结构，提供服务的供应商情况等；对客户的调查：客户类型、规模、销售数额等 （2）调查主体的事实。直接反映调查主体的事例、记录和数据，用搜集的所有资料和事例来回答调查目标所提出的问题 （3）相关的调查内容。指能够直接或间接引起调查主题变化的相关因素
分析与建议	通过整理分析大量的资料，找出事物的内部联系和外部联系，并针对影响调查对象变化的种种因素，综合调查对象的特点，提出解决问题的办法和途径。同时，可以根据解决问题的可能性，提出若干个设想和建议，供决策人员进行选择和比较

综合练习

一、选择题

1. 市场调查信息的使用者主要是（   ）。
   A. 政府 B. 媒体或大众 C. 企业 D. 调查公司或机构
2. 进行洗涤用品、清洁用品、个人护肤用品之类的产品测试最好在（   ）。
   A. 街头/闹市中心 B. 受访者家中 C. 单面镜房间 D. 调查公司的办公室
3. 作为一种调查方法，座谈会适合于收集（   ）。
   A. 同研究课题有密切关系的少数人的意见或倾向
   B. 同研究课题有密切关系的多数人的意见或倾向
   C. 企业外部的二手资料
   D. 企业内部的原始资料
4. 如果要研究较为隐秘的问题，如个人隐私问题，或者对一些复杂产品的使用效果评价，适合的调查方法是（   ）。
   A. 访谈调查 B. 观察与实验 C. 座谈会 D. 深入访问
5. 定性调查的主要方式有（   ）。
   A. 座谈法 B. 深入访谈法 C. 入户访谈法 D. 邮寄问卷调查法
   E. 街访

二、论述题

1. 简述评价调研是否必要时需要考虑的因素。
2. 简述市场调研实施的步骤。
3. 简述原始资料与二手资料的特点。

三、设计题

1. 量表设计。
2. 市场调查方案设计。
3. 抽样方案设计。
4. 焦点群体访谈提纲设计。

技能训练

实训内容：客户信息调查。

实训地点：自定。

实训目的：通过客户调查表的设计及客户调查，让学生掌握客户调查表设计的程序、方法和操作技巧，并实地开展客户调查，掌握客户调查的过程、技巧及数据处理、数据分析的方法。

实训过程设计：

(1) 将全班同学分成小组，每组 3~4 人。
(2) 小组讨论确定调查选题、拟写调查方案。
(3) 实地调查。
(4) 调查数据分析、撰写调查报告。
(5) 分享调查的感受和讲解调查报告。

拓展学习

挖掘客户的需求

这是某家五星级酒店销售会员卡的销售录音。

销售代表：请问是李先生吗？

客户：是的，你有什么事？

销售代表：您现在说话方便吗？

客户：还可以，有什么事你说。

销售代表：我是××酒店客户服务中心的××号服务人员，我们酒店每个月都会对在我们酒店消费过的客户进行一次客户满意度调查，您方便回答我 5 个问题吗？

客户：好的，你说吧。

销售代表：您在最近一年内有在我们酒店消费的经历吗？

客户：有。

销售代表：您对我们的服务项目中哪些项目最满意？还有哪些地方需要改进的呢？

客户：我对你们的住宿条件还很满意，其他的服务嘛，都有待改进。

销售代表：您在最近一年内在我们酒店的消费金额是多少呢？

客户：我每年都会在你们酒店消费 25 000～30 000 元。

销售代表：如果提供一项服务，您仅需用 1 880 元就能为您节省 8 000～10 000 元消费开支，您是否考虑参加？

客户：有这么好的事？我要怎样才能得到这个优惠呢？

销售代表：……（讲述产品与付款方式）

回答以下问题：

（1）面对客户或为客户讲述需求时，客户的明确需求、隐含需求与不必要需求常常是反映出来的，本案例中，客户的上述需求是什么？

（2）在与客户联系前，通过对现有客户资料的分析很重要，本案例中，事先通过分析客户资料来确定客户，试分析案例中确定营销对象的条件有哪些？

任务 4　客户识别与选择

银行大堂经理对客户的识别

微课学习：客户识别

大堂经理是银行的"形象代言人"。一名优秀的大堂经理的作用抵得上四五个营业柜口的作用。大堂经理作为客户进入银行网点最先接触到的人员，是整个业务流程顺畅执行的总调度，是"接待客户、服务客户、挖掘客户"的核心岗位人员。

"我们身边有很丰富的客户资源，大堂经理需要保持敏锐的洞察力，要善于捕捉客户的相关信息，挖掘身边的潜在客户，否则优质客户就会擦肩而过。"光大银行北京分行营业部大堂经理张女士介绍说。识别客户对于大堂经理来说，是一项非常考验眼光的任务，对于客户的识别，可以通过观察、交谈来获得，也可以从开户基本资料和办理的业务类型来判断。例如，观察客户的交通工具档次，通信工具档次，衣着档次等；再如通过沟通了解客户是否在他行有大额存款、贷款，是否为他行 VIP 客户，职业、学历等；从客户的开户基本资料中可以了解到住所属性的住宅楼盘档次等信息。

更多的情况是，从办理的业务类型中获取客户的信息，进而发现客户的潜在需求。如办理大额存取现金或汇款、较大额外汇汇款或转账、大额存款的挂失、开大额存款证明、大额贷款业务及还款的客户，往往是高端业务的潜在客户。而上门购买基金、大额国债等投资产品或保险、开设或使用保险箱业务的客户，往往也是理财业务的潜在客户。

思考：银行大堂经理识别客户的目的是什么？

任务分解

在客户关系管理中，新老客户需要区别对待，对于新老客户的识别很重要；企业识别客户既是意识问题，也是技术问题；企业既可以利用技术手段来识别老客户，也可以通过客户分析来识别与选择新客户。因此需要完成以下任务：

(1) 通过定性和定量识别的方法识别某个企业或某品牌的客户；
(2) 按照潜在客户识别的流程和方法识别某产品的潜在客户。

知识链接

随着企业间竞争的日趋激烈，客户有了越来越大的选择自由，同时消费需求也日益呈现出多样化、复杂化、个性化等趋势。客户的选择决定着企业的未来和命运，任何企业要想在激烈的市场竞争中求得生存和发展，就要设法吸引消费者，使其成为自己的客户，并尽力与其建立长期的、良好的关系，达到长期、稳定发展的目的。但是，假如不知道哪些客户是重要的，哪些客户是最有潜力的，那么客户关系管理将无从谈起。因此，客户识别成了客户关系管理实际运作过程中不可缺少的管理技术。

4.1 客户识别

客户的识别是客户关系管理的前提条件，对于一些有潜力、有价值的关键客户，企业若不能准确识别，就会失去建立和发展客户关系的机会。

微课学习：客户识别的黄金法则

4.1.1 客户识别的概念

在企业资源有限的情况下，如何把有限的资源分配在对企业利润贡献较大以及非常具有潜力的客户群体上，放弃或部分放弃那些对企业利润没有贡献，甚至使企业亏损、浪费企业资源的客户，将成为企业管理者不得不考虑的问题。所以客户关系管理的核心内容之一就是客户识别，它直接影响企业是否能成功地实施 CRM。

对于 CRM 来说，客户识别就是通过一系列技术手段，根据大量客户的个性特征、购买记录等可得数据，找出谁是企业的潜在客户、客户的需求是什么、哪类客户最有价值等，并把这些客户作为企业 CRM 的实施对象，从而为企业成功实施 CRM 提供保障。

一般情况下，客户识别的含义具体有两个方面：首先是它定义了客户范围，这里的客户不单指产品的最终用户，还包括企业供应链上的任何一个环节，如供应商、分销商、经营商、批发商和代理商、内部客户等成员；其次是它明确了客户的类别和属性，不同客户对企业利润贡献差异很大，满意度和流失性都大不同。

国内某证券企业在解决客户资料分析方面的问题时发现,他们的大客户虽然仅占公司总客户的 20%,但却占了公司利润来源的 90%。换言之,有八成客户是让公司几乎赚不到多少钱的。这充分验证了二八法则。即在顶部的 20% 的客户创造了公司 80% 的利润。因此,与其耗费大量精力和成本追逐每一个客户,不如先明智地预先识别客户,定位客户群之后,再低成本、高效率地挖掘高价值、高潜力的优质客户,通过合理的客户发展策略来建立良好的客户关系。

4.1.2 客户识别的作用

1. 有助于企业比较精准地获取新客户

企业想要实现业绩的持续增长,就必须发掘并获得更多有价值的客户,并与之建立合作关系,但并不是所有和企业有接触或有影响的个人或组织都会成为企业的客户。一般来说,企业所接触到的个人或组织中只有很少一部分会成为企业的客户。企业必须对周围的个人或组织进行识别,筛选出最有可能成为客户的个人或组织,有针对性地进行发展。

2. 有助于企业向客户提供精准的个性服务

客户的差异性要求:企业能够准确地理解客户的个性化需求,并基于对不同客户的差异化需求来提供管理服务。只有这样,才能提供主动的客户服务,并使客户服务达到真正的效果。

3. 有助于合理配置资源

企业的资源往往是有限的,企业需要将有效的资源更合理地进行配置和应用,而要实现这一点,精确的客户识别与分类是不可或缺的。只有通过有效的客户识别与分类,企业才能在资源配置上合理地区分不同类型客户的需求,把合适的资源投入在合适的客户身上,从而在客户身上获得最合理的投入与回报比率。

4.1.3 客户识别的方法与步骤

1. 客户识别的方法

客户识别方式非常广泛,常用的有收入、市场份额、客户经营状况、资信信誉度、忠诚度、满意度等。客户关系管理系统中可从定性和定量两个角度对客户进行识别。

(1) 定性的客户识别。

这是宏观上对企业所有的目标客户进行识别的一种方法。它是根据不同客户所认知的价值的侧重点不同对客户进行的分类。无论是为客户创造更多的利益也好,还是提供价格更低廉的产品也好,都应该取决于客户的感觉。然后再根据感觉的不同,大致可以把客户分为三类:内在价值型客户、外在价值型客户、战略价值型客户。如中国通信运营商,这类企业的客户就能按照这种定性的识别方法进行模糊大分类。

一般来讲,普通大众都属于内在价值型客户,比较注重产品的自身价值和服务的便利性,最佳的客户关系管理的策略是采用简单的交易方式。简化交易程序,降低销售成本,为客户提供令他们满意的低价商品。而一些公司或政府部门等团体客户可以归为外在价值型客户,客户关系管理策略则不宜采用简单的交易方式,而应选用专家顾问型的交易方式,即企业应多了解客户所存在的问题,提供有效解决方案,为客户创造产品以外的新价值,客户本身也愿意为这些新价值支付报酬。对中国电信和移动来讲,拥有的很多合作伙伴和第三方支持商,则属于战略型客户,客户关系管理策略是投入足够的人、财、物和时间等资源,与客户建立起长远的伙伴关系,为客户创造非同一般的价值,企业也从中获得长久的巨额回报。其实,这种分类管理的目的是让企业的投入与客户期望的投入能相平衡,使企业的营销达到事半功倍的效果。

(2)定量的客户识别。

定量的客户识别方式也很多,例如客户关系管理中的一个重要概念"客户生命周期价值",可以利用这个变量对客户进行定量分类。由于影响客户生命周期价值的因素主要有客户生命周期、客户平均每次消费额和客户平均消费周期,为此,可以简单地建立数学模型如下:

$$CLV = \frac{\bar{s}}{\bar{t}} \times T$$

式中,CLV 为从核定期开始计算的客户生命周期价值;T 为从核定期开始计算的客户生命周期长度;$\bar{s}$ 为根据客户消费数据计算的客户每次消费额;$\bar{t}$ 为根据客户消费数据计算的客户消费周期。

这种定量的分类方法适合很多易于收集客户数据的行业,比如零售业。现在的很多大卖场,像家乐福、沃尔玛等,全部都使用会员卡制度,记录客户的消费数据,便于进行消费后的各种维持和加强客户关系的营销策略,如邮寄产品册、积分奖励、消费折扣等相应策略。

2. 客户识别的步骤

客户识别不仅是贯穿于整个客户关系管理工作流程的一条主线,而且也是企业判断是否进行以及如何进行客户获取、客户保持、关系终止活动的根本依据。因此可以将客户识别分为定位客户、调整客户、客户细分和发展客户四个步骤。

(1)定位客户。如果要准确定位客户,就必须知道企业和客户之间的关系是什么性质,还必须对客户进行差异性分析。不同客户的差异性主要表现为对企业贡献价值和产品需求两方面的不同。对客户进行差异性分析可以辨识客户的种类、详细需求和价值取向,使企业清楚地知道其利润形成所主要依赖的经营业务范围、客户对企业的依赖动力及客户的分布情况。

(2)调整客户。由于市场环境是瞬息万变的,因此必须用动态的、发展的眼光看待客户。随着企业核心业务的变化,有可能过去的客户已经流失,而过去的竞争对手已变为今天的核心客户。所以,寻找客户是一个长期的工作,它会一直伴随着企业生产经营的全过程,应根据企业的发展不断更新补充企业的核心客户。

(3)客户细分。在进行客户识别与调整后,下一步就是客户分类、细分的工作。因为不同的客户有不同的特征,在一定范围内形成差异较大的不同群体,企业可以据此来进行客户群的划分,这也正是企业选择客户获取、客户保持以及关系终止策略过程中的必要步骤。

(4)发展客户。将客户细分成不同的类型以后,接下来要了解当前客户的价值并采取相应的客户维系策略,企业需要采取合适成本的具有针对性的营销方案来发展客户,从而降低成本、增加企业活动的效用。如果企业对所有的客户采取相同的维系策略,则既不利于激励客户更多地消费,还有可能导致高价值客户的不满。

4.2 客户关系的选择

4.2.1 客户关系选择的必要性

企业对自己的目标客户进行选择,主要基于以下几个方面的考虑。

1. 不是所有的购买者都是企业的目标客户

由于不同客户需求的差异以及企业自身资源的有限性,每个企业能够有效服务的客户类别和数量是有限的,市场中只有一部分客户能成为企业产品或服务的实际购买者,其余则是非客户。在那些不愿购买或没有购买能力的非客户身上浪费时间、精力和金钱等资源将有损企业利益。相反,如果企业准确选择属于自己的客户,就可以避免花费在非客户上的成本,从而减少企业资源的浪费。

2. 不是所有的客户都能给企业带来收益

传统观念认为"登门都是客",认为所有客户都重要,因而盲目扩大客户的数量,而忽视了客户的质量。事实上,客户天生就存在差异,不是每个客户都能为企业带来收益和真正的价值。一般来说,优质客户带来高价值,普通客户带来低价值,劣质客户带来负价值。选择正确的客户能增加企业盈利能力,客户的稳定是企业销售稳定的前提,客户的每一次变动对企业来说都意味着风险和费用,这就要求企业在选择客户时一定要慎重。

3. 正确选择客户是成功开发客户的前提

企业如果选错了客户,则开发客户的难度将会比较大,开发成本也会比较高,开发成功后维持客户关系的难度也就比较大。另外,客户也会不乐意为企业买单,例如,一些小企业忽视了对自身的定位,没有采取更适合自身发展的战略,而盲目采取进攻战略,与大企业争夺大客户,最终导致被动、尴尬的局面,既失去了小客户,又没能力为大客户提供相应的服务,遭到小客户的不满,也未能留住大客户,结果是两手空空。相反,企业如果经过认真选择,选准了目标客户,那么开发客户、实现客户忠诚的可能性就很大,只有选准了目标客户,开发客户和维护客户的成本才会最低。

4. 目标客户的选择有助于企业的准确定位

不同的客户群是有差异的,企业如果没有选择客户,就不能为确定的目标客户提供适当的产品或服务。另一方面,形形色色的客户共存于同一家企业,也可能会造成企业定位混乱,从而导致客户对企业形象产生模糊不清的印象。例如,一个为专业人士或音乐发烧友生产高保真音响的企业,就不能随便生产廉价产品;五星级酒店在为高档消费客户提供高档服务时,也为低档消费客户提供廉价服务,就会令人对这样的五星级酒店产生疑问。

总之,不是所有的购买者都是企业的目标客户,不是所有的客户都能给企业带来收益。正确选择客户是成功开发客户的前提,而对客户不加选择可能造成企业定位模糊不清、混乱,也不利于树立鲜明的企业形象。因此,企业应对客户关系加以选择。

4.2.2 客户关系选择的影响因素

1. 企业定位

企业定位直接决定了客户选择，企业采取的发展战略、营销策略等，对客户有很大的影响。企业在发展过程中其定位也在发展变化，在选择客户上也应相应进行战略调整。例如，一个企业由小到大、由弱变强的发展过程中，客户群体也会同步发展变化，一些小客户会被逐渐淘汰。

2. 产品性质

企业的产品由于其性质、用途等方面的不同，其客户也是不同的。例如，工业品、消费品、快速消费品等产品性质，其面对的客户也是不同的，因此，在客户选择中需要区别开来。

3. 细分市场

不同企业有不同的细分市场，对待不同细分市场有不同的策略和发展标准。因此，在客户选择上要根据其所在的细分市场来进行客户选择。在不同的市场上，消费者有不同的需求、习惯等，因此在选择客户上是不同的。

4. 竞争因素

竞争对手的营销策略和方式，会影响到本企业的客户选择。特别是竞争激烈的行业，竞争对手因素成为决定企业进行客户选择的主要考虑因素。例如，一些家电企业在三级以下的市场上选择经销商时，往往排斥竞争品牌，要求他们的经销商只经营他们的品牌。

5. 渠道策略

不同的营销渠道需要不同的客户，例如分销的客户与直销的客户是完全不同的。

6. 成本与企业资源

选择不同的客户，需要不同的资源配置。如果资源不够，会影响对客户的管理；而如果成本过高，则会影响企业的收益。

7. 社会、经济、文化环境及人员素质因素等

根据不同的社会、经济、文化环境，企业应选择相应的客户，这与企业的营销环境是密切相关的。而企业营销人员和管理人员本身的素质，也会影响到所选择的客户。

4.2.3 一般客户的选择

1. 一般客户概述

企业打算把产品或者服务销售给一般客户时，要重点考虑谁有可能购买产品，谁就是企业潜在客户。潜在客户具备两个要素：用得着和买得起。

首先要用得着，或者有这样的消费，但不是所有的人都需要本企业产品，购买本企业产品的客户一定是一个具有一定特性的群体。如小型交换机的用户对象是集团、社团、企业等组织，有谁会去买个交换机放在家里呢？其次是买得起，对于一个想要又掏不出钱的潜在客户，再多的努力也不能促成最后成交。例如保险业，很多人都希望买保险，但保险销售人员却在从事着最辛苦的寻找潜在客户的工作。购买保险的群体必定具有一个共同的特征。如果把保险销售给一个维持最低生活标准的家庭，按理说他们太需要保险了，但无论保险销售人员的技巧有多高明，其结局一般是失败的，就算有成功的例子，也不足以说明问题。

2. 一般客户选择的要点

（1）消费者：年龄、地点、职业、阶层、爱好。这里实质是对企业消费目标群体的分析与确定。不管是直销还是分销，都必须考虑最终的消费者。

（2）销售终端（零售）：地点、实力、规模、行业。直接面对消费者的终端是很多企业的选择，例如沃尔玛的大多数商品来自制造商的直接供货。

（3）经销中间商：财务能力、产品品种、信用、人员素质。经销中间商主要指分销商，后面再作详细的分析。

（4）品牌情况。品牌情况包括：客户原来是否有品牌？是其他厂商的还是自有的？有冲突否？品牌策略如何？是否是补充产品品牌？对交易及销售额的影响有多大？

（5）选择优质客户。优质客户是指那些与企业建立了相互信任关系、能够为企业提供稳定的现金流的客户。具有以下特征的客户是企业优先考虑和开发的合适客户：办事牢靠、为人诚实、喜欢稳定而长期业务合作关系的客户；购买量较大或习惯于在某处集中购买、付账及时的客户；认为本企业的产品或服务比竞争企业的产品或服务更加可靠、更好、更加物有所值的客户。

企业吸引符合以上一种、两种或三种情形的客户越多，那么企业拥有的优质客户就会越多，客户保持率就会越高，客户群体生命周期就会越长。这样，企业客户的终生价值就会越高，为企业创造的利润就会越多。企业把利润的一部分再用于回报客户，在产品质量和服务质量有保障的同时，加上日积月累的价值回报，必然会使原来忠诚的客户更加忠诚。

（6）确定对企业具有长远利益影响的战略客户。首先需要确定客户质量评价标准。尽管不同的企业有不同的特定标准，但以下是比较适用的共同标准：客户与企业进行交易的规模；对其他客户群体的影响；客户的稳定性；同类企业为争取相同的目标客户而竞争的激烈程度；独特的增值机会；成本的节约；客户未来交易的可能性。

4.2.4 经销商客户的选择

为了实现企业的市场营销目标，各企业都须招募合格的经销商来从事通路分销活动，使其成为企业产品分销商的成员。因此经销商的选择就成为各企业的工作之一。

但是，迄今在社会上仍有许多企业认为只要产品质量好、价格公道，能迎合消费者的需要、能给经销商带来足够的利润，在市场上各种各样的商店中还怕找不到经销商？不错，要找经销商是不太难，但是若要找到能配合企业政策、符合企业需要、真正具有推销能力、殷实可靠的经销商，可能得花费一番功夫。

经销商的选择应首先分析企业产品的潜在客户是谁，他们的购买习惯如何，通常是在什么地方购买；然后再找出哪一类商店的客户与本企业产品的潜在客户相符，他们的购买习惯相同，那么，这一类商店才是企业所要找的经销商。也就是说，应以客户为出发点，而不是先找经销商。如此才能方便客户的购买，达到公司的销售目标。

经销商的品德与家庭状况、经营管理能力及财务能力，都是选择经销商时必须加以调查的决定性因素。而且由于各行各业的情况不同，其需要也不同，因此对于经销商的选择，除了上述基本的决定因素外，还应针对本行业的特定情况加以考虑，以符合企业的需要。总结起来，在选择经销商时应把握如下要点。

1. 市场范围

市场是选择经销商最关键的因素。首先，要考虑所选经销商的经营范围所包括的地区与企业产品的预期销售地区是否一致。例如，产品在华北地区，经销商的经营范围就必须包括这个地区。其次，经销商的销售对象是否是企业所希望的潜在客户，这是最基本的条件，因为生产企业都希望所选的经销商能打入自己选定的目标市场，并最终说服消费者购买自己的产品。

2. 信誉

在目前市场规则不健全的条件下，经销商的信誉显得尤其重要。它不仅直接影响回款情况，还直接关系到市场的网络支持。一旦经销商中途有变，推销人员就会欲进无力、欲退不能，不得不放弃已经开发起来的市场。而重新开发往往需要付出双倍的代价。多数制造商通常都会回避与当地没有良好声誉的分销商建立关系。固特异轮胎橡胶公司的管理者曾说"分销商的经验和财务能力通常可以退而求其次，但是这些分销商的品质是绝对重要的和不容商量的。"

3. 经销商的经营历史

许多企业在衡量某经销商是否可以承担分销商品的重任时，往往会考察其一贯表现和盈利记录。若经销商以往的经营状况不佳，则将其纳入营销渠道的风险较大之列。而且，经营某种商品的历史和成功经验，是经销商自身优势的另一个来源。长期从事某种商品的经营，通常会积累比较丰富的专业知识和经验，因而在行情变动中，能够掌握经营主动权，保持稳定的销售量或乘机扩大销售量。此外，经营历史较长的分销商早已为周围的客户或消费者所熟悉，拥有一定的市场影响力和一批忠实的客户，大多成为周围客户或消费者光顾购物的首选之地。许多分销商被规模巨大、有名牌产品的企业选中，往往是因为他们对销售某种产品已有经验。选择对产品销售有经验的分销商就会很快打开销路，因此，企业应根据产品的特征选择有经验的分销商。

4. 合作态度

倘若分销商不愿销售企业的产品，即便他再有实力、声誉再好，对企业而言都没有任何意义。所以，合作态度是选择分销商时不得不考虑的一个因素。分销商与企业合作得好，会积极主动地推销企业的产品，这对双方都有利。有些分销商希望生产企业也参与促销，以扩大市场需求，他们认为这样会获得更高的利润。因此，推销人员应根据产品销售的需要，确定与分销商合作的具体方式，考察被选分销商对企业产品销售的重视程度和合作态度，然后再选择最理想的分销商进行合作。

5. 经销产品情况

产品情况最主要的是指经销商销售的产品品牌与种类。专卖店虽然是各企业所追求的目标，但是由于企业产品种类及其他因素，拥有专卖经销商的毕竟有限。因此，出现了经销店所销售产品的品牌及种类与本企业产品竞争的现象，从而降低了本企业产品的销售量。所以在选择经销商时，对于经销店所销售的产品也应加以调查，以便能使经销商所销售的产品与本企业的产品具有相互补充功能，以收到相辅相成的效果。这样不但便于消费者购买，还可以使经销店与企业同获其利。许多推销人员都希望分销商销售本企业一家的产品，集中精力以重拳出击。但在市场运作中，产品线的多少，往往决定着客户的多少，也决定着产品销售机会的多少，所以产品线较多并不一定是坏事。

在经销产品的组合关系中，一般认为如果分销商经销的产品与自己的产品是竞争产品，应避免使用该经销商；而实际情况是，如果其产品组合有空档（如缺中档），或者自己产品的竞争优势非常明显，则应选取。这需要区域市场经理及部下进行细致、翔实的市场考察。

6. 财务状况

一般生产企业倾向于选择资金雄厚、财务状况良好的分销商，因为这样的分销商能保证及时付款，还可能在财务上向生产企业提供一些帮助，如分担一些销售费用、提供部分预付款或者直接向客户提供某些资金融通（如允许客户分期付款等），从而有助于扩大产品销路和生产发展。反之，若分销商财务状况不佳，则往往会拖欠货款。

7. 分销商的区位优势

区位优势即位置优势，理想的分销商的位置应该是客户流量较大的地点。对批发分销商的选择则要考虑其所处的位置是否利于产品的批量储存与运输，通常以交通枢纽为宜。人们都知道商店地点的好坏往往会影响产品的销售，而不同的产品，对于地点的要求往往有所不同。因此，在选择经销商时，对于分销店的地点也需要加以考虑。

8. 分销商的分销能力

分销商的分销能力是指渠道与网络状况、铺货点、运输配送能力等。分销商推销产品的方式及运用促销手段的能力，直接影响其销售规模。有些产品通过广告促销比较合适，而有些产品则适合通过销售人员推销；有些产品需要有效的储存，而有的则应快速地运输。此外，还要考虑到分销商是否愿意承担一定的促销费用，有没有必要的物质、技术基础及相应的人才。选择分销商之前，必须对其所能完成某种产品销售的市场营销政策和技术的现实可能程度作全面的评价。

9. 经销商的服务能力

有些产品如彩色电视机、电冰箱、空调等产品的销售绝对不是货物出店即结束，售前与售后服务已成为产品销售不可分离的部分。因此若想提高对客户的服务水准，满足客户的要求，除了企业要提供良好的服务外，对于经销商所能提供的售后服务能力也应有所要求。

10. 经销商的价格

若经销商任意变动价格，往往会造成经销商相互间的恶性竞争，从而削弱经销商的力量，而且会留给消费者不良印象，影响到企业信誉。因此，有的企业在选择经销商时，会考虑是否能控制经销商的价格。

4.3 潜在客户的识别与选择

4.3.1 潜在客户的内涵

1. 潜在客户的含义

潜在客户是指存在于消费者中间，可能需要产品或接受服务的人。这个定义，也可以理解为，潜在客户是经营性组织机构的产品或服务的可能购买者。潜在客户是其存在的买

案例资源：如何识别你的潜在客户，挖掘更多潜在客户

点与企业卖点，即客户接触完全对位或部分对位，但尚未购买企业产品或服务的客户。这类客户数量大、分布广，但由于各种原因，他们现在并不会购买企业的产品。但若企业加大营销努力，就有可能使其成为企业的现实客户。

潜在客户是企业争取的对象，是客户管理关注的重点之一，及时调查、分析、研究和把握潜在客户的需求是企业应该经常开展的必不可少的活动。不断地把潜在客户变为现实客户，正是企业兴旺发达的标志。

潜在客户包括三个层面：

①对某个地区来说，该地区可能是潜在的销售市场，该地区的组织或个人则称为潜在客户；

②对某个阶层（如以收入划分的阶层、以城乡划分的阶层等）来说，该阶层的组织或个人则称为潜在客户；

③对某个组织或个人来说，可能是企业的潜在客户。

一般来说，对地区性的潜在客户可能较容易开拓，而对单个的潜在客户却难以使其成为现实客户，阶层性的潜在客户居于两者之间。企业不能只考虑自己的难易问题。在当今经济全球化的时代，某个地区、某个阶层的客户对企业来说是潜在的，而对企业的竞争对手来说可能早已是现实客户了。因此，企业要不断地去开拓。

2. 潜在客户的转化

促进潜在客户转化为现实客户是企业客户关系管理的又一重点内容。潜在客户的转化，其实质就是市场拓展。潜在客户的转化需要一定的条件，同时也需要企业营销管理人员和客户管理人员进行一系列的促进工作。这样客户才不至于只停留在潜在的位置上，而是发展成为企业实实在在的客户，为企业带来更多的经济利益，为进一步识别有价值的客户打下坚实的基础。企业在促进潜在客户向现实客户转化的过程中，可以按照以下几个要点进行。

（1）强调客户的需求和欲望。

产品的品质、文化品位都取决于客户的认知，真正的营销价值是客户的心智。发现潜在客户，为客户提供合适的产品，必须调查客户的内心世界。只有充分地与客户进行沟通，了解产品知识、品牌价值、产品的效用需求及其评价标准、客户的个性品位等因素，才能找准潜在客户心理，获得现实客户。客户产品策略只是企业向客户传达利益的工具和载体，也就是满足客户需求与欲望的形式。企业发展产品策略必须从客户的需求与欲望出发，而不是从企业的研究与开发部门出发。市场上最成功的产品往往不是最好的产品，而是市场最需要的产品，即通常所说的适销对路。

（2）加强品牌建设。

在同类产品较多的情况下，企业只有通过开发客户追求的品牌来达到目的，这是客户较高层次的需求和欲望。通过品牌力量的扩张，来达到市场的扩张。产品属性易复制，而品牌个性、文化价值、利益及其组合是难以复制的。品牌力量的渗透扩展，形成品牌接受力，进而形成品牌偏好、品牌忠诚，从而占有市场，获得竞争优势。

（3）降低客户付出成本。

对于客户来说，客户付出的成本包括货币、时间，甚至还包括在客户使用产品中所带来的烦恼和不快。此外，客户一般只会购买他们认同的价值。客户不认同，产品就卖不出去。因此，企业需要分析客户的认知，根据认知价值对产品进行定价。定价的关键不是卖方的成本，而是买主对价值的认知。而认知价值是利用多种沟通手段在购买者心目中建立起来的。

(4) 提供购买便利。

企业生产出来的产品只有通过一定的市场营销渠道，经过物流过程才能在适当的时间、地点以适当的价值供应给广大客户。这时，企业考虑的是如何大量销售，如何降低成本。为了形成优势，企业必须不断分析市场状况、客户购买行为，以及如何根据客户购买方式的偏好给客户最好的服务和最大的方便。

(5) 进行有效的沟通。

为达到促进潜在客户转化的目的，企业必须首先了解客户的媒体习惯和类型；其次，了解客户需要何种信息；然后对客户的需要进行回应。产品生命周期缩短、产品多样化和个性化也要求企业倾听客户的声音，时刻保持与客户沟通，时刻留意客户的动向，应季、应时、应人地满足市场需求。

(6) 重视与客户的接触。

接触管理主要解决的问题就是，企业选择在什么时间、什么地点或什么情况下与客户进行有效沟通。此外，还要决定接触时间、接触方式、接触内容等因素对客户有什么样的重要影响。信息传达的方式和时机与所传达的内容密切相关。在接触管理过程中，企业必须考虑最能影响客户购买决策的因素及潜在客户的信息传递因素。

(7) 强化潜在客户动机。

强化动机可以促使潜在客户购买企业的产品，这是能否实现销售的关键。这一阶段企业应该考虑到很多的因素，包括哪些客户在寻求资料？客户从什么渠道寻求资料？资料来源的相对重要性？客户最终关注的是哪方面的产品特性？等等。

(8) 促进客户购买。

潜在客户在决策过程中，总会遇到各种阻力，包括经济、社会的阻力，这些阻力会影响客户的决定。所以了解可能面临的阻力，就能通过恰当的营销手段，如价格调整、产品的优良性能、广告宣传、支付的形式、退换的条件等来消除潜在客户购买的阻力。

(9) 实现销售。

要使潜在客户的需要得到充分满足，并获得有力的评价，才有可能让客户重复购买，并且对其他的客户产生积极的影响。要实现销售，企业就要有正确的销售渠道作保证。所以要研究目标客户和潜在客户的信息，以及产品在他们心目中的地位，安排售后服务活动，包括技术咨询服务、安装调试、维修服务、客户意见收集和处理工作等。

4.3.2 潜在客户的分类

潜在客户一般有以下几种分类方式。

(1) 根据客户近期内可能订货购买的时间，潜在客户可分为三类：

热客：一个月内可能订货；

暖客：三个月内可能订货；

冷客：三个月以后可能订货。

（2）根据客户对企业的重要程度，潜在客户可划分为：重要程度最高的潜在客户；重要程度较高的潜在客户；重要程度一般的潜在客户。

（3）按购买类型对潜在客户进行分类，潜在客户可分为三类：

新购：完全首次购买客户；

添购或重购：在现有品种上再行购买，或是有规律地持续不断地购买的客户；

更新购买：购买新品种的商品以代替正在使用品种的客户。

4.3.3 潜在客户识别的流程

1. 选定市场范围

企业只有先确定自己的营销战略任务和战略目标，才能确定自己应进入哪个行业或哪种产品市场进行经营。企业可以对该产品的市场发展潜力做出估计，并确认行业和产品的有关属性，还可以对欲进入的市场的性质进行基本确认。

2. 分析基本需求

企业在分析市场时，需要了解产品能满足客户的哪些基本需求。因为企业向市场提供任何产品时，都必须对客户的需求类型作初步的认定。比如家用电子游戏机，就是在对早期购买计算机产品的客户进行需要分析后，提出的一种基本需求而发展出该产品来的。

3. 分析不同需求

确定客户对产品的基本需求，仅解决了一般性需求，还不可作为企业选定目标市场的依据。企业还需要进一步了解客户对一种产品有哪些不同的要求和想法，这就找到了可能作为细分市场的所有因素。

4. 除去共同需求

潜在客户中共同的需求是设计和开发某种产品的基本要求，这只是产品的最低要求。从中去掉这些共同需求后，企业就可以发现具有相互区别的需求类型。如手机要能通信是必需的，但随着人们的实际需要，对手机的功能和外形有了不同的要求，这就是不同的需求差别，这些差别可以成为设计产品和确定营销组合的依据。

5. 为不同的市场取名

在还没有进行市场检验之前，哪些因素是适当的，是不能确定的。企业为了便于对分析的市场加以确定，需要为可利用的因素细分出的各子市场暂时取名。如"价格灵敏者""时髦者""实惠者"等。

6. 确认各细分市场的特征

企业需要对可能采用的细分因素所能得到的细分结果进行市场调查确认工作。通过访问客户、查询以前的统计资料和其他的市场分析法，可发现采用哪些因素才能最恰当地细分市场，这些市场具有什么特点，可否进行营销设计。

7. 测量各子市场的潜力

企业在调查的基础上，需要确定每个子市场的购买量和在一定时期可能形成的需求量的大小，这样才能最终根据企业的资源、实力、市场的竞争情况选择目标市场。

4.3.4 潜在客户的选择方法

1. 潜在客户产生的途径

（1）朋友和熟人。朋友和熟人中蕴含着丰富的潜在客户的资源。销售人员可以从亲朋好友中列出潜在客户名单，问自己"我认识谁？"销售人员可以通过以下途径列出一份名单：以前的工作单位、就读的中学和大学、业余爱好和体育活动；公众服务组织和慈善活动；邻居；参加的各种组织。随着不断结识新朋友，名单列出后，要定期进行更新调整。

（2）利用关系链。寻找潜在客户的有效途径之一，是通过无穷的关系链。每次访问客户之后，都可以向客户询问有无其他可能对该产品或服务感兴趣的人。这样，不必花很多时间，就可以开发出新的潜在客户。

（3）有影响的人物。有影响的人物是指那些因其地位、职务、成就、人格而对周围的人有影响的人。他们是人们见解的引导者，他们的影响力就像车轮的辐条一样，辐射至四面八方。

（4）无竞争关系的其他销售人员。销售与本企业无竞争性产品的其他销售人员，是获取潜在客户的绝佳途径。

（5）上门推销。销售人员大多是先确定可能有潜在客户的区域，然后开始挨家挨户上门推销。

（6）观察。通过个人观察寻找潜在客户，是指注意周围的人群，以发现潜在客户。

（7）名单和客户电话簿。当销售人员接手一个地区的销售工作时，企业会为他提供一份客户名单或电话簿。这当然是一个有利的起点。此外销售人员还应注意其他信息来源，如报纸、贸易出版物、企业名录和企业电话簿等。

（8）直接邮寄信件。通过直接邮寄信件寻找潜在客户，是一种很有效的方法。潜在客户收到一封信，并被告知如果他们对产品或服务感兴趣，可以回信。尽管回信率很低，但是这种做法仍然是有价值的。即使每100封信只能做成一两笔生意，这种做法仍是有利可图的，特别是那些昂贵的商品或服务。

（9）广告。许多大企业利用广告帮助销售人员发展潜在客户。如可以在杂志广告的下面提供优惠券，让读者来信索取信息。工业贸易杂志经常在背面设一个信箱栏目，读者可以通过这个信箱从广告商那里获得更多的信息。

（10）讨论会。在无形产品（如保险和证券）的推销中经常召开讨论会，这正被越来越多的企业用来寻找潜在客户。

（11）电话推销。电话推销有多种形式和用途。最广义的分类包括进入式和外出式的电话推销。顾名思义，进入式的电话推销是潜在客户打电话给公司；而外出式的电话推销是销售人员去接触潜在客户。处理订单是最简单的电话推销操作，也是通过进入式电话实现推销的典型例子。

（12）"休眠"的客户。尽管销售人员可能有成见但"休眠"的客户仍是很好的潜在客户。

（13）运用报刊及其他纸质媒介。报纸提供了潜在客户的丰富线索，要看经常在当地报纸上出现的栏目。贸易杂志也是一个有价值的信息源，它们描述工业发展趋势，报道工业方面的新闻，包括即将出台的计划、管理阶层的变迁以及最近的交易。商业电话簿和名录是提供潜在客户信息的另一个来源。

2. 潜在客户的寻找方法

寻找潜在客户的基本思路是由近及远、先易后难。首先要在自己的熟人圈中发掘销售机会，其次请现有客户介绍新客户，最后在更广阔的范围内寻找，即从市场调查走访中寻找准客户。

（1）熟识圈寻找法。在熟识的群体范围内，积极寻找潜在客户，往往通过大量细致的主动接触可以有所收获。例如，一些保险公司、直销公司等，通过这种方法可以发现很多潜在客户，这种方式效率比较高。

（2）客户名册法。一些企业通过各种渠道收集到客户名册，通过资料分析可以发现适合本企业的潜在客户。

（3）推荐法。推荐法可分为：成交客户推荐法，用这种方法寻找到的新客户成交率在50%以上；未成交客户推荐法；其他销售人员推荐法，这是指销售同种商品或相关商品的推销人员之间互相推荐客户的方法。

（4）委托助手法。委托助手法是指雇佣有关人士来寻找准客户，自己则集中精力从事具体的推销访问工作的方法。被雇用的人叫推销助手或信息员，他们可以是技术员、管理员、税务人员、服务人员或医生等。例如推销婴儿用品的人员可请妇产科医生或护士做助手。

（5）信息利用法。利用一些信息如电话簿、邮政编码簿、企业名录、专业团体会员名册、产品目录、报纸杂志信息等来寻找潜在客户。

（6）聚集场所利用法。利用一些场所如产品博览会、供货会，各种交流会、培训班、联谊会、俱乐部等来寻找潜在客户。

（7）重点突破法。重点突破法是指找到某一特定推销范围内的重点客户，通过发展该重点客户来带动其余人员加入准客户行列的方法。

（8）阅见访问法。阅见访问法是指直接挨门挨户访问某一特定地区或特定行业的所有组织和个人，从中寻找准客户的方法。它又叫"地毯式访问法"，是一种最具挑战性的寻找准客户的方法。

（9）广告开拓法。广告开拓法是指利用广告媒介传播信息，再通过反馈情报有针对性地寻找准客户的方法。

（10）咨询法。咨询法是指从事情报收集、整理、汇编工作的咨询公司，购买或租用现成的资料，从中查找有用的客户情报。

3. 寻找潜在客户的步骤

寻找潜在客户的步骤一般应遵循"由里到外、先里后外"的原则来展开。

首先是内部检索。内部检索是寻找客户的首要步骤，也是最直接、最有效的步骤。通过内部检索能减少推销的盲目性，保证寻找客户的准确性和针对性，为顺利开展业务起到增强信心、提高效能的作用。内部检索主要通过以下几个方面来进行。

（1）职工查询表。发放职工查询表来让企业员工了解市场和客户需求并视其效果予以奖励。这样既可以有效地激发员工的潜能，又能提高员工的积极性，还可以增强员工的主人翁意识。

（2）客户名册。客户是企业的有机组成部分，没有客户也就没有企业，特别是常用客户，他们往往使用过企业的产品，并对其留下了较好的印象，一般都比较愿意介绍新客户来与他们共同使用企业的产品；而新客户又有较强的从众心理，乐意接受"过来人"推介的产品。因此，从客户名册中寻找客户是进行推销的重要步骤。

（3）财务部门。与本企业有财务往来的企业，一般与本企业有着非常密切的关系，它们也愿意为企业的推销业务提供各种信息，所以通过财务部门来寻找客户是必不可少的步骤。

（4）服务部门。服务部门是企业的窗口，透过它们，客户可以看到企业的情况。尤其是维修部门，维修人员的言行对客户有着非常重大的影响。一般客户往往是非行家购买，他们视维修人员为权威和行家，对他们常常是言听计从，故从服务部门寻找客户可起到事半功倍的功效。

其次是外部调查。开拓市场如果只进行内部检索而没有外部的调查，就犹如"井底之蛙"，所以外部调查也是企业人员寻找客户的重要步骤。外部调查主要包括产品调查、客户调查、价格调查、竞争对手调查、环境调查等内容。其中主要是客户调查，本书后面章节将详细介绍这些内容，在此不再赘述。

4.4 有价值客户的识别与选择

4.4.1 有价值客户的识别

从客户价值战略角度来考虑，一般情况下，企业的客户可划分为两种类型，即交易型客户（Transaction Buyer）和关系型客户（Relationship Buyer）。交易型客户只关心商品的价格，在购买商品之前，他们会花上几个小时的时间在网上查询价格。他们不怕等待，他们会因为买到最便宜的东西而沾沾自喜。而关系型客户希望能找到一个可以依赖的供应商，他们寻找一家能够提供可靠商品的友好企业，该企业认识他、记住他，并能帮助他，与他建立一种关系。一旦他们找到了这样的供应商，他们就会一直在那里购买商品和享受服务。交易型客户给企业带来的利润非常有限，企业销售给他们的商品的利润率要比关系型客户低得多。所以，企业无须与所有的客户建立关系，重要的是清楚地区分出交易型客户和关系型客户。

识别有价值的客户实际上需要两个步骤。首先，要分离出交易型客户，以免他们干扰企业的营销计划，让企业减少在这些毫无忠诚可言、只关心价格的客户身上花费无谓的时间和金钱。目前很多优秀的数据库营销系统都能通过计算单个客户的积累销售总边际贡献和折扣百分比来跟踪客户。其次，在剔除了这些价值量不大的交易型客户以后，企业就可以来分析剩下的关系型客户了。

企业可以将全部的有价值的关系型客户分为三类：给企业带来最大利润的客户；带来可观利润并且有可能成为企业最大利润来源的客户；现在能为企业带来利润，但正在失去价值的客户。

对于第一种客户，企业最好进行 CRM 营销，目标是留住这些客户。企业也许从这些客户的手中得到的是其所有的生意，与这些客户进行 CRM 营销能保证企业不把任何有价值的客户遗留给竞争对手。

对于第二种客户，他们可以为企业带来可观的利润并有可能成为企业最大利润的来源，与这些客户进行营销同样非常重要。这类客户也许也在企业的竞争对手那里购买商品，所以针对这类客户开展营销的直接目的在于提高企业在他们购买中的份额。

对于第三种客户，企业如果对其进行特别的关照和交流，可能会增加一些他们的购买量。但是与大量的营销开销相比，这会显得特别昂贵、不值钱。企业可以经过一些分析，剔除这部分客户以降低企业实施 CRM 的工作量和投入。

由以上分析可以知道，有的客户能给企业带来利润，有的则不能；有的客户相比之下可能会给企业带来更大的利润，有的客户则更具有长远的价值。CRM 不是对所有客户不加区分地对待，而是不断为有价值客户提供优厚的价值服务，并通过这些客户得到卓越回报的一种有选择性的价值交换战略。如果无法评价客户价值，就谈不上建立并维系良好的客户关系。衡量客户对企业的价值的标准要看客户对企业产品消费增加的潜力及其对企业的长期价值，不同客户之间的差异主要取决于他们对企业的价值的不同。

传统的客户分类方法的依据是企业对客户的特征统计（如客户的购买量、购买的产品类型、购买频率等）。这些特征变量有助于预测客户未来的购买行为，这种划分是理解客户群的一个良好的开端，但这是远远不够的。目前比较实际的方法是按照客户价值对客户进行分类。首先，企业可以根据不同的客户价值决定如何在客户中分配企业的有限资源，确定客户投入方案，以此来建立和维系客户关系。然后在一定资源预算的范围内根据客户的不同需求，设计和实施不同的 CRM 策略，保持有价值的客户在未来转化为高价值的客户，而对那些不论是现在还是在将来都对企业无利可图的客户则鼓励其转向竞争对手，从而最终达到以合理成本实现企业最大总体利润的目的。

4.4.2 识别有价值客户的方法

识别有价值客户的方法有很多，这里介绍一种比较实用的工具——关键客户识别和选择矩阵。该矩阵是由彼得·切维顿提出来的。关键客户识别与选择矩阵的主要目的和好处是：识别潜在客户并对现有客户进行分类；了解客户对企业自身的竞争优势的认知；确定对竞争者的优势还需要做哪些研究等。

该矩阵使用两个因素来对客户进行分析。其中，客户吸引力是指客户或者潜在的客户有什么地方吸引企业；相对优势是指相对于企业的竞争对手，企业有什么地方能够吸引客户。矩阵的每个轴都是由一系列的因素共同决定的，其中既有定量的因素也有定性的因素，但它们都是企业所处的具体经营环境所特有的。在使用这些因素作为测量指标之前，企业必须首先明确界定它们。要想让这个矩阵在分配资源、判定优先级别和确定客户关系类型方面真正有所帮助，企业就必须在这个环节上多费一些心思。

企业可以将自己的客户大致分为关键客户、关键发展客户、维持客户、机会主义客户四种类型，如图 4-1 所示。

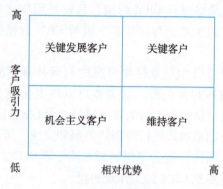

图4-1 客户类型

（1）关键客户。

企业与关键客户之间相互看重。在这种情况下，企业应更多地分配资源来发展这种关系。保证人力和时间的投入是最关键的。企业应该建立一个关键客户团队，专门负责了解客户的需求，并调整企业内部的业务流程来满足他们。

（2）关键发展客户。

通常会有很多客户出现在这个象限中。该象限里面都是那些企业积极争取但尚未获得的客户。大多数企业都是要赢取的客户多于要保持的客户。在这种情况下，企业的任务就主要是探索性地——研究需求和认知态度，并获准进入。对这些客户同样需要投入大量的资源，但对其投资的回报速度相对较慢。

（3）维持客户。

这些客户必须继续保持，另外，对他们进行管理的时候则要想着如何从他们身上撤出资源，投向关键客户和关键发展客户。这类客户从很多方面来看都是最难管理的。他们是很好的客户，可能多年来一直忠心耿耿，但企业还是必须做出艰难但正确的决定，即从这类客户中抽回资源和精力。

（4）机会主义客户。

对于这些客户，企业要根据他们的优先级别，在正确的时间、以正确的方式提供热情的服务。企业不能轻率地向他们做出无法兑现的承诺。要欢迎他们的光顾，但也要谨记自己的目标，即从他们身上获取收入以发展关键客户和关键发展客户。

 综合练习

一、单选题

1. 销售人员通过他人的直接介绍或者提供的信息进行客户识别，既可以通过销售人员的熟人、朋友等社会关系，也可以通过企业的合作伙伴、客户等由他们进行介绍客户，称为（　　）。

A. 普遍识别法　　　B. 广告识别法　　　C. 介绍识别法　　　D. 委托助手识别法

2. 在特定的市场区域范围内，针对预期的客户，用上门、邮件或者电话、电子邮件等方式对该范围内的组织、家庭或者个人无遗漏地进行寻找与确认客户的方法，称为（　　）。

A. 普遍识别法　　B. 广告识别法　　C. 介绍识别法　　D. 委托助手识别法

二、简答题

1. 什么是客户识别？
2. 客户识别的步骤是什么？
3. 一般客户选择的要点是什么？
4. 简述潜在客户的分类。
5. 有价值客户识别的方法有哪些？

技能训练

实训主题：通过收集客户资料，定位及选择目标客户。

实训地点：教室。

实训目的：

（1）理论联系实际，训练学生对收集客户资料重要性的认识，能够正确理解企业分析客户资料、实施客户定位、选择客户的过程，培养学生理解问题的能力。

（2）掌握收集客户资料的方法，并能够判断在不同情境下运用什么方法最有效。

案例材料

顺丰速运的客户细分策略

顺丰速运基于RFM简化模型构建的客户价值矩阵将顺丰速运的客户按照价值的高低分为：高价值大客户、经常型客户、高消费性客户和低价值客户。具体每一类客户的特征和营销如下：

一、针对高价值大客户

高价值大客户对顺丰速运主营业务的贡献率最大。这类客户显著的特征是发件数量众多，单件快递的费用也相对要高于其他客户。这类客户主要由各个行业内的电商大客户、大型企企业等货物运送需求旺盛的客户组成。在电商平台上运营的高端品牌在选择快递服务时为了维护自己的品牌形象也会选择快递行业内安全、高效、快速的企业，在这一点上顺丰速运有天然的优势。对于高价值大客户中的大型电商客户是重点合作的对象。顺丰速运可以和它们进行品牌联动，实现品牌间的强强联合。

二、针对经常型客户

经常型客户包含的行业类型比较广泛，包括中小电商、各类商务客户以及个人客户等。这类客户每个月的平均发寄数量比较多，但是单件托寄物的重量较轻，多以文件、票据以及一公斤以内的货物为主，所支付运费成本的平均价格相对不高。针对这类客户可以采取的营销建议有：首先，根据客户的业务规模确定优惠等级。按照寄件数量的多少采取不等等级的优惠措施。客户寄件数量越多，优惠等级越高。其次，根据客户行业类型的不同为其制定客制化的快递收寄方案。例如，销售电子产品的中小型电商客户。根据托寄物的种类,对于不能使用航空运输的商品,通过对顺丰速运内部的车辆运输线路进行优化,进一步提高这些商品的收寄时效。对于优质的电商客户,可以将它们引入到顺丰速运的电商平台,在促进电商客户发展的同时,也能为顺丰电商平台带来引流作用,实现合作共赢。

三、针对高消费型客户

结合顺丰速运实际运营情况,加大对重货物流专线的投入力度。高消费客户与高价值大客户有显著的区别。高消费客户并不一定使顺丰速运的高价值客户,其快递发件数量还有待进一步提高。这类客户的特征是单件快递的费用远远高于其他类型的客户,但是其寄送的总数量相对有限。高消费客户的客户构成一般包括对大宗商品有托寄需求的物流客户、国际件客户等。对于这类客的营销建议是:首先,不断提高顺丰速运的业务能力,加大对物流服务的建设力度。其次,在国际快递网络的建设上,顺丰速运可以考虑和其他国际快递公司展开业务合作。最后,由于这类客户使用的快递服务成本相对较高,相关的打折优惠力度较小。顺丰速运需要提供更加优质的服务来提高客户的感知度。

四、针对低价值客户

利用安全和快速的快递服务刷"存在感",用服务赢得客户口碑,在无形中起到宣传作用。这类客户的特点是对顺丰速运的快递服务使用频率相对最少,甚至有的客户只是在遇到对托寄物有较高时效要求的情况下才会考虑顺丰速运。顺丰速运的高效快速是客户们的共识,可是价格远高于行业内其他快递公司,这也影响了很多中小客户对顺丰速运的选择。对于这种情况可以考虑使用如积分促销、折价促销、赠品促销、抽奖促销等传统的营销方式,让客户使用较低的价格感受顺丰速运的服务,巩固顺丰速运以"快"著称的行业口碑。此外,还可以通过定向促销的方式,主动了解这类消费者的需求。针对不同地区、不同季节、不同人群,采取不一样的促销策略,真正了解消费者需求后,推出消费者真正需要的优惠、便利和服务作为促销方式,加大有针对性的宣传力度,培养顾客的忠诚度。

实训过程设计:

指导教师布置学生课堂上阅读案例材料;

客户资料一般分为两部分:一部分为基本资料,另一部分为特别资料。根据案例材料所述内容,由指导老师指导学生了解顺丰速运公司在对客户基本资料,特殊资料进行分析时,都有哪些内容。

请同学以顺丰的某类客户为例,列举识别和选择该类客户时所需要的资料,并填写到下面的横线中。

基本资料:_____

_____

特别资料:_____

_____

永盛成超市的客户细分

服务业发展水平是衡量一个地区、一个城市经济发展程度的重要指标。党的二十大报告提出,构建优质高效的服务业新体系,推动现代服务业同先进制造业、现代农业深度融合。这为进一步提升服务业水平,推进我国现代服务业高质量发展指明了方向和道路。

永盛成公司是内蒙古的一家集超市连锁、家具销售、体育健身、快捷酒店、物业服务、家政服务、特许加盟、异业联盟、"永盛成到家"线上平台于一体的服务业大数据企业集团。永盛成超市作为内蒙人最熟悉的连锁超市,通过方便、快捷、安全的商品和服务,永盛成正在将自己"成为百姓好邻居"的企业使命传递给更多的顾客。其客户细分策略如下:

永盛成不同顾客的消费情况是千差万别的,一些顾客的购买频率和单次消费金额相对稳定,而部分顾客则表现出购买金额及频率下降的趋势。对于相对稳定的这类顾客而言,永盛成数据挖掘分析的重点在于如何让他们买得更多、更频繁,而针对减少的顾客需要找到其消费次数金额下降的主要原因。RFM 模型是衡量客户价值和客户创利能力的重要工具和手段。RFM 分析是根据永盛成客户的活跃程度、消费频率和消费金额贡献值,进行客户价值细分的方法。RFM 分析其实是降维思维的体现,将三个维度的值综合成一个值。R、F、M 进行三个维度的排列组合,得出 8 类客户,如图 1。

客户分类	最近一次消费时间间隔(R)	消费频率(F)	消费金额(M)
1. 高价值客户	高	高	高
2. 重要发展客户	高	低	高
3. 重要保持客户	低	高	高
4. 重要挽留客户	低	低	高
5. 一般价值客户	高	高	低
6. 一般发展客户	高	低	低
7. 一般保持客户	低	高	低
8. 流失客户	低	低	低

图 1　RFM 客户分类

根据永盛成客户的活跃程度、消费频率和消费金额贡献值,进行客户价值细分。在确定具体标准数值时会受到不同门店自身情况的影响,如门店规模大小、顾客的收入及类型、商品种类及档次等。永盛成在实际操作中可以根据实际情况来确定具体的分类标准数值。以包头市销售额和毛利率以及客流量都是第一的神华店为例,可以将购买频率指标的分类临界值设置为每两周1次和3次(1次和3次这两个数据都是根据最近三个月的消费小数据计算的平均值),客单价指标的分类临界值可以设置为100元和300元(100元和300元这两个数据也是根据最近三个月的消费小数据计算的平均值)。利用消费频率和消费金额两个指标对神华店周边商圈顾客分类的思路如图2所示。

		单周购买频率 X		
		X＜1	1≤X＜3	X≥3
单次购买金额 Y	Y＜100	可能流失客户（挽留1星）	现有客户（1星）	现有客户（2星）
	100≤Y＜300	可能流失客户（挽留2星）	现有客户（2星）	现有客户（3星）
	Y≥300	可能流失客户（挽留3星）	现有客户（3星）	现有客户（4星）

图2 永盛成神华店客户分类

从图2可以看出,按照消费频率和消费金额两个指标可以将永盛成的客户划分为两大类：现有客户和可能流失客户,其中现有客户又可以细分为六种,可能流失客户有三种。任何类别的星级数字越大代表着该类客户越重要。双周消费频率在3次及以上且单次消费金额在300元及以上的客户即是永盛成需要重点关注的对象,另外对于双周消费频率不足1次但消费金额超过300元的这一类可能流失客户也属于永盛成的大客户,永盛成应当采取积极措施予以挽留。如前所述,神华店顾客的分类是依据最近三个月的消费小数据,因此每经历一个季度或半年永盛成就应当对顾客重新分类。

回答以下问题：
(1)永盛成超市在客户识别上采取了什么方法？简述这种方法的好处。
(2)这样进行分类后形成的不同星级客户,应该分别怎样的客户关系管理？

任务5 客户信息管理

任务引入

密密麻麻的小本子

几年前,山东省有一个电信计费的项目,A公司志在必得。系

微课学习：
客户信息管理

统集成商、代理商组织了一个十几个人的小组，住在当地的宾馆里，天天跟客户在一起，还帮客户做标书、做测试，关系处得非常好。大家都认为拿下这个订单是十拿九稳的，但是一投标，却输得干干净净。

中标方的代表是一个其貌不扬的女子，姓刘。事后，A公司的代表问她："你们是靠什么赢了那么大的订单呢？要知道，我们的代理商很努力呀！"刘女士反问道："你猜我在签这个合同前见了几次客户？"A公司的代表就说："我们的代理商在那边待了整整一个月，你少说也去了20多次吧。"刘女士说："我只去了3次。"只去了3次就拿下2 000万元的订单，肯定有特别好的关系吧。但刘女士说在做这个项目之前，一个客户都不认识。

那到底是怎么回事儿呢？

刘女士第一次来山东，谁也不认识，就分别拜访局里的每一个部门。拜访到局长的时候，发现局长不在。到办公室一问，办公室的人告诉她，局长出差了。她就又问，局长去哪儿了，住在哪个宾馆。然后马上就给那个宾馆打了个电话说："我有一个非常重要的客户住在你们宾馆里，能不能帮我订一个果篮，再订一个花盆，写上我的名字，送到房间里去。"然后又打一个电话给她的老总，说这个局长非常重要，已经去北京出差了，无论如何要在北京把他的工作做通。她马上订了机票，中断拜访行程，赶了最早的一班飞机飞回北京，下了飞机直接就去这个宾馆找局长。等她到宾馆的时候，发现她的老总已经在跟局长喝咖啡了。在聊天中得知局长会有两天的休息时间，老总就请局长到公司参观，局长对公司的印象非常好。参观完之后大家一起吃晚饭，吃完晚饭，刘女士请局长看话剧。当时北京在演《茶馆》，为什么请局长看《茶馆》呢？因为她在济南的时候问过办公室的工作人员，得知局长很喜欢看话剧。局长当然很高兴。第二天她又找一辆车把局长送到飞机场，然后对局长说："我们谈得非常愉快，一周之后我们能不能到您那儿做技术交流？"局长很痛快就答应了这个要求。一周之后，刘女士的公司老总带队到山东做了个技术交流，她当时因为有事没去。

老总后来对刘女士说，局长很给面子，亲自将所有相关部门的有关人员都请来，一起参加了技术交流，在交流的过程中，大家都感到了局长的倾向性，所以这个订单很顺利地拿了下来。当然后来又去了两次，第三次就签下来了。

A公司的代表听后说："你可真幸运，刚好局长到北京开会。"

刘女士掏出了一个小本子，说："不是什么幸运，我所有的客户的行程都记在上面。"打开一看，密密麻麻地记了很多名字、时间和航班，还包括爱好、家乡，这一周在哪里，下一周去哪儿出差，等等。

任务分解

有没有一种资料让销售人员能够在竞争过程中，取得优势、压倒竞争对手呢？有，这类资料叫作客户资料。只有掌握了客户资料，才有机会真正挖掘到客户的实际内在的需求，才能做出切实有效的解决方案。因此在学习客户信息管理的相关知识的同时要完成以下任务：

（1）用3～5种收集客户信息的方法，建立三级客户资料；
（2）对所收集的客户信息进行分析，做出需求预测。

知识链接

客户信息管理是客户关系管理的一个重要内容，它是以客户为重点并以客户为导向，涵盖企业经营活动的各个方面，目的是满足客户对企业产品或服务的需求，并为他们提供高质量和及时的客户服务。

企业有客户信息管理岗位，岗位的工作流程如图5-1所示。

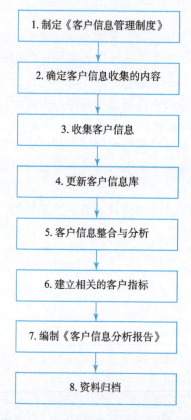

图5-1 客户信息管理岗位工作流程

5.1 建立客户资料库

通过各种途径收集客户信息资料，建立统一共享的客户资料库，不断更新、完善客户档案资料，便于把销售、市场和客户服务连接起来。同时，对于提高营销效率、扩大市场占有率、与交易伙伴建立长期稳定的业务联系，具有重要意义。

5.1.1 获得客户资料的方法

客户关系管理中获得客户资料的方法可分为两大类，一是应用传统的收集办法，二是利用电子手段的现代办法。从获得资料的途径来看，一部分是在企业经营中获得的，这部分资料是最重要、最真实的，同时也是企业耗时最长、投入成本最多的数据资料，一般通过与客户面谈、进行市场调查、电话销售等方式取得；另一部分是通过第三方获得的客户数据，如通过行业协会、咨询机构、网站等获得的，这部分信息许多是欠真实的，需要进一步确认，提高资料的有效性。

在日常工作中快速而准确地收集资料是每个员工应有的基本功，同时应根据客户来源的不同而采取不同的方法。获得客户资料的具体方法有很多，无论是传统的，还是现代的，或者是综合运用，企业都要根据自身的人、财、物等情况，选择出适合的方法。下面是一些常用的方法。

（1）原始记录法。如果一个企业刚刚开始建立客户资料库，那么查阅企业的销售记录是一个最直接和最简单的方法，因为从销售原始记录中得到的数据非常真实，不仅可以得到过去和现有的客户名单与信息，还可通过企业销售记录发现客户的类型，从而推测出可能的潜在客户。

（2）新增记录法。随身准备一台掌上计算机或笔记本计算机，只要听到或看到一个可能的客户，就立刻把相关资料记录下来，以免忘记。

（3）熟人法。常言道：熟人好说话。因此，收集客户信息，发掘潜在客户，从亲戚和朋友入手是一条捷径。

（4）无限连锁法。让客户推荐新的客户，再让新客户推荐下一个客户，层层推荐，如此持续下去，收集、累积客户的资料。

（5）直接询问法。所谓直接询问就是走进陌生人的家里（社区或小区，或是办公室，或是工厂），挨家挨户访问推销。这种方法也常用来训练新营销人员的胆识。

（6）重复销售法。如果平时与旧客户保持着良好的关系，就能够不时地取得各项情报，或者能够获得新的客户信息。

（7）反馈信息法。已经使用了企业的产品或服务，并对其优缺点较熟悉的人，是最佳的客户来源。也可以更加充实客户信息资料。

（8）社会关系法。得到对其周围具有影响力的人的协助，并利用其影响力，把其影响范围内的人都变成潜在客户，从而获取较多客户资料。

（9）询问记录法。通常情况下，高质量的潜在客户往往是那些对企业的产品和服务有兴趣的人。因此，记录那些以不同方式进行询问的人，是获取潜在客户信息的有效方法。

（10）互惠互利法。把其他营销人员拉到自己的队伍中来，比如：找个合适的时间，讨论互相提供线索之事，或请他们在合适的时机帮助推荐自己的产品或服务。当然，该营销员也要答应为他们做同样的服务作为回报，来互相帮助。

（11）直接购买法。在实践中，获取潜在客户资料的方法很多，但是资料的质量是至关重要的。为了获取高质量的潜在客户资料，最终实现潜在客户向现实客户的转化，购买有关潜在客户的资料是一个十分有效的方式。

（12）名单查找法。通过邮政黄页或地址簿的名单查找，收集客户的资料。

（13）报刊名册法。报刊、名册是世界上最好的寻找客户资料的工具之一。当然，要找一些与企业相关的报刊和资料。

（14）电子邮件法。随着科技的进步，对于远程潜在客户的开发，则可通过电子邮件和聊天的方式进行。因为这一方式除了具有发送速度快、简捷等优点外，最大的优点还在于，经常使用电子邮件的人如果对某类信息感兴趣就会马上回复信件，这样便于收集客户信息。

（15）搜索引擎法。现在，很多人的工作都已经离不开搜索引擎了，利用搜索引擎查找资料有两种方法，一是分类查找，二是关键字查找。但在关键字搜索中，要注意关键字的选取和布尔运算符的搭配使用，还要知晓一些著名的搜索引擎。另外，网上的信息资源非常多，要学会选取和鉴别，保存有效的客户资料。

（16）网上黄页法。可以利用我国的黄页网站（YELLOWPAGE）、工商目录（DIRECTORY），查找到潜在客户资料，还可以利用经纪类网站的丰富信息资源。

（17）行业网站法。行业网站的内容相对来说比较专业，信息的有效性也会得到保证。到目前为止，出口营销最为有效的方式还是参加面向国际贸易的行业展览。这类展览一般有专门的网站，这个网站上往往会罗列上次展览的参展商品名单和本次已经报名参展的客户名单。

当然，还可以利用短信、网络聊天工具等来获取客户资料。不管用什么方法，最重要的是收集客户的真实资料。

5.1.2 客户信息资料内容

正如客户自身是复杂多变的一样，客户信息资料内容也是复杂多变的，不能一概而论。针对企业而言，客户信息资料内容可分为三级，如图5-2所示。

5.1.3 建立客户资料库

建立客户资料库就是建立档案管理。建立档案管理是将客户的各项资料加以系统记录、保存，并分析、整理、应用，借以巩固双方的关系，从而提升销售成绩。完备的客户资料库是企业的宝贵财富，它不仅在保持客户关系方面具有重要作用，而且对企业各个部门及最高决策层的决策都具有重要意义。这也正是客户资料库日益受到企业领导重视的原因。

客户资料库的内容包括客户服务的对象、目的与企业决策需要，以及企业获取客户信息的能力和资料库整理成本等。客户资料库中即使是已经中断交易的客户也不应放弃。

客户资料库一般包括三个方面具体的内容。

（1）客户原始资料。即有关客户的基础性资料，它往往也是企业获得的第一手资料，具体包括个人或组织的资料、交易关系记录等。

（2）统计分析资料。主要是通过客户调查分析或向信息咨询业购买的第二手资料，包括客户对企业的态度和评价、履行合同的情况与存在的问题、与其他竞争者的交易情况。

（3）企业投入记录。主要包括企业与客户进行联系的时间、地点、方式、费用开支记录，提供产品和服务的记录，为争取和保持客户所付出的费用等。

客户资料库的体现形式一般有客户名册、客户资料卡、客户数据库。

客户名册又称交易伙伴名册，是有关企业客户情况的综合记录。客户名册由客户登记

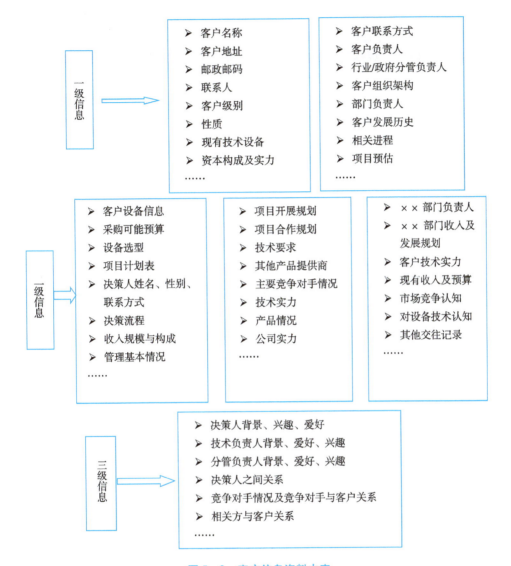

图 5-2 客户信息资料内容

卡和客户一览表组成。客户登记卡主要列示客户的基本情况；客户一览表则是根据客户登记卡简单而综合地排列出客户名称、地址等内容的资料库。客户名册的优点是简便易行、费用较低、容易保管和查找使用。特别是客户一览表简单明了地反映当前客户情况，对于管理决策者十分适用。但由于缺乏全面、客观和动态性，这种方法也存在明显的缺陷。

客户资料卡通常分为潜在客户调查卡、现有客户调查卡和旧客户调查卡三类。潜在客户调查卡是一种对潜在客户进行调查的资料卡。其主要内容包括客户个人的基础性资料，如客户交易的时间、地点和方式等。对此，可以不同的方式邀请潜在客户填写。现有客户调查卡用于正在进行交易客户的管理。一旦某客户开始进行了第一笔交易，就需要建立现有客户调查卡。其内容不仅应包括客户的基础性资料，还应包括交易情况等，并应随着时间的推移不断进行记录和补充。如果一个客户中止了购买行为，就要将其转入旧客户调查卡。旧客户调查卡没有持续记录的要求，应增加停止交易原因的跟踪记录等内容。

客户数据库是近几年在国外大型企业中刚刚出现的客户资料保存形式。其主要优点表现在：使建立大规模客户资料成为可能；资料信息易于更改、复制；客户数据库带来了营销方式的变化。一般而言，数据库的开发需要经过以下几个步骤：确定数据库开发的目标，进行内部资料与外部资料的选择，设计数据库框架，创建数据库结构，设计重要的数据库特性，选择数据库开发工具，选择重要信息源，将信息转变为数据库，将开发的预算和计划与营销策略进行整合等。

5.2 建立客户信息档案

建立客户信息档案就是对客户资料进行有效的管理，其对象是每个客户，即企业的过去、现在和未来的直接客户与间接客户，他们都应纳入企业的客户管理系统。

目前，客户信息档案的形式有两大类：纸质形式与电子形式。纸质形式的客户信息档案有卡式——客户资料档案卡；薄式——客户资料记录簿；袋式——客户资料档案袋。电子的客户信息档案形式即是客户管理信息系统软件，它是根据企业的需求专门开发出来的应用软件，如电信、银行等行业早就采用了客户信息管理软件。

5.2.1 客户档案中的数据类型

所谓客户档案，也就是企业在与客户交往过程中所形成的客户数据资料。客户数据是整个 CRM 系统的灵魂，对数据的处理和分析是 CRM 的主要任务和功能。客户档案中收集和管理了包括商品、客户和潜在客户等表示客户基本状态的信息，帮助企业完成客户分析，确定目标市场，进行销售管理，并跟踪市场产品销售状况。总的来说，客户档案中的客户数据主要包括以下三类。

1. 客户描述性数据

此类数据描述客户基本信息，变动不是很快，可在较长一段时间使用。主要包括客户的基本情况（姓名、地址、性别、出生年月、电话、工作类型、收入水平、家庭情况等）、信用情况（信用卡号和信贷限额、忠诚度指数、潜在消费指数等）和行为爱好（生活方式、特殊爱好、对企业产品和服务的偏好、对问卷和促销活动的反应、对新产品的倾向等）。

2. 市场促销型数据

此类数据表示对每个客户进行了哪些促销活动，列出对该客户进行过的促销活动。主要包括促销活动类型（降价促销、电话促销、业务推广活动、广播型广告等）、促销时间（进行促销活动的日期，包括年月日以及具体时刻）、促销活动意图和成本信息（包括促销活动的固定成本和变动成本）。

3. 客户交易数据

描述客户与企业相互作用的所有数据都属于客户交易数据，从与客户通话到服务中心所得的数据及客户所购商品的描述都包括在内。主要包括：购买商品类数据，过去购买记录、购买频率、购买数量、购买金额、交货要求、商品购买过程及付款方式；商品售后类数据、售后服务内容、使用后对产品的评价、对服务的评价、曾有的问题和不满、要求退货的记录。

5.2.2 客户档案管理原则

实践证明，建立企业客户档案应遵循集中、动态和分类管理的原则，进行科学管理。长期以来，客户档案在我国企业管理实践中没有得到应有的重视，客户资料分散化，数据信息更新缓慢、滞后，缺乏恰当的客户分类等问题十分突出。这些不利因素限制了客户档案在企业应收账款管理和坏账风险控制方面发挥应有的作用，使企业大量本可避免的坏账损失成为现实。

1. 集中管理

企业客户资料分散化通常有两种情况，一是分散在业务人员手中，二是分散在企业各个部门。如果是第一种情况，就可能导致客户是业务人员的客户而不是企业的客户。企业的管理层并不熟悉每一个客户，所以当业务人员离开企业后，客户及业务也随之离去，给企业造成重大的经济损失。现实生活中，这种案例屡见不鲜。如某企业的销售人员因为某种原因离职或者集体离职，同时将掌握的客户资料和关系带给企业的竞争对手，将造成该企业销售额在短时间内巨幅下滑。更严重的还有，如果业务人员带走了销售合同和发货单据，就会使某些客户拖欠的账款变成坏账，无法追回。再加上企业长期支付业务人员的工资和维护客户的费用，损失不可低估。如果客户资料分散在各个部门，虽然可以杜绝个人掌握企业客户资源的问题，但也会引出部门之间、部门与整个企业之间平衡利益关系的问题。在实践中，具体表现在多个部门与同一客户交易，结果可能是不同的部门为了赢得订单而提供一个比一个更优惠的信用条件。部门的利益保住了，但企业的整体利益遭受了损害，同样的情况还可能发生在总公司和分公司之间。因此，针对客户资料分散化的问题，企业唯一的解决办法就是对客户档案进行集中管理。集中管理客户档案后，企业可以进行统一授信，全面跟踪，及时抑制可能出现的问题。在集中管理的模式下，企业仍然要注意加强信用管理部门的工作人员的职业道德教育，使其意识到客户档案是企业的特殊资产，也是企业商业秘密的重要内容。

2. 动态管理

所谓动态管理，是指对于客户档案信息要不断进行更新。这是因为客户本身的情况是在不断变化的。就客户的资信报告来讲，它是一份即期的客户档案，有效期一般在3个月到一年。超出这个时间，就要对客户进行新的调查。同时对客户档案实施动态管理的另一个目的是，随着客户的财务、经营、人事变动情况，定期调整对客户的授信额度。信用管理部门的授信应该按客户协议进行，一般以年度为单位确定本期授信的有效期。当客户的基本情况发生变化，信用额度也要随之进行调整。长期积累客户信息也非常关键，通过完整的历史记录可以看到客户发展趋势，更好地对客户的发展潜力进行分析。此外，历史积累数据是进行统计分析的基础，可以帮助挤掉客户财务报表的"水分"，提供相对比较准确的预测基础。总之，客户档案不是静态的，而是一个动态变化的集成过程。

3. 分类管理

对客户档案进行恰当的分类，主要是基于客户对企业的重要性和客户档案管理费用进行的考虑。企业客户规模的大小不一，对企业销售额的贡献程度也相应不同，理应区别对待。进行客户档案管理也要考虑到成本效益原则，尽量使有限的资源发挥最大的经济效用。考虑客户对企业的重要性因素，信用管理部门可以将客户分成普通客户和核心客户。划分的标准是企业与客户的年平均交易额，同时要考虑与客户交往的时间长短。核心客户与企业的交易量大，是利润的主要来源。统计数据显示，国有工业企业80%以上销售额来自核心客户，如果该类客户出现风险，对企业所造成的损失将是巨大的，因此对该类客户的管理尤为重要。一旦将某客户划入到核心客户范围，对其档案进行管理的复杂程度就会提高，对应的档案管理费用也会有所提高。费用提高的主要原因在于，对核心客户要进行深层次的资信调查，同时要保证信息的及时更新。所以对于经费预算相对困难的企业，应该在短期内控制企业核心客户的总数。对于核心客户的重点管理并不意味着对普通客户的管理可以放松。普通客户数量多、交易额小，应用群体分析和评分控制更为简便、有效。值得注意的是，企业有一些多年保持生意来往的中小客户，尽管企业与它们的年交易额并不高，也要给予必要的关注，不能因其是老客户，并且交易额不大而忽视对它们的风险防范。

5.2.3 人工建立客户信息档案的方法

经过一段时间的客户资料收集后，企业逐渐可以确定所需要的客户信息的完整内容，为了更好地利用客户信息，就会设计出包括这些内容的表格，做成客户资料档案卡，并按照一定规律编号，这是进行客户管理信息系统的基础工作。

客户资料卡是一种很重要的工具。它可以区分现有客户与潜在客户，便于寄发广告信函或进行电话营销等。利用客户资料卡可以安排收款、付款的顺序与计划，了解客户的销售状况及交易习惯，可以订立比较节省时间的、有效率的、具体的访问计划，可以清楚地了解客户的情况与交易结果，进而取得与其合作的机会，可以为今后与该客户交往的本企业人员提供有价值的资料。根据客户资料卡，对信用度低的客户缩小交易额，对信用度高的客户增大交易额，便于制订具体的销售政策和计划。

如果把一些客户档案做成像账簿一样，可以整理成册，这样就汇集成了客户资料记录簿，企业也可以在每一张上标上编号，方便查找；如果把客户的多方面资料汇集在档案袋里，就形成了客户资料档案袋，最好在袋子的封面贴一张登记表，登记上放入档案里的资料名称，方便查找。

5.2.4 计算机建立客户信息档案的一般方法

对于采用了客户数据库的 CRM 系统的企业来说，只要员工掌握了计算机、网络、数据库的一般应用操作，就可以使用计算机管理客户信息档案了。对于一线客服人员来说，入职前的培训是了解熟悉计算机信息管理系统的机会，应掌握该系统的各个模块，以及菜单和功能。

对于中小企业或没有实施 CRM 系统的企业来说，较为方便的是使用常见软件 Outlook 来管理客户信息。Outlook 中的"联系人"为市场和销售人员带来了极大的方便，利用"联系人"功能可将客户的资料保存在 Outlook 中，可以通过查找、字段选择、分组等方法快速查找到所需要的联系人,且与客户的业务往来记录一目了然。

5.2.5 客户档案管理办法与管理制度

1. 建立客户档案卡

客户档案管理的基础工作,是建立客户档案卡(又称客户卡、客户管理卡、客户资料卡等)。采用卡的形式,主要是为了填写、保管和查阅方便。

客户档案卡主要记载各客户的基础资料,这种资料的取得,主要有三种形式:由销售人员进行市场调查和客户访问时整理汇总;向客户寄送客户资料表,请客户填写;委托专业调查机构进行专项调查。然后根据这三种渠道反馈的信息,进行整理汇总,填入客户档案卡。在上述三种方式中,第一种方式是最常用的。第二种方式由于客户基于商业秘密的考虑,不愿提供全部翔实的资料,或者由于某种动机夸大某些数字(如企业实力等),所以对这些资料应加以审核。但一般来讲,由客户提供的基础资料绝大多数是可信的且比较全面。第三种方式主要用于搜集较难取得的客户资料,特别是危险客户的信用状况等,但需要支付较多的费用。

通过销售人员进行客户访问建立客户档案卡的主要做法是:编制客户访问日报(或月报),由销售人员随身携带,在进行客户访问时,即时填写,按规定时间上报,企业汇总整理,据此建立分客户和综合的客户档案。除此之外,还可编制客户业务报表和客户销售报表,从多角度反映客户状况。

为此,需制定销售人员客户信息报告制度(其中包括日常报告、紧急报告和定期报告)和销售人员客户信息报告规程。

2. 客户分类

利用上述资料,将企业拥有的客户进行科学的分类,目的在于提高销售效率,促进企业营销工作更顺利地展开。客户分类的主要内容包括以下三个方面。

(1)客户性质分类。分类的标识有多种,主要原则是便于销售业务的展开。如按所有权划分:全民所有制、集体所有制、个体所有制、股份制、合资等;按客户性质划分:批发店、零售商、代理店、特约店、连锁店、专营店等;按客户地域划分:商业中心店、交通枢纽店、居民区店、其他店铺等;按客户的实际情况划分,将现有客户分为不同的等级。

(2)客户等级分类。企业根据实际情况,确定客户等级标准,将现有客户分为不同的等级,以便于进行商品管理、销售管理和货款回收管理。

(3)客户路序分类。为便于销售人员巡回访问、外出推销和组织发货,首先将客户划分为不同的区域。然后,再将各区域内的客户按照经济合理原则划分出不同的路序。

3. 客户构成分析

利用各种客户资料,按照不同的标识,将客户分类,分析其构成情况,以从客户角度全面把握企业的营销状况,找出不足,从而确定营销重点,采取相应对策来提高营销效率。客户构成分析的主要内容包括以下几方面。

(1)销售构成分析。根据销售额等级分类,分析在企业的销售额中各类等级的客户所占比重,并据此确定未来的营销重点。

（2）商品构成分析。通过分析企业商品总销售量中各类商品所占的比重，来确定对不同客户的商品销售重点和对策。

（3）地区构成分析。通过分析企业总销售额中不同地区所占的比重，借以发现问题，提出对策，进而解决问题。

（4）客户信用分析。在客户信用等级分类的基础上，确定对不同客户的交易条件、信用限度和交易业务处理方法。

4. 客户档案管理应注意的问题

在客户档案管理过程中应注意下列问题。

（1）客户档案管理应保持动态性。客户档案管理不同于一般的档案管理。如果一经建立，即置之不顾，就失去了其意义。需要根据客户情况的变化，不断地加以调整，消除过旧资料；及时补充新资料，不断地对客户的变化，进行跟踪记录。

（2）客户档案管理的重点不仅应放在现有客户上，而且还应更多地关注未来客户或潜在客户，为企业选择新客户、开拓新市场提供资料。

（3）客户档案管理应"用重于管"，提高档案的质量和效率。不能将客户档案束之高阁，应以灵活的方式及时全面地提供给推销人员和有关人员。同时，应利用客户档案，作更多的分析，使死档案变成活资料。

（4）要确定客户档案管理的具体规定和办法。客户档案不能秘而不宣，但由于许多资料公开会直接影响与客户的合作关系，不宜流出企业，只能供内部使用。所以，客户档案应由专人负责管理，并确定严格的查阅和利用的办法。

5.3　客户信息分析

企业和员工对收集来的客户信息进行分析要根据工作的实际需要，一般来说，对客户名称、所在行业、所在地区、经营方向、经营规模、主要产品、主要需求、目标市场等资料进行分析，可以得到企业的客户结构。

5.3.1　客户信息分析的作用

分析客户信息可以把握客户需求，能够把握客户需求，就能抢占市场先机。要把握客户需求，必须深层次理解、认识客户，对客户进行细分，也就是进行市场细分。企业对收集到的客户资料通过数据挖掘等技术，基于多种分析方法，在深层次上进行反复的提炼和剖析，从这些看似普通的客户资料信息中找出关于客户需求的更有价值的信息，从而加以利用。客户一旦购买了某企业的产品，那么他身边的各类人员都应该成为该企业的客户。试想如果企业有这些客户资料的积累，要想扩大销售份额，就可以对这些名单进行精准营销了。这就是CRM的营销基础理论之一数据库营销给出的答案，是客户关系管理思想的体现。分析客户资料有助于寻找、开发潜在客户，可以从各个方面检查、判断客户购买欲望的大小。

5.3.2　客户信息分析的方法

客户信息分析主要是针对以下几个方面进行的。

1. 客户构成分析

进行客户构成分析能够使营销人员及时了解每个客户在总交易量中所占的比例,以及客户的分布情况,并从中发现客户服务中存在的问题,从而针对不同客户情况采取不同沟通策略。客户构成分析可用一系列表格来进行分类整理,如表5-1至表5-3所示。

表5-1 客户统计表

产品	地址	客户数量	销售额（比例）	平均每个客户年销售额	前3名客户名称及销售额	
					名称	销售额

表5-2 客户地址分类表

			负责人		地区	
序号	客户名称	地址	经营类别	不宜访问时间	备注	
访问路线						

表5-3 客户与公司交易记录表

年度	订购日期	出货日期	批号	产品名称	数量	金额	备注

2. 客户经营情况分析

一般是在了解了企业基本情况的基础上,通过对其财务报表的分析,揭示客户的资本状况和盈利能力,从而了解客户的过去、现在和未来的经营情况。可用表5-4、表5-5来反映。

表5-4 客户收入汇总表

客户名称：				编号：	
年度	总产值	销售收入	利润	税金	创汇
上年实际					
本年预计					
主要产品名称	产量	销售量	单位	销售额	利润

表5-5 客户财务状况分析表

客户名称：				编号：		
客户资本金合计			客户资产总额			
其中	国家资本金		其中	流动资产总额		
	其他资本金			流动资产余额		
客户负债总额				固定资产总额		
其中	流动负债		其中	固定资产净值		
	长期负债			生产设备净值		
客户资产负债率			技术开发经费总额			

同时，客户的经营状况可以通过财务状况的计算分析进行。主要是通过计算出客户偿还债务能力的一些参数来分析。客户偿债能力的大小，是衡量客户财务状况好坏的标志之一，是衡量客户运转是否正常的重要方法。反映客户偿债能力的指标如下：

（1）流动比率。

$$流动比率 = 流动资产总额 \div 流动负债总额 \times 100\%$$

流动比率是反映企业流动资产总额和流动负债比例关系的指标，企业流动资产大于流动负债，一般表明企业偿还短期债务能力强。流动比率以2∶1较为理想，低于1∶1需要关注。

（2）速动比率。

$$速动比率 = (流动资产 - 存货 - 预付账款 - 待摊费用) \div 流动负债总额 \times 100\%$$

速动比率的高低能直接反映企业的短期偿债能力强弱，它是对流动比率的补充，并且比流动比率反映得更加直观可信。如果流动比率较高，但流动资产的流动性却很低，则企业的短期偿债能力仍然不高。在流动资产中有价证券一般可以立刻在证券市场上出售，转化为现金、应收账款、应收票据、预付账款等项目，可以在短时期内变现。而存货、待摊费用等项目变现时间较长，特别是存货很可能发生积压、滞销、残次等情况，其流动性较差。因此流动比率较高的企业，并不一定偿还短期债务的能力很强，而速动比率就避免了这种情况的发生。速动比率一般应保持在100%以上。

一般来说，速动比率与流动比率的比值在1∶1.5左右最为合适。

（3）现金比率。

$$现金比率 =（货币资金 + 有价证券）\div 流动负债$$

现金比率是速动资产扣除应收账款后的余额。速动资产扣除应收账款后计算出来的金额，最能反映企业直接偿付流动负债的能力。现金比率一般认为在20%以上为好。但这一比率过高，就意味着企业流动负债未能得到合理运用、现金类资产获利能力低，这类资产金额太高会导致企业机会成本增加。

（4）超速动比率。

$$超速动比率 =（现金 + 短期证券 + 应收账款净额）\div 流动负债总额$$

超速动比率即用企业的超速动资产（货币资金、短期证券、应收账款净额）来反映和衡量企业变现能力的强弱，评价企业短期偿债能力的大小。

（5）负债流动率。

$$负债流动率 = 流动资产 \div 负债总额 \times 100\%$$

负债流动率是衡量企业在不变卖固定资产的情况下，偿还全部债务的能力。该比率越大，偿还能力越高。

（6）资产负债率。

$$资产负债率 = 负债总额 \div 资产总额 \times 100\%$$

资产负债率是负债总额除以资产总额的百分比，也就是负债总额与资产总额的比例关系。资产负债率反映在总资产中有多大比例是通过借债来筹资的，也可以衡量企业在清算时保护债权人利益的程度。

3. 客户对企业的利润贡献分析

客户资产回报率是分析企业从客户处获利多少的有效方法之一。不同的客户，资产回报率是不同的。通过这一指标的分析，还可以具体了解这种差距产生的原因。为确保客户能够成为好客户，企业对客户要进行定期评价，并采取相应措施。如今，越来越多的企业强调通过多种指标对客户进行定期评价。可以通过以下几个指标来衡量。

（1）积极性。

客户的积极性是配合企业销售工作的最好保证。客户具有合作和业务拓展的积极性，就能主动地开展工作，而不是被动地听从企业安排或一味地要求企业提供支持。凡是销售业绩好的客户，都会有强烈的积极性，不仅表现在态度上，还通过资金的支付、人员的准备和车辆的使用等行动表现出来。不少企业将客户的积极性列为衡量客户优劣的首选指标。评价客户积极性要细心全面观察，谨防虚假的积极性，因为那往往是蓄谋诈骗的开始。

（2）经营能力。

衡量客户经营能力的大小，常用以下指标：

①经营手段灵活性。好的客户往往有经营头脑，经营思想新颖、自主开发能力强，管理也很有章法，不盲从、不随大流。

②分销能力的大小。主要通过观察客户有多少分销渠道，市场覆盖面有多大，与分销商的合作关系是否良好，交割是否正常等判断。

③资金是否充足。这是衡量经销商能力强弱的主要指标。

④手中畅销品牌的数量。好的经销商往往有多个畅销品牌的经销权，这个指标可以检

验经销商客户在业内是否也有竞争优势。

（3）信誉。

经销商信誉是合作的基础。不讲信誉的经销商，条件再好也不能与之合作。对于信誉，一是不能超出经销商的能力范围，二是不能单看一时、一事，要用发展的眼光对其进行考察。

（4）社会关系。

社会关系是影响经销商经营状况的主要因素之一。社会关系主要指两个方面：一方面是家庭关系，包括家庭成员的组成、从事的职业、兴趣爱好、生活方式、关系是否和谐、健康状况如何等，这些都会直接或间接影响经销商的正常经营；另一方面是指社会地位，考察其在社会上的地位、影响力、社会背景情况及与行政管理部门的联系。

除上述指标外，还常从销售管理水平、销售网络、促销能力、售后服务能力、与本企业的关系等方面，对客户进行评价。

好的客户会给企业带来巨大的利润，而差的客户则会给企业带来很大的风险，甚至可以拖垮一个企业。建立客户评价指标，对客户进行评价，可以从中选择较好的客户，还可以在客户管理工作中建立起动态管理机制，不断淘汰差等客户，并培养出更多的适合企业需要的良好客户。

综合练习

一、单选题

1. 下列哪一项属于客户交易数据？（　　）

   A. 客户描述性数据　　　　　　　B. 描述促销活动的数据
   C. 购买商品类数据　　　　　　　D. 成本信息数据

2. 下列哪一项属于从外部渠道收集客户的信息？（　　）

   A. 财务部门　　B. 销售部门　　C. 客户服务部门　　D. 网络

二、多选题

客户数据是 CRM 系统的灵魂，其主要类型有（　　）。

　A. 客户文字性数据　　　　　　　B. 客户交易数据
　C. 客户描述性数据　　　　　　　D. 市场促销性数据

三、简答题

1. 企业可以应用哪些方法进行客户信息资料的收集？你认为这些方法的优缺点分别是什么？
2. 如何建立客户信息档案？
3. 客户信息分析的方法是什么？

技能训练

实训主题：客户信息档案的建立。

实训目的：掌握客户信息的收集与分析方法。

实训过程设计：

(1) 指导教师课前布置作业：收集各类客户的基本资料（可以把同学作为客户）。
(2) 课上根据所收集的资料，建立客户资料档案。
(3) 由学生提出档案资料管理的方法和应注意的事项。
(4) 对收集到的客户信息进行分析，做出客户需求预测。
(5) 指导教师点评。

拓展学习

某连锁企业客户识别的优化实施方案

1. 定义客户信息

该连锁企业有一个属于自己的包含线上以及线下超市的客户数据库，其中的客户信息已达一定数量。在保障客户隐私的前提下，企业根据需要提取信息来定制不同客户的客户方案。企业的客户可以分为两大类：个人客户和组织客户。个人客户就是日常消费者；组织客户指的是与超市有团购、或定期有工会活动等的组织团体或者单位，这一部分客户对于企业来说也是十分重要的，客户信息和价值不容小觑。具体的信息分类如表 1 所示。

表 1　客户信息分类

客户信息分类			
个人客户	基本信息	关于客户个人和家庭的基本信息
	心理与态度信息	关于客户的购买动机和价值信仰
	行为信息	主要是购买过程中的信息
组织客户	基本信息	组织的基本信息和购买偏好
	业务状况	组织的业务分析，潜力挖掘
	交易状况	购买过程中的行为和记录
	负责人信息	主要负责人和备用负责人的信息收集

（资料来源：邵兵家：《客户关系管理》，清华大学出版社，2004 年版）

客户小数据是指该企业以个体客户为中心收集的包含购买行为偏好、兴趣习惯等的全方位数据。这些小数据能够帮助该企业更有针对性的传播商品信息，以及举办更合理、更有吸引力的促销活动来刺激消费者，最终实现个性化的精准营销；同时帮助探究顾客光顾率或客单价下降的原因，从而有针对性的解决问题。

2. 收集客户信息

一般来说，信息可以通过直接和间接两种渠道得到。该企业需要线上线下途径结合，积极利用各种渠道收集信息。直接渠道可采取以下几类：第一类利用问卷调查、访谈等方式，在设计调查问卷和访谈内容时，充分考虑客户在购物或接受服务时的影响客户体验的几大因素。这种方法一般只能收集到个人客户的基本信息和购买动机等。第二类利用营销活动,在公司举办营销活动时,不仅要通过促销商品来增强品牌认知度,更要趁此机会收集客户信息,这一方法不仅能够收集到客户基本信息,还能够通过客户在参加活动时的行为表现获取其行为信息。第三类是通过售后服务来获得,这部分主要是通过客服中心(Call Center)回访电话或接听投诉咨询电话等方式,或者在线下服务台获取客户信息。客户购物时候的行为信息可以体现顾客的消费偏好,这方面信息的收集十分重要。该企业改进收银结账系统,收银员可以通过扫描印有条形码的购物清单或顾客常用的会员卡来收集客户购买信息;还可以通过在卖场合理安装一些监控设备,当然这些监控设备主要是为了保障购物中心客户的安全,同时也可以根据监控录像的回放来分析顾客们的消费行为,例如购物行动轨迹、在某些货架的逗留时间等,当然客户的隐私是必须保护的,也必须保证信息安全性。

3. 整合、管理并实时更新客户信息

该连锁企业收集到的信息由于来源渠道众多,会导致准确性、相关性有待核实,所以需要对其进行筛选、整理、完善和分类,最后准确录入。对于更新客户信息,要及时采取对已有信息进行增减调整的方式,保证准确性和针对性是此流程的关键。

回答以下问题:

(1) 该连锁企业是如何进行客户信息分析的?

(2) 你是否有其他更好的建议帮助其更有效地进行客户信息分析?

任务6　建立客户关系

任务引入

案例1

销售员:早上好,王先生,很高兴见到您。

准顾客:你好,有什么事情吗?

销售员:王先生,我是嘉吉公司小张,今天来拜访您的主要目的是给您带来了我们最新研制出来的缓施含硼肥料。

准顾客:是啊,但这个产品管用吗?

销售员:嗯,产品非常好,这个产品我们采用了德国SA生产技术,经过试验该产品可提高2成坐果率,符合"缺啥,补啥"的施肥原理,对土地破坏性比一般肥料的小,同时节省了大量的人力成本。

准顾客:不错,这个产品主要适用在什么作物上呢?

新品发布会

销售员：主要是棉花等缺硼作物

准顾客：多少含量？每吨需要多少钱？

销售员：是50含量的，仅需要1 900元/吨，送货到您门店。

准顾客：是吗？我知道了，这样吧，你把资料留下，回头我给你电话。

销售员：王先生，我们的产品是国内空白，而且是大品牌。

准顾客：我知道了，我和我的助手们研究一下再给你电话。再见。

销售员：唔……

案例2

销售员：早上好，王先生，很高兴见到您！

准顾客：你好，有什么事吗？

销售员：（巧妙地切入话题）王先生，我是嘉吉公司小张，我今天特意拜访您的主要原因是我看到了《中华合作时报》上有一篇关于您公司的报道。

销售员：（顾客好奇）是吗？说什么呢？

销售员：（展示自己的了解，提出问题）这篇文章谈到您公司的创建及在网络管理上的独特方式，像您这样的公司是我们行业的领头羊，对公司来讲是个好消息吧？

准顾客：是呀，我公司刚刚创建时面临很多困难（顾客说了自己成功的历史），这几年竞争越来越激烈，不好做呀！

销售员：（逐渐转入正题，提出问题收集背景资料）王先生，在这样的市场背景下，公司产品销售上有不少的压力吧？

准顾客：是呀，产品没有什么新鲜感，销售全要靠公司的网络销售模式。

销售员：（进一步提出问题）是吗？那您和员工可真不容易！

销售员：那王先生，咱们怎么不想想在产品的创新上有些突破呢，这样也许会给我们销售有一个促进，您说呢？

准顾客：我也想呀，可是现在假肥料太多，我们真是难以辨认。

销售员：（了解顾客公司角度上说）我想大品牌，不会出现问题，您说呢？

准顾客：对呀，你不是嘉吉公司销售员吗？快，给我介绍一下你们的产品。

销售员：好（把公司及产品介绍很详细，顾客听得很满意）。

准顾客：我先买一点试试，可以吗？

销售员：（从容，微笑）不着急，我们是品牌肥料，质量好，价格也要比同类产品高，像棉花含硼50含量的新肥料，需要1 900送到您的门店，您是不是再考虑一下？

准顾客：不用考虑了，我一定买，什么时间能提货呢？

结果：谈话一直在继续，后来该客户成了公司最大客户之一，小张和王先生也成了好朋友。

任务分解

客户调查、客户识别、客户信息管理等一系列工作的最终目标是建立客户关系，只有建立了良好的关系才会有组织目标的实现。客户关系如何建立首要的程序是客户拜访，其次是一些营销活动的组织和实施，这样客户对组织的产品有了感知，为商机创造了机会。

因此需完成下面的任务：

（1）做好客户信息的收集，完成一次客户拜访；

（2）策划某产品的推介会。

6.1 拜访客户

拜访是指企业为了收集信息、发现需求、促进参与、改善沟通而采取的活动。客户拜访是客户关系建立的第一步，是突破客户关系、提升销售业绩的重要砝码。

知识拓展：拜访客户的谈话技巧。

6.1.1 拜访流程

1. 拜访前的准备

（1）了解客户企业信息：所属行业、业务内容、公司上下级归属等。

（2）了解企业产品是否已有同行业的销售跟进客户。向相关销售了解情况。

（3）新建客户信息录入企业客户管理档案。

（4）准备名片和企业及产品的资料。

2. 拜访提纲描述

（1）了解客户当前产品使用的相关情况，包含产品数量、采用了哪些产品、服务期限、使用效果，甚至有没有考虑换一个其他产品。

（2）对于自己所属企业做一个简单描述，包括企业的主要业务、企业的理念等。

（3）关于产品，不见得要强调太多，有针对性地把确实能解决问题的一种解决方案，做一个深入的交流，会更有效果。

（4）确定了客户存在需求，接下来要加强关系的建立，否则，引导出来的需求，就是在给竞争对手作嫁衣。只有让客户相信，才能掌控这个客户，明确地说是掌控这个项目。

3. 拜访后的工作

（1）提交拜访内容记录和总结给部门负责人。

（2）信息录入管理档案。

6.1.2 拜访类型

1. 拜访新客户

不断地拜访新客户是业务员业绩提升的生命力所在。那么第一次拜访客户要做到哪几点，才能尽快签单呢？

第一，在拜访之前要准备好名片、产品资料、合同，如果产品不是很大，最好能带上样品，专程去拜访客户。

（1）名片最好带最能让人记住、愿意长期保存的名片。

（2）产品资料一定要简洁明了，同时最好准备不超过两分钟的口头介绍，一定要做到专业又吸引人。

（3）合同最好是空白的，便于当场签约。

（4）根据客户的具体情况不同，来决定是不是需要电话预约。如果客户是大公司的经理或是老板级的人物，最好要电话预约。如果是个人或门店，最好直接上门。

第二，拜访的时间如果确定了，一定不能迟到。最好能提前几分钟到达，在进去之前，再熟悉熟悉资料，会面时最好提前两分钟进入客户的办公室。如果是没有预约的客户，在选择时间时，最好在上班后半小时或下班之前一小时。最忌讳快下班时去拜访。

第三，在进入客户的办公室之后，一定要尽可能地坐得和客户近一点。如有可能，尽量坐和客户一样高的沙发或者椅子。在进门后，如果有好几张沙发，千万不要坐得离茶几或者办公桌远远的，这样不但不利于谈业务，而且在气势上就先输一步，就算能做成业务，价格上也要吃亏。经心理学研究，在商业谈判中，最好是在自己的地盘谈。如不可能，在对方的地盘一定要尽量和他平起平坐，最好的距离是 1.5 m，这样对方比较容易接受，也比较容易交流。

第四，简明扼要直入主题，不要怀疑客户的理解力。不要已经把产品说得够明白了，却还一个劲地介绍产品，始终不敢问客户要不要签约。最好的处理方法，就是拿出合同说："我想你会对我们的合作满意的，让我们签合同吧！"然后在合同上签上你的名字。心理学证明，拒绝比提出请求更难，所以一定要敢于提出请求。当然，如果被拒绝，可以说："那你再考虑考虑，改天再谈。"为今后再谈留下伏笔。

第五，第一次拜访一定要掌握好时间，不能太短也不能太长。当已经完成了所要达到的目的，无论拜访成功还是失败，最好不要超过一小时，最短不要少于 15 分钟。话不能一次全说尽，要留有谈话的余地，也不要无话可说。在谈话过程中，不要大话、空话太多，也不要去谈个人的隐私，更不要开无谓的玩笑。在兴头上礼貌地告辞，是第一次拜访客户最精明的做法。

2. 拜访老客户

老客户如何拜访？有人会说老客户嘛，很简单的。其实不然，去拜访老客户也是有很多讲究的，也要事先制订拜访计划表。一般来说，对于老客户的拜访，大家都是这样做的：

多去老客户那里聊聊天，就算没有需求也要向他谈谈自己的苦衷，给他们提示；在聊天时一定要从他们口中了解到什么时候可能会有需求，有多少的量；在聊完项目问题后，可以再随便聊一些其他方面的事情，然后结束讲话，准备去拜访另一家客户；要确认哪些客户重要，哪些客户不重要，把时间多留给那些最近可能出单子的客户上，把握轻重地去维护，这样才能把业绩做得更好。

上面说的也很实用，但是规范的拜访流程是：

（1）拜访目的：了解经销商市场发展状况，促进合作。

（2）拜访方式：电话预约，面对面拜访。

（3）拜访注意事项：

①出发前，先电话或短信通知该区域客户，告知到达时间，希望对方届时安排时间会面；

②到达后，即以电话约见客户。

（4）拜访要做到"三准备、三必谈、三必到"。

三准备：

①拜访目的，了解市场状况和发展形式；

②电话预约时间和地点；

③近期销售记录和给客户的其他资料。

三必谈：

①产品在当地网络销售情况及商业、连锁的销售现状，客户对产品的销售工作进展和发展预期；

②市场动态，市场对产品的反应和接受程度，了解市场和竞争对手；

③目前销售存在的问题和解决的方法。

三必到：

①必到市场了解产品销售情况，检查市场；

②必到商业街了解产品流向；

③必到客户单位接触具体销售人员，有机会给予一定的产品培训。

（5）拜访完后，做出市场评估，对发展目标、发展中的问题、解决的办法等有成型报告。

3. 拜访大客户

在客户价值分类中，大客户是贡献80%利润的重要客户，所以大客户的拜访尤其要重视。

第一，要注重见面礼节。

（1）自我介绍，然后确认对方的身份地位。如"您好！打扰一下，我是某某公司的某某，关于某某一事，想和您谈一下。您是经理吗？"

（2）递名片时最好用双手，左手提着公文包时，要用右手拿着名片左上端，朝着对方能看清姓名的方向递上。接受名片要用双手并道谢。

（3）不要坐在对方的正前方，最好坐在左前方。因为面对面的正前方是理性空间，人们会本能地摆架势，斜侧方是情感空间，利于协调，超出自己视野控制范围的背后是恐惧空间，头顶上方是神秘空间。

第二，关注客户的行为与反应。

（1）重要的不是把所学的技巧全都用上，而是要留心对方对谈话的反应，要弄清对方是不是潜在客户。

（2）不要只是从自己的角度想问题，要从对方的角度想问题，这样会发现更多的东西。

（3）客户的行为阶段。建立良好关系阶段，包括同意会谈、用微笑回报微笑。初步信任阶段表现为坦率回答提问，谈他自己的经营状况，探讨共同的问题。信赖阶段表现为开诚布公地探讨出现的问题，对建议有回应，同意再一次约见。行动和帮助阶段表现为提供所需要的解决办法，签写订货单。

（4）行为要合拍，既不能过于急进，也不能过于迟缓。如果对方仅仅处于初步信任阶段，此时要求签署协议，对方会本能地拒绝。

（5）恰当地结束初次拜访，时间太长会让客户厌烦，除非谈话的确引起了对方的兴趣。

第三，发现需求。

（1）最好通过谈话先确认对方是不是潜在购买者。

（2）如果不是，要注意对方所处的行为阶段。不能达成协议，不妨努力建立友好而默契的关系。

（3）没有人喜欢被盘问，要从客户角度想一想，让客户参与到谈话中来，说出他们的需求。

（4）不要用过于专业的话与客户谈话，除非客户也熟悉这种专业术语。最糟糕的莫过于用自己熟悉而对方不熟悉的话交谈。

（5）介绍自己的产品时要把重点放在会给客户带来什么好处上，其次让客户相信产品的质量和信誉。

第四，被拒绝了怎么办？

（1）被拒绝时的态度很重要。要真诚地感谢对方给自己机会，而不要心怀怨恨。可以从拒绝的程度，语气中判断对方是否有潜在需要，如果是坚决拒绝，可以不必浪费时间，同时反省自己给他人印象是否有缺欠以及以后该怎么办。

（2）表达出感激之情，争取再次面谈的机会。

（3）找出客户拒绝的真实意图，是买不起，还是不想买？确认后，用事实和证据说服对方，但不要强人所难。

第五，拜访客户时的三大纪律。

（1）出差拜访客户前应做出拜访计划并与上级沟通请示；

（2）拜访客户期间，应保持每天与公司上级的一次以上沟通；

（3）拜访客户时不可做出任何政策外的承诺。

6.1.3 提高客户拜访效率的策略

1. 注重倾听

任何商业模式、产品和技术都是为客户服务的，如果不倾听客户的要求，怎么能快速建立与客户的关系并为客户服务呢？所以上门拜访客户时，应该竖起自己的耳朵，这样就会发现自己能够卖出更多的产品。

在拜访中，销售人员要倾听、提问和介绍，并合理分配三者的时间。以一次普通的30分钟拜访为例，为了充分挖掘客户需求，应该鼓励客户打开谈话空间。拜访中15分钟用于倾听，5分钟用于提问，10分钟用于介绍。因此在拜访中，介绍和引导的力度并不是很高。即使在介绍和说服中，也并不是仅口头表达就可以奏效的，销售人员应该准备充分的资料，带上产品说明书、第三方对自己的公司的评价等资料。

2. 建立互信

办公室并不是过多谈论私人话题的场合，因此销售人员不要指望在拜访时能够与客户建立深入互信的关系，但可以利用各种场合向客户进行销售。这时，销售人员的穿着、简单的交谈以及他所提供的资料将是客户评价公司的标准，因此销售人员的言谈举止和穿着打扮是与客户建立互信的前提。

3. 覆盖客户的数量和级别

在一次拜访中，显然不能覆盖多个客户，因此拜访的效率并不是很高。拜访适合于各种级别和职能的客户，但在拜访高层客户的时候，应该做充分的准备。如果方案或者产品对客户有益，高层客户便可以迅速做出采购的决定，管理层就需要考虑其他的因素。因此，在拜访高层客户的时候，销售人员必须要了解他们的战略目标，以及自己如何能够帮助客户达到他们的目标。

4. 与其他销售方式结合

登门拜访是最花费时间和费用的销售方式。如果销售人员和客户在一个城市，一天最多可以高质量地拜访三个或者四个客户。如果客户在另一个城市，销售人员需要乘飞机赶到客户所在的城市，入住酒店，再去拜访客户，会花费大量的时间和金钱。考虑登门拜访的优势、时间和金钱的代价，销售人员应该考虑利用其他的销售方式与登门拜访相结合来提高自己拜访客户的成果。

5. 精准把控拜访各环节

拜访客户的流程包括四个阶段：开场白、询问、建议和计划下一步行动。

（1）开场白。拜访客户时，销售人员直接地挖掘客户需求或者要求客户买自己的产品。客户也需要一个理由，就是我为什么要接受这个销售人员的拜访。通常客户会在最初的几分钟里对销售人员进行判断，决定是否与这个人交谈下去，因此开场白决定了拜访过程的走向。销售人员在与客户见面寒暄之后，就应该提出拜访目的，以及这次拜访对客户的价值，并询问客户是否接受。精心准备的开场白往往可以打开客户的谈话空间，拉近双方的距离。

（2）询问。需求是客户采购的核心，开场白后销售人员就可以进入挖掘客户需求的环节，越充分、完整、清晰地了解客户的需求，销售人员越能够正确地向客户推荐产品，并介绍自己产品对客户的益处。

（3）建议。挖掘客户需求之后，销售人员就可以给予客户建议了。在销售人员的建议过程中有三个关键的因素：产品特性、对客户的益处，以及证据。很多销售人员都热衷于介绍自己产品的优点，而不关心这点对客户是否有用。说服客户应该从客户的需求和利益出发，帮助客户趋利避害并能因势利导是说服的关键。

（4）计划下一步行动。在拜访客户的过程中，销售人员应该时时观察客户的兴趣点，并据此提议下一步的活动，将销售一步步地进行下去。

6.2 建立客户关系（策划市场活动）

6.2.1 体验营销活动

知识拓展：如何在线上线下与客户建立客户关系

体验营销就是指企业以客户为中心、以产品为道具、以服务为舞台、以满足消费者的心理与精神需求为出发点，通过对事件、情境的安排以及特定体验过程的设计，让客户在体验中产生美妙而深刻的印象或体验，从而创造与客户进一步交流并加深联系的机会。简而言之，就是以客户需求为导向，为目标客户提供超过平均价值的较高价值的服务。体验营销并非是一种营销手段，确切地说它是一种营销心理、一种营销文化、一种营销理念。它建立在对消费者个性心理特征的认真研究、充分了解的基础之上。其目的仍是满足客户需求，并以激发客户的情感为手段。

1. 体验营销分类

（1）感官体验。

就是通过视觉、听觉、触觉、味觉与嗅觉的感官体验引发客户购买动机与增加产品的附加价值。首先，在产品展示店里，明亮的展示效果，或古典，或时尚，或高贵，它们都对消费者有着极强的感染力。其次，在展示厅里播放与展示风格相贴切的音乐，营造店内的听觉刺激，这对激发消费者的体验情绪具有难以替代的力量。再次，把产品按实际使用方式陈列在展厅里，请消费者亲自触摸、使用产品，感受其真正的使用效果，以身临其境的方式体验产品的优越性。通过视觉、听觉、触觉等感觉器官进行全面的刺激，恰如其分地把产品展示出来，使品牌核心诉求得到更加突出的表现，让消费者对产品有更加全面的认知，使其从内容深处感知品牌的独特之处。

（2）情感体验。

情感体验就是用某种刺激引起客户某种情绪，并使其自然地受到感染，并融入这种情境中来。如香港迪士尼的"想象工程师"们让游客沉浸于一个梦幻王国，通过客户亲身的兴奋体验来大获宠幸；与此同时，迪士尼还将香港本土文化与理念融入游乐的各个层次与环节当中，让消费者在欢乐的同时更有宾至如归的感觉；更"致命"的一招是，迪士尼更注重客户体验的细节服务，比如通过婴儿护理、笑容服务等，使游客们放松再放松，当其达到一种忘我的状态时，也正是迪士尼财源滚滚之时。

（3）关联体验。

关联体验超越私人感情、人格、个性，使个人对理想自我、他人或文化产生关联。关联活动的诉求是让人和一个较广泛的社会系统产生关联，从而建立个人对某种品牌的偏好，同时让使用该品牌的人们形成一个群体。如：农夫山泉通过"一分钱"活动承担起了社会责任，通过全国新闻媒体一系列密集式的宣传和赞扬，大大提升了企业的美誉度和消费者的忠诚度。现在，公众期望企业能解决一些社会问题，而且这种社会期望呈增长的趋势。企业通过事业关联营销承担了社会责任，实现了消费者的某种期望，使消费者对企业和企业产品更加尊敬和信赖，正像一个做好事的人会获得人们的良好印象和评价一样。这样的结果是企业提升了自身的公众形象、品牌形象和声望，从而可获得更多忠诚的客户。

2. 开展体验营销的方法与策略

（1）设计明确的体验主题。

体验主题是把体验活动概念化，便于消费者对体验活动快速有效的理解和记忆。体验主题必须是体验活动价值的高度概括，同时是整体形象和品牌的反映。体验主题一旦设立，体验环境与体验活动都必须围绕主题来展开。如：视明润洁眼大夫"免费试用＋天天促销"受中老年人欢迎，免费体验"视明润洁眼大夫"眼康眼液，对各种眼疾确实能起到辅助治疗和康复保健作用。这为体验营销模式的关键环节"谈体验"奠定了一定的基础，使很多中老年人"心服口服"。

（2）场景设计人性化，关注人文精神。

在客户变得越来越个性化、感性化、情感化的时代，需求重点已由追求实用转向追求体验，他们的消费行为既崇尚理性又显感性。在消费时会进行理性的选择，但也会受情感的驱动，有对理想、感情、欢愉的追求。所以场景的设计要人性化，要体现一种人文精神，创造一种温馨、和谐的气氛。体验营销十分重视对消费者的情感投入，通过情感交流，增进彼此情谊，满足客户的情感需求。

（3）发布体验信息，与消费者体验互动。

体验信息的传播要融入体验的功能理念，传播形式可以是通过一段故事或者一段场景来引出对体验活动的介绍。在传播过程中要注意传播的一致性，共同诉求一个主题，构建一种氛围。以母亲节为例，报纸广告诉求"今天，你记起母亲的生日了吗？"，散发的DM、商场目录杂志写着"我们已经为你挑选好了送给母亲的礼物"，商场内部的广播传出《世上只有妈妈好》的歌谣，卖场电视则播放相关画面，甚至产品上写着"把我送给你爱的妈妈吧！"这些体验信息组合在一起，本身已经构成了一种氛围，唤起消费者内心的情感，促使消费者融入关爱母亲的体验中来，购买相关产品。

（4）树立质量和品牌优势，塑造良好的企业市场形象。

质量和品牌是客户选择产品时最为看重的因素，因此，也被视为产品甚至整个企业的生命。开展体验营销，企业应十分注重消费者对产品的质量体验和品牌体验，并通过良好的质量和品牌形象为客户带来特殊的心理体验，以达到企业价值最大化的目标。

汽车厂商可以通过静态与动态两种体验方式搭建品牌与消费者沟通的桥梁。静态部分包括产品本身，例如功能、特色、包装、外观、触感、品牌美学，包括品牌符号、标章和广告宣传等，这些都是客户接触品牌瞬间体验的起点。动态元素包括在各种接触点与客户动态来往，例如，店里面对面互动或是网络上从事电子交易，请"准用户"走进企业，邀请消费者参观生产线，让消费者亲眼看到新车是如何制造出来的。通过这样的方式更好地吸取消费者的各种建议，让每一个人逐渐参与到不断完善企业产品品质的过程中，将有助于更好地形成用户与厂商的良性互动与消费口碑，是许多厂商采用的一种宣传方式，汽车拉力赛就是其中的一个范例。汽车拉力赛不仅仅是一种体育项目，同时还集广告宣传、客户体验于一身。世界著名的大赛，吸引众多国际知名汽车厂家参与，为它们提供一个展示自己实力的平台。某国产汽车厂商生产的一款越野车，数次参加国际最艰巨的越野赛事巴黎—达喀尔汽车拉力赛，在国内外为其品牌的塑造立下了汗马功劳。

（5）实施客户关系管理，建立客户体验数据库。

开展体验营销，企业应以先进的信息技术为平台，充分利用现代化的信息技术和信息手段，通过及时、全面地收集客户信息，掌控客户资源并保持相对稳定的客户队伍，建立客户体验数据库，设法与客户建立起及时、双向、互动的交流与沟通，以便把握消费者体验需求的动向，为客户提供个性化的产品和服务。要给客户留下完美的购物体验，零售企业除了提供优质的售后服务外，还应当在产品售出后通过电话、邮件、贺卡等方式与客户保持联系，坚定客户所做的购买决定，提高客户忠诚度。如通过寄产品生日卡，祝贺用户购买某产品一周年，来影响客户的情感，提高客户忠诚度。联想认为全球PC市场主要区分为以大型企业为主的关系型客户市场和以中小企业与一般消费者为主的交易型客户市场。过去 IBM PC 事业的触角几乎都着重关系型客户，其比重达 75%，在交易型客户市场则只有 25%。相反地，联想在大陆则是以交易型客户为主，达 60%~70%，在关系型客户市场则只有 30%~40%。个性的体验营销必须有针对性地进行客户关系管理，立足于交易型客户，那么交易型客户就是建立客户关系管理的重点和要点。

面对激烈的市场竞争环境，开展体验营销也面临着新挑战，不仅仅要从策略上把握全局，更要求细节上的持之以恒。随着时代的变化，消费者的需求也会不断改变，体验营销作为一种基于消费者需求的营销方式，必须随着需求的改变而改变，必须与时俱进。企业必须将体验营销不断发展和丰富，这样才是保持体验营销的制胜之道。随着经济和社会的不断进步，体验消费时代已悄然而来。企业应密切关注这种变化，认真研究把握体验消费的特点和规律，通过体验营销的策略和手段满足消费者的体验需求。体验营销将是 21 世纪产品营销战中最有力的秘密武器，它与消费者的沟通和互动最有力，谁能牢牢把握，谁就会赢得消费者。

6.2.2 产品推介会

产品推介会是建立企业和客户互动交流的最好平台，它对提升企业和产品的品牌知名度、美誉度起着不可替代的作用。在产品推介会上，企业有充足的时间可以有条不紊、全面细致地介绍企业状况、最新的产品和技术，同时还可以随时回答客户的问题。如果推介会吸引人，听众会专心致志地从头听到尾。这样，无形中就在竞争者的眼前多出了两个小时的宣传时间。那么，如何让产品推介会更有效率呢？

首先，做好前期的准备工作。要主动同主办机构的有关负责人联系，告诉他们企业将邀请哪方面的客户来参加会议，请主办机构协助自己进行邀请。同时，就推介会的形式、内容等各方面都可以同主办机构进行协商，以求有所创新，确保推介会取得良好效果。举办推介会之前，一定要积极邀请客户，特别是那些潜在客户，不但要邀请他们去参观展位，更重要的是去听会。那是树立企业形象、争取信任的最佳时机。

其次，设立展台。在展台内的企业员工，一定要对企业举办的产品推介会有最基本的了解，包括时间、地点、发言人、内容。这样，在展览开始后，就可以随时向光临展位的参观者宣传推介内容，鼓励他们届时参加。这种方法在展台参观者过多的时候尤为有效，既可以缓解招待不周的压力，又不用担心会失去可能的客户。

此外，会议现场从始至终一定要有工作人员专门负责客户登记。不仅要详细记录与会的观众信息，更要注意参会的业内记者。及时向记者提供详细的资料，这可能会使企业有机会在专业报刊上做免费宣传。如果可能，最好能够将推介会的全过程用摄像机记录下来，同展台的情况一同制成光盘，可以在会后馈赠客户，用作长期宣传。

综合练习

一、多选题

体验营销分为（ ）。
A. 感官体验 B. 情感体验 C. 关联体验 D. 心理体验

二、简答题

1. 新客户、老客户和大客户的拜访有什么区别？

2. 体验营销有哪几种?

技能训练

实训主题:组织一场某产品的推介会。

实训地点:教室。

实训目的:

(1)掌握获取客户信息的方法。

(2)学会通过产品建立与客户的关系。

实训过程设计:

(1)自由组合,组成3~4人的小组。

(2)确定所推介产品,拟订产品推介方案。

(3)推介会的召开。

(4)教师和其他小组点评打分。

拓展学习

一次并不成功的拜访

在组建销售队伍时,我请来一位老朋友做销售人员。他一直在销售同类的产品,所以我对他寄予厚望。

他进入公司后,业绩很不稳定,遇到大订单就可以完成任务,否则就完不成。我决定和他一起去拜访客户,看看到底是怎么回事。我们计划拜访××省公路局的赵主任。当我们如约来到客户办公室后,我发现客户的桌子上摆着我们的产品,旁边的机房内堆有不少我们产品的包装箱,而且客户对我们很热情。这些都是很好的兆头。由于我希望观察销售人员是怎么进行销售的,决定尽量让他独自与客户交谈。以下是他们的对话:

"赵主任,我们的产品您用得好吗?"

"不错,我们以前用的都是其他公司的,现在都改用你们的了。"

"对,我们采用按订单生产的模式,每一台都按照客户的要求配置生产,经过测试以后直接交付客户,按照客户的要求上门安装。在整个过程中,质量得到严格的控制和保证。以前我做分销的时候,先从厂家采购大批产品。当客户要的和我们定的标准配置不同时,我们就在市场上抓一些兼容的零件拼装上去。"

"是吗?我一直不知道经销商是这样改变配置的。"

"这也不是经销商的问题,他们的经营模式决定他们只能这样做。很多产品故障就是因为经销商在改变配置时,没有佩戴防静电手套造成的。"

"是吗?你们产品的质量确实不错。我们最近要启动全省高速公路的项目,我就建议用你们的。"

"不止质量不错,我们还提供三年上门服务,只需一个电话,如果是硬件问题,我们的工程师会在第二个工作日上门维修。"

"上门服务对我们很重要,我们的收费站分布在全省各地。机器一出问题,他们就打电话给我,我就要派人立即去修,我们的技术人员很辛苦。"

"如果您采购了我们的产品,就不用这么辛苦了。目前我们公司的市场份额已经是全球第一,虽然只有17年的历史,取得这么大的成功是因为我们独特的直销模式,我来给您介绍我们的直销模式吧。"

时间过得很快,客户听得津津有味,但客户开会的时间到了。"赵主任,您要去开会了吗?今天谈得很投机,我就不耽误您的时间了,告辞。"

销售人员高高兴兴地离开了客户的办公室,我询问他对这次拜访的体会,他说:"很好啊,客户很喜欢我们公司。"

回答以下问题:
(1) 为什么"我"认为这是一次不成功的拜访,你认为成功吗?
(2) 怎样提高客户拜访的效率?

任务7 商机管理

任务引入

商机管理出效益

某市电信分公司流传着一个极具典型意义的营销故事:刚刚出差回来的客户经理赵丽接到某院校办公室主任的电话,反映有人冒充她要求学校做招生广告,被识破了。说者无心,听者有意,赵丽马上意识到了这里蕴含的商机:马上就是招生旺季了,我们电信公司可以为学校做些什么呢?就这样,一项名为"招生秘书"的业务在某市推出。她利用114号码百事通业务平台,为学校提供双重查号、查询转接、语音名片、固话秘书、新生指路等业务,切实解决学校招生工作中存在的问题和困惑。其他院校先后办理了这项业务。

这个营销案例,就是某市电信客户部商机管理的成功实践。自实行大客户商机管理以来,他们共收集有效商机信息139条,其中40条已转化为收益,共计带来一次性收益95.2698万元,每月增加收入2万多元,获得了丰厚的回报。

商机管理是增强大客户经理了解客户、洞察市场、挖掘需求的能力,将分散在市场中的需求信息进行有效收集、筛选、分析、应用,推进行业整体解决方案的运用和转型业务拓展的有力工具。某市电信政企客户部按照"及时上报,格式统一,专人分析,分级管控,跟踪评估,有效反馈"的原则,建立起了商机识别、汇总管理、配置资源、跟踪引导、推进转化、评估考核6个步骤的闭环工作流程。通过商机识别和汇总管理两个阶段,掌握了大批最新竞标项目、客户意向需求以及竞争对手最新动态信息，从中筛选出了139条有效商机信息。挖掘出商机后，他们根据商机分类结果（重大、重要、普通商机以及近期、远期商机），结合市场竞争实际，综合协调配置人力资源（包括电信内部领导资源）、网络资源、财务资源、社会资源等各项资源，积极开展客户商机的引导和转化工作。

任务分解

为了应对日益激烈的客户市场竞争，将被动营销转变为主动营销，必须实现对商机的有效管理，在商机管理中还有报价这一重要环节。直到合同签订，才能把潜在商机转化为成功商机，因此需要完成下面任务：

（1）能对商机做一次推演；
（2）在知己知彼的基础上完成一次报价。

7.1 商机

7.1.1 商机含义

商机是指明确客户对产品和服务潜在的或显性的需求意向。商机是有生命周期的，根据企业的经营管理策略，从商机挖掘开始，逐阶段将潜在商机转化为有效商机、可行商机、目标商机、成功商机直到商机归档结束，目的在于帮助企业在商机的各个阶段，以规范有效的管理实现对商机信息精确管控，从而获取最大的收益。商机可以划分为以下不同的阶段：

（1）潜在商机：这类商机只是一些简单模糊的客户潜在需求信息，客户未提出正式需求，还不足以进行正式立项，但存在立项的可能性。
（2）有效商机：客户提出正式需求或者电信评估并与商机确认模板（事先定义好）匹配后确认可以正式立项的商机。
（3）可行商机：经与客户确认了需求，并通过机会评估和可行性分析后确认可行的商机。
（4）目标商机：技术方案已被客户接受，需要通过商务谈判或投标方式争取签约的商机。
（5）成功商机：签约成功的商机。

7.1.2 商机管理模式

1. 商机管理的含义

商机管理是使用信息化的平台和专业化的销售工具，根据销售项目的重要程度实行分级管控，通过从发现客户潜在需求到项目结束的全程监控，强化过程管理和闭环控制，实现销售对象及其价值的甄别和销售任务的细化，并进行资源的优化配置，从而达到对销售活动的精确化管理的过程。

商机管理采用分级管控的方式，根据商机的等级由客户经理或各级领导分级负责，由客户部和相关部门组成项目团队,集中优势资源重点攻关、重点保障,运用专业销售工具,开展个性化项目营销,并实施标准化项目管理。

2. 建立商机等级,根据等级配置资源

根据 MECE 原则,穷举商机等级的影响因素,得到商机评估等级指标。商机的等级主要从商机本身及产生商机的客户两个维度来进行评估。商机本身涉及的指标包括预测收入、紧急程度、重要程度、需求难易度和竞争程度,客户涉及的指标包括客户价值、客户风险程度、客户活跃程度。详细内容如表 7-1 所示。

表 7-1 商机等级的影响因素

维度	指标名称	级别		
		低	中	高
商机本身	重要程度	普通	重要	重大
	紧急程度	一般 6 个月以上	紧急 2~6 个月	特急 1 个月内
	预测收入(元/月)	2 000 以下	2 000~5 000	5 000 以上
	需求难易度	一般	较难	需研发
	竞争程度	不需竞争	一般	激烈
所属客户	客户价值	低价值	潜在价值	高价值
	客户风险程度	相对安全客户	危险客户	高危客户
	客户活跃程度	休眠老客户	活跃老客户	新客户

商机等级评估主要分为以下几个步骤:

(1) 确定商机的范围,筛选出有效商机。

(2) 通过预评估初步确定最高和最低商机等级。分析商机在部分评价指标的值,若符合可以直接计算商机等级的条件,则直接给出该商机的等级值。

①最高等级商机的筛选参考条件包括:商机年收益在 50 万元、30 万元、10 万元以上的商机;社会影响较大的商机;其他条件。

②最低等级商机的筛选参考条件包括:商机年收益在 10 万元、5 万元、2 万元以下的商机;其他条件。

注:普通商机年收益为商机合同年收益(含一次性费用)。

(3) 对商机进行等级指标的评估。

根据表 7-1 提出的 8 个评估指标以及设定的指标值标准,计算各商机在 8 个指标的量化值。记为:$(x_1, x_2, \cdots, x_8)$。

(4) 计算各指标针对目标的影响权重。

根据层次分析法得到各指标对商机等级的影响权重。记为:$(w_1, w_2, \cdots, w_8)$。

(5) 计算商机的等级。

每个商机的等级:$f, f = \sum_{i}^{8} x_i w_i$,其中 $1 \leq f \leq 5$。

（6）按商机等级的大小对商机进行划分，得到3个级别的商机。商机级别划分标准如表7-2所示。

表7-2 商机级别划分标准

商机级别	级别含义	商机比例
AAA	最高级别商机	等级评估值最大的20%商机
AA	中等级别商机	等级评估值最大的50%商机
A	最低级别商机	等级评估值最大的30%商机

可对以上不同级别的商机单独设定不同的处理时限及处理要求标准等，同时决定资源的投入早晚和投入大小。通常商机等级越高，处理时限要求越短，但也可以根据商机的实际要求另外设定处理时限。

3. 划分商机阶段，按阶段进行管控

通过对商机项目过程进行全面管控，有利于增加销售机会和提高销售成功率，最终完成业务收入考核目标。商机管理流程包括商机获取（P1）、需求确定（P2）、方案制订（P3）、合同签订（P4）、商机结束（P5）5个阶段。对应地，客户采购流程通常也分为5个阶段，即发现需求（C1）、内部规划及确立需求（C2）、选择解决方案（C3）、评估比较及做出决定（C4）、实施解决方案并评估绩效（C5）。

在商机管理流程中，商机并不是一成不变的。随着时间的推移，商机的状态不断发生变化，这种变化经历了识别期、发展期、成熟期、收获期4个时期，商机本身也由潜在商机逐步转化为有效商机、可行商机、目标商机、成功商机，就像生物的生命历程一样，因此将其称为商机生命周期。不同生命期，应该采取不同的策略，以促成商机的转化，确保商机能够"瓜熟蒂落"。

商机管理与客户采购流程中各阶段、商机阶段和商机生命周期的对应关系如表7-3所示。

表7-3 商机管理概念对应关系

对应阶段 概念名称	阶段1	阶段2	阶段3	阶段4	阶段5
客户采购	发现需求	内部规划及确立需求	选择解决方案	评估比较及做出决定	实施并评估绩效
商机管理	商机获取	需求确定	方案制订	合同签订	商机结束
商机阶段	潜在商机	有效商机	可行商机	目标商机	成功商机
商机生命周期	识别期	发展期	成熟期	收获期	

关系表解析说明：

（1）商机获取。商机来源于客户的显性或潜在需求。显性需求是客户直接提出来的正式需求；潜在需求是客户没有直接提出来、甚至是客户自己都没有意识到的需求，需要通过客户经理的主动营销来引导。以中国电信为例，除客户经理外，商机的提供者还包括中国电信维护支持人员、业务受理人员、经营分析人员、管理/决策人员，以及其他所有企业内部员工。这些人通过对相关信息渠道的长期关注，能够不断地发现或挖掘到新的客户需求，为了将这些掌握在不同人员手里的客户需求意向快速转化为有价值的商业机会，企业需要提供开放、便捷、灵活的商机上报渠道，并借助一系列的激励手段，鼓励所有内部员工更多地获取并上报商机信息，从而使中国电信能够在各电信运营企业之间激烈的竞争中抢得先机，争取到更多的客户和市场占有份额。

（2）需求确定。客户经理根据登记的商机信息，与客户进行沟通，从客户需要解决的实际问题入手，尽可能全面地了解客户需求。因为在销售的过程中，任何一个细小的疏忽都可能成为销售失败的因素，所以一定要全面地对大客户的需求进行分析。这一阶段需要评定商机等级，并根据商机等级的大小来投入相应的人力和物力资源。大客户经理根据获取到的需求信息、竞争对手信息（若有）判断商机的机会大小，并通过对经济收益以及所需资源的评估确定其可行性和商业价值。

（3）方案制订。本阶段对应客户采购流程的选择解决方案阶段，因此这个阶段的重点是引导客户制订采购指标，同时提供能够满足客户需求、具有竞争对手不具备的特殊商业价值的解决方案。

（4）合同签订。本阶段主要完成招投标工作和商务谈判并最终与客户签订合同。商务经理负责合同起草、商务谈判，并签订合作意向书或者合同。

（5）商机结束。商机项目签订后，即进入实施阶段，按大客户合同管理办法执行。项目经理负责项目实施管理，随时跟踪项目实施进展，对项目实施进行指导，并解决项目实施中的问题。商机项目完成后，项目小组应对项目进行评估，并关注新商机的挖掘。

对应于商机管理流程，商机的生命周期如下：

（1）识别期。此时期是商机的选种期，目标是要尽可能地收集信息"种子"，并从中挑选出可培育的对象。这一时期可以实施商机挖掘策略获取尽可能多的信息（潜在商机），然后实施识别细分策略，以便筛选出真正的商机（有效商机）。不符合识别细分策略的商机，可以将它们视为潜在的商机，进行商机资源储备。此时期，商机的需求还比较模糊，投入的资源也比较少。

（2）发展期。此时期各种需求不断明确，商机信息量逐渐丰富。这一时期可以实施机会评估及可行性分析策略，以判断"种子"（有效商机）是否健康成长，有无继续培育的价值，从而筛选出可行商机。可以将不符合机会评估及可行性分析策略的商机视为潜在的商机，进行商机资源储备。此时期，商机的需求逐渐清晰，需要投入一定的资源，例如需要客户经理多次走访客户、组织相关人员进行可行性分析等。

（3）成熟期。经过发展期之后，客户经理已经对商机有了深入的了解。这一时期可以实施资源投入策略，组织人力等资源制订技术解决方案，针对不同商机施以不同的"肥料"，以促进商机的不断成熟，使可行商机逐步成长为重点培养对象（目标商机）。可以将方案最终不被接受的商机视为潜在的商机，进行商机资源储备。此时期，商机的需求已经明确，需要投入大量的资源，例如资源调查、方案制订、高层走访、情报跟踪（竞争对手动态更新、客户动态更新）。

(4) 收获期。经过成熟期的"施肥"后,商机进入了收获期。这一时期可以实施商务谈判和投标策略,促进目标商机向成功商机转变。可以将商务谈判或投标失败的商机视为潜在的商机,进行商机资源储备。当成功商机结束时还可以实施商机结束策略,进一步挖掘新的商机。

4. 建立阶段控制参数

上述商机管理流程中,用以衡量并评估各阶段具体执行情况的关键参数包括表7-4中所示内容。

表7-4 商机管理流程中的关键参数列表

关键参数	说　明
阶段目标	从整个商机管理过程考虑,本阶段需要达到什么目标
主要内容	本阶段需要完成的工作内容
诊断关键	为达到阶段目标,需要重点考虑并解决哪些问题或计划完成哪些事项
诊断指标	用来诊断阶段目标实现情况的具体评估指标
阶段商机通过率	阶段商机通过率是指进入下一阶段商机数与本阶段商机数的比率
阶段商机赢率/预设阶段商机赢率	阶段商机赢率是指各阶段商机转为成功商机的比率,即成功商机数与每阶段商机数的比值,可根据历史数据总结规律,设定一个标准值作为阶段的预设阶段商机赢率
验证标志	阶段产出成果,即解决了哪些问题、完成了哪些事项,以及最终结果的存在形式(如方案报告等)

各阶段评估参数的确定,有利于根据销售项目的重要程度实行分级管控及资源的优化配置,通过从发现客户潜在需求到项目结束的全程监控,强化过程管理和闭环控制,从而达到对销售活动的精确化管理。各阶段的评估参数需要在实际实施过程中不断进行优化。

7.2 报价

微课学习:报价管理

1960年,美国营销学家杰罗姆·麦卡锡提出了著名4P组合,即产品(Product)、价格(Price)、地点(Place)和促销(Promotion)的营销组合。由此可见价格因素在销售过程中的重要性。虽说价格不是决定销售的唯一因素,但是营销人员在销售过程中尽量避免因为价格问题产生的失误,有助于销售业绩再上一个新台阶。

那么怎样报价才有效呢?报价太高,容易吓跑客户,但是报价太低,客户一看就知道不是行家里手,不敢冒险做生意。对老客户报价也不容易,他会自恃其实力而将价压得厉害,以至在接到他的询盘时,不知该如何报价:报得太低,没有钱赚;报得太高,又怕他把订单下给了别人。

7.2.1 报价原则

价格是商品价值的货币表现形式，它直接影响消费者心理感知和判断，是影响消费者购买意愿和购买数量的重要因素。有经验的销售人员都知道，价格问题谈得好就是成交的前兆，谈得不好就是销售失败的信号。那么当谈到价格问题的时候，销售人员该如何应对呢？有以下原则可供参考：

（1）如果是大客户，客户的购买力较强，可适当将价格报高一点，反之偏低；

（2）如果客户对产品和价格非常熟悉，建议采用对比法，突出产品的优点及同行的缺点。价格接近底价，从一开始就"逮"住客户；

（3）如果客户性格比较直爽，不喜欢兜圈子讨价还价的，最好还是一开始就亮出自己的底牌，以免报出高价把客户吓跑；

（4）如果客户对产品不是很熟悉，应热情地多介绍该产品用途及优点，价格可报高一点；

（5）如果有些客户对价格特别敏感，每分每厘都要争，而客户又看中了产品，就一定要有足够的耐心，跟客户打一场心理战。

7.2.2 报价方法

首先我们要明白：价格永远不是销售的决定因素。通常的报价可用"三部曲"来解决：第一步：简明扼要，宣传企业和品牌；第二步：寻找客户问题的重心，由浅入深，层层深入；第三步：说出自己的与众不同。直到完全阐明自己品牌的优势后，才可谈到价格。过早谈价，势必会造成价格战。

1. 价格价值转化法

为了不陷入价格战，重要的是采取从价格转化为价值的谈判方法。

（1）不要急着谈价格。

曾经有这样一个案例，说的是一个销售人员向客户推荐牙膏，客户本能地问他多少钱，销售人员心直口快，同时也缺乏经验，他告诉对方30块一支。客户立刻觉得太贵了，后来不管那个销售人员再怎么解释，都无济于事。这个时候销售人员也许会问，不急着和客户谈价格那谈什么呢？

（2）先价值，后价格。

在向客户介绍产品的时候，要避免过早提出或讨论价格，应该等客户对产品的价值有了起码的认识后，再与其讨论价格。客户对产品的购买欲望越强烈，他对价格问题的考虑就越少。让客户认同产品价值的最有效的方法就是做产品示范。俗话说：耳听为虚，眼见为实。任凭再怎么滔滔不绝地讲解都比不上让客户真真切切地看一遍产品展示来得实在。

（3）了解客户的购物经验。

客户对于产品价格的反应很大程度上来源于自己的购物经验。个人经验往往来自自身的接受程度所形成的、对某种产品某个价位的知觉与判断。客户多次购买了某种价格高的商品，回去使用后发现很好，就会不断强化"价高质高"的判断和认识。反之，当客户多次购买价格低的商品发现不如意后，同样也会增加"便宜没好货"的感知。值得强调的是，在一对一个性化的销售过程中，营销员完全有时间了解到客户的购物经验，从而对客户能够接受的价位进行准确的判断。

（4）模糊回答。

有的销售人员问，如果遇到客户非要首先问价格该怎么办呢？这个时候可以采用模糊回答的方法来转移客户的注意力。比如，当客户问及价格时，销售人员可以说，"这取决于您选择哪种型号""那要看您有什么特殊要求"，或者告诉客户"产品的价位有几种，从几百到上千的都有……"即使销售人员不得不马上答复客户的询价，也应该建设性地补充，"在考虑价格时，还要考虑这种产品的质量和使用寿命。"在做出答复后，销售人员应继续进行促销，不要让客户停留在对价格的思考上，而是要回到关于产品的价值这个问题上去。

2. 报价技巧

尽管销售人员在报价之前已经向客户充分地展示了产品的价值，但是仍然可能遇到客户对价格存在异议的情况，因为客户总是希望以最低的价格买到最实惠的产品。这个时候就需要掌握处理价格异议的技巧。

（1）"三明治"法。

如果客户一提出异议，销售人员就立即反驳，"你错了，好货不便宜，你懂吗？"这样的话犹如利剑，很容易伤害客户的自尊心，甚至激怒客户，引起不快。这个时候可以采用"三明治"法处理异议。所谓"三明治"法就是"认同＋原因＋赞美和鼓励"的方式。

比如，在介绍完产品之后，客户还是说产品太贵了，销售人员可以这样说，"您说得对，一般客户开始都有和您一样的看法，即使是我也不例外。但您使用之后就会发现，这种沐浴露的质量真的非常好，而且是浓缩型的，用量也非常省。您完全可以试一下，相信像您这么精明的消费者是不会出现选择错误的。"销售人员先是表示与客户有相同的看法，使客户感受到自己得到了对方的理解和尊重，这自然也就为销售人员下一步亮出自己的观点、说服对方铺平了道路。一般来说，客户都明白"一分钱一分货"的道理，当客户得知产品价格高是因为质量好的缘故，再加上销售人员对其适当的认可和理解，客户对于价格也就不会再有争议了。

（2）比较法。

客户购买产品一般都会采取货比三家的方式。这个时候销售人员就要用自己产品的优势与同行的产品相比较，突出自己产品在设计、性能、声誉、服务等方面的优势。也就是用转移法化解客户的价格异议。常言道："不怕不识货，就怕货比货"。由于价格在"明处"，客户一目了然，而优势在"暗处"，不易被客户识别。不同生产厂家在同类产品价格上的差异往往与其某种"优势"有关，因此，销售人员要把客户的视线转移到产品的"优势"上。这就需要销售人员不仅要熟悉自己销售的产品，也要对市面上竞争对手的产品有所了解，才能做到心中有数，知己知彼、百战不殆。

另外，销售人员在运用比较法的时候，要站在公正、客观的立场上，一定不能恶意诋毁竞争对手。通过贬低对方来抬高自己的方式只会让客户产生反感，结果也会是销售人员失去更多的销售机会。

(3) 化整为零。

如果销售人员把产品的价格按产品的使用时间或计量单位分至最小,可以隐藏价格的昂贵性,这实际上是把价格化整为零。这种方法的突出特点是细分之后并没有改变客户的实际支出,但可以使客户陷入"所买不贵"的感觉中。

一位销售人员向一位大妈推荐保健品,大妈问他多少钱,这位销售人员未加思索脱口而出"450元一盒,三盒一个疗程"。话音未落,人已离开。试想,对于一个退休的大妈来说,400多元一盒的保健品怎么可能不把她吓跑呢?没过几天,小区又来了另一位销售人员,他这样告诉那位大妈,"您每天只需要为您的健康投资15元",听他这么一说,大妈就很感兴趣了。产品价格并没有改变,但为什么会有截然不同的两种效果呢?原因是他们的报价方式有别。前者是按一个月的用量报的,这样报价容易使人感觉价格比较高;而后一位销售人员是按平均每天的费用来算的,这样这位大妈自然就容易接受多了。

总之,价格是销售的最后一关,支付能力与支付意愿之间总是有差异,购买意愿没有形成之前,谈价格是没有意义的,没有购买欲望,就没有谈价格的必要。

综合练习

一、多选题

1. 4P营销组合是指（　　）。

A. 产品　　　　B. 价格　　　　C. 地点　　　　D. 促销

2. 商机的生命周期包括（　　）。

A. 识别期　　　B. 发展期　　　C. 成熟期　　　D. 收获期

二、简答题

1. 商机划分为哪几个不同阶段?
2. 什么是商机管理?
3. 简述商机生命周期。
4. 报价的方法有哪些?

技能训练

实训主题：模拟报价。

实训地点：教室。

实训目的：

(1) 掌握报价的技巧。

(2) 通过报价面谈训练沟通技能。

实训过程设计：

(1) 组成10~12人小组,小组内分成两部分。

(2) 一部分报价,另一部分协商谈判。

(3) 教师和其他小组点评打分。

商机管理　无限商机

无锡中原医疗器械有限公司（以下简称无锡中原）是一家集医疗设备生产、销售、服务为一体的民营企业。公司总部位于江苏无锡，拥有一个覆盖全国的庞大的销售网络，是全国知名的医疗设备供应商之一。

客户是企业最宝贵的资源，而医疗行业的客户资源高度集中，因此客户资源的管理对于无锡中原来说显得尤为重要。但是随着公司销售网点的不断增加，客户资料往往都分散在各分支机构，而对于客户资源的管理也只局限于相关销售人员、机构与机构、总部与机构甚至同一机构的两个销售人员之间，客户信息往往不能共享。最头疼的是，一旦销售人员离职，那么公司就会流失相当一部分客户，长此以往，后果堪忧。因此，建立一套科学的客户关系管理体系，搭建高效持久的客户资源共享平台，对于无锡中原来说，迫在眉睫。

经过严格考察，在起用金蝶 K/3 ERP 的基础上，无锡中原再次选择了金蝶 TEEMS CRM 系统作为公司的 CRM 运行平台。首期使用 TEEMS CRM Sales 作为公司的销售管理系统。

面向集团的商机管理

无锡中原销售的产品包括自产医疗设备和代理医疗设备，面向医疗行业。由于医疗设备行业具有客户高度集中的天然优势，因此无锡中原在销售方式上，采取销售人员直接面向潜在客户销售，而由专业技术人员负责客户的售后服务工作。销售和服务分开进行，大大提高了工作的效率，但是对于销售后期二次商机的再次开发，对于已有客户关系的进一步维系与升华，却得不到保证。同时医疗产品较其他产品具有价格高、使用周期长等特点，从而导致客户购买产品的决策周期长，且参与决策人员多等特点。而客户信息的管理，已形成各分支机构"各自为政"的格局。

针对这种情况，金蝶的销售人员提出了面向集团的商机管理的管理模式。作为金蝶 TEEMS CRM（包括 eSales、eService、eMarketing）的一部分，TEEMS CRM eSales 采用 100% 的 Internet 技术，不但可减少用户客户端的维护量，而且可以实时地搜集全国范围内的业务数据，便于总部对分支机构进行销售指导、销售形势分析。而且 TEEMS CRM eSales 的核心是商机管理。商机是一次完整的销售过程记录：从得到销售信息到签单成功或失败的过程。通过对商机进行维护，并使用系统提供的商机分析工具，对销售任务细化、分析，可以将有限的精力投入到最具有成交可能性的商机中去。同时，TEEMS CRM eSales 由于可以与 K/3 系统进行无缝连接，因此也大大解除了客户的后顾之忧。

实施从日常操作入手

无锡中原公司的销售遍及全国,主要分为华南和北方两大区域,本次 CRM 实施的对象是华南大区。华南大区的总部设在上海,每个省份设置办事处。各办事处负责该省的销售工作和售后服务工作。办事处的销售人员按地区划分负责销售区域,每个销售人员负责本省的两个行政地区(市级)的销售工作。

针对无锡中原的销售模式,金蝶实施人员对无锡中原公司日常操作主要分为两部分:管理人员的操作(总部和分支机构)和具体使用人员的操作(分支机构)。以下为操作流程:

(1) 建立商机卡片。

在项目组织阶段,无锡中原给予了高度重视。由其华南区总经理担任实施小组组长、长沙办事处经理担任副组长,各办事处总经理是本机构 CRM 实施总负责人、分支机构 CRM 实施负责人,配合总部 CRM 项目小组实施。

由于无锡中原各办事处人员长期出差,人员素质参差不齐,金蝶实施人员根据 TEEMS CRM eSales 系统特点设计了商机卡片。商机卡片是反映 TEEMS CRM eSales 系统客户伙伴、联系人、商机三种业务对象的综合报表。销售人员填写商机卡片,在周末交到销售内勤,由销售内勤统一录入系统中。

(2) 准确定义基础数据。

在系统定义阶段,通过对公司销售体系分析,确定 TEEMS CRM eSales 中统一的基础数据:数据字典项、权限列表、部门定义、产品定义。基础数据力求准确,其来源有两方面:以总公司对销售工作的要求为基础数据设置的主要来源,以分支机构销售过程中的具体情况作为调整的依据。力求实现公司对销售统一管理的同时,保留分支机构中的管理特色。

实施小组的人员经过培训后依据自身情况设置基础数据;实施小组确定本次的实施目标;最后基础数据收集形成标准文档《TEEMS CRM eSales 基础数据一览》,作为今后定义的依据。

统一培训,整体调整

在实施培训阶段,由于无锡中原公司的销售机构遍及全国,为保证实施的顺利进行,在对实施小组培训完毕后,对所有办事处经理进行 CRM 概念和基本操作培训,最后对所有办事处的销售内勤进行集中培训考核。

在分支机构的实施过程中,由公司 CRM 项目小组向办事处提供支持与服务。由于使用 Internet 平台,所以对系统的调整和配置统一在公司总部进行。

第一期实施工程中,无锡中原公司华南区的所有办事处已经上线应用,系统运行正常。客户数据可直接通过 Internet 服务器在全国范围内查询。管理人员通过系统对销售大区、办事处的销售业务进行分析。销售人员通过使用商机卡片对商机进行管理分析。

收集客户资料是 TEEMS CRM eSales 实施的第一步,在各方面资源齐全的情况之下，无锡中原将逐步启动下一步的销售业务流程优化和进一步的客户资源整合。而销售管理还只是全面客户关系管理的第一步，要构建一个完整的 CRM 系统，还需要在服务和市场等环节进行全面优化管理，最终搭建创造企业效益的客户资源管理综合平台。（案例来源：致信网）

回答下面问题：
（1）该企业为什么要进行商机管理？
（2）该企业商机管理的流程是什么？

学习情境 3

客户关系的保持管理

学习目标

素质目标

（1）通过客户满意内涵的学习，培养学生具备客户服务意识；

（2）在客户满意测评过程中培养学生自主学习能力、团队合作能力与人际沟通能力；

（3）在客户忠诚计划制定过程中培养学生强烈的社会责任感；养成严谨的工作态度与务实的工作作风。

知识目标

1. 掌握客户满意度管理和客户忠诚度内涵；
2. 理解客户满意度和忠诚度的关系；
3. 掌握客户满意度测评的指标；
4. 掌握客户忠诚度的衡量指标。

技能目标

1. 能进行客户满意度调查；
2. 能制订一份客户忠诚度计划。

主要任务

任务 8　客户满意度管理；

任务 9　客户忠诚度管理。

情境引入

海底捞客户关系的维护

如果一个企业与客户建立了稳定的关系，相应的客户维护成本与难度都会下降。海底捞是一家以经营川味火锅为主、融汇各地火锅特色为一体的大型跨省直营餐饮品牌火锅店。海底捞从始至终坚持着"顾客就是上帝"的理念，为自己的员工提供良好的待遇与服务，从一个默默无闻小企业发展成为现在餐饮行业的巨头。它的成功并不是一蹴而就的，离不开企业独特服务理念，离不开对客户关系的重视与维护。

一、收集、利用客户信息

客户信息在帮助企进行业务决策、客户分级、客户沟通以及满意等方面发挥着很大的作用，企业应当安排专业人员与部门管理客户信息。客户信息的收集有两个渠道，一方面，直接渠道，主要是指企业与客户面对面地沟通，例如：在产品介绍中获取客户信息、在营销活动中获取客户信息等，这些直接渠道获得的都是一手信息，能够保证客户信息的真实性和有效性。另一方面，间接渠道，例如：从国内外咨询公司及市场研究公司收集信息等，这些信息在很大程度上能使企业对消费者更加了解。海底捞主要从收集客户资料、录入、查看并传递、更新和交流会等几个方面收集客户信息，并依据这些信息为客户提供特殊的服务。

二、客户分级

企业的内外部资源是有限的，但客户的需求偏好是不同的，因此，企业想与所有的客户建立关系是不切实际的。企业可以根据一定的标准对客户进行相应的分级，例如，按照客户对企业利润的贡献，分为关键客户，普通客户和小客户。将服务的重点要放在关键客户上，进一步提高客户的忠诚度。同时，要积极关注有升级潜力的客户，不能以眼前的利润衡量他们，要关注消费者对企业的终身价值，并适时为其提供帮助。海底捞将其客户分成四个等级，并制定会员的升级与降级规则，使不同的客户享受到其专有的服务。海底捞对最具有贡献度的黑海会员提供专属活动，可以获得生日赠品，能够进行网络远程排号等，从而鼓励客户增加消费。

三、客户沟通

企业要建立足够完善的沟通渠道，可以使客户随时随地向企业发表自己的意见与看法。在与客户沟通过程中，首先，向客户表明诚意。其次，要站在客户的立场上与客户进行沟通，充分考虑客户的利益，才能更好地提升双方的关系。并且在任何一个企业中客户投诉都是不可避免的，由于产品的质量以及服务方式等方面的问题。首先，让客户发泄，将自己的不满发泄出来。其次，我们要及时记录投诉的要点，并提出可以令客户满意的方案。在信息沟通上，海底捞会不断在大屏幕上打出最新的用餐信息，让客户在等待中充满欢乐。在情感沟通中，海底捞会为客户免费打包西瓜,在送错食物时,能够及时向客户道歉,使客户感觉到海底捞的温暖。通过企业与客户的这种双向沟通,可以加深彼此的了解,形成互利共赢的局面。

四、客户的忠诚

对忠诚一方面能够提升企业的收益,进而增加企业的利润,另一方面也可以减少企业成本方面的支出,包括交易成本、开发成本等。因此,企业要在提升客户的忠诚方面投入更多的精力,更好地进行客户的维护。第一,要对忠诚的客户进行奖励,让客户感受到忠诚所带来的好处,使客户自愿对企业忠诚。第二,增强客户的信任与情感,树立"客户就是上帝的观念",为客户提供值得信赖的信息,加强与客户的联系,超越客户的期待。第三,建立专门客户组织,使客户在企业中能够找到归属感,感受到温暖。海底捞有完善的顾客档案,员工会记录住自己服务客户的各种节日,例如纪念日等,从上面的论述中我们能够发现海底捞在客户关系维护方面是很成功的,海底捞始终以客户的需求为出发点和落脚点,为客户提供了"五星级酒店的服务",使客户能够有良好的体验,这在一定程度上为海底捞的成功奠定了基础。为此,任何企业都要重视自己客户关系的建立与维护,按照客户不同的价值为客户提供差别的服务,增加企业与客户沟通的频率,尽最大努力培养忠诚的客户,更好地促进企业发展。

中国式现代化是人口规模巨大的现代化,既需要农业、工业提供坚实的物质基础,也需要以更加优质高效的服务业托举起人民群众稳稳的幸福。我们要笃信笃行,以党的二十大报告精神为引领,积极投身服务业新体系建设,助力实现服务产业现代化。

情境描述

客户关系是一个持续的过程,保持这种关系要适时地进行客户满意度和忠诚度的管理。在关系的发展过程中也要对客户的投诉进行管理,在客户服务的售前、售中和售后各阶段都要重视客户的需求、建议及意见,这样才有助于客户关系的长久保持。

任务8 客户满意度管理

任务引入

聚焦客户满意度提升　奇瑞公司打造高品质服务标准

微课学习:客户满意度的概念及管理

随着国内汽车市场的快速发展、汽车保有量不断增长,客户对售后服务的要求也日益提升。作为中国最早成立服务品牌的自主汽车企业,奇瑞公司坚持以"以客户为中心"的理念,进一步规范了作业流程,对各项服务环节都进行了严格管理，努力将服务做到极致。

1. 微笑服务1分钟接待。

当客户到达奇瑞公司4S店体验服务时，将由专属的"服务关怀师"在1分钟内予以接待，引导客户至接车区域停车。随后，全程面带微笑，态度热情，并当面安装防护用具、脚垫、座椅套及方向盘套，引导客户至客休区，减少客户等待时间。客休区还提供多种饮品、书籍。服务关怀师会向客户解释说明保养项目、预计所需时间及预估费用，邀请客户对服务项目签字确认。这一系列措施，都让客户感受到奇瑞公司服务的专业和热情。

2. 维保细致3层质检。

在维修车间，奇瑞公司为客户的爱车设置了专属的快保工位，同时配备专业的设备和工具，由认证上岗的金牌机电技师，依据标准化的保养规范流程，对车辆进行检查、调整、测量、润滑、紧固、更换、恢复等作业，为客户带来优质的养护服务。一切完工后，奇瑞公司还要求对车辆进行3级检验，首先由技师进行自检，而后由技术经理巡检，最后由质量管理员进行终检，确保每一次交付，都做到最好。

3. 交验准时消费透明。

在准时完成养护之后，服务关怀师还将陪同客户检查车辆，展示维修保养结果，同时和客户分享用车、养车知识，在确认客户对车辆满意之后，服务人员才卸下防护用具。服务关怀师还将对保养项目、费用明细及优惠情况作出全面详细的解释说明，结算清单一目了然，让客户放心。此外，在客户离站之后，奇瑞公司服务站的工作人员还将在三天内进行电话回访，了解维修质量和工作人员的态度，迅速发现问题并及时跟进，直到客户满意为止。这一系列举措，都推动了客户的信任度和满意度进一步提升。

以精湛的技艺保证服务质量，标准化的操作规范提升服务效率。双重并举，充分展示出奇瑞公司汽车关注售后服务细节品质，真正"用心为你"的诚心。相信未来，奇瑞公司将持续不断完善服务环节，为客户带来方便快捷、真诚热情、值得信任的高品质服务享受。

任务分解

客户关系是需要维持的，长久让客户满意需要企业专注于对客户满意的管理。如何管理客户的满意度，需要完成下列任务：

（1）针对某个企业的产品或某个品牌进行客户满意度调查；

（2）根据调查结果提出提高或改进满意度的具体措施。

知识链接

随着市场从产品导向转变为客户导向，客户成为企业最重要的资源之一，谁赢得了客户谁就会成为赢家，这也是增加企业盈利、降低企业成本、提高企业美誉度的重要途径之一。著名市场营销学家菲利普·科特勒认为：企业的一切经营活动要以客户满意度为指针，要从客户角度、用客户的观点而非企业自身利益的观点来分析考虑消费者的需求。

8.1 客户满意的内涵

客户满意（Customer Satisfaction）理论被誉为 20 世纪 90 年代管理科学的最新发展之一，它抓住了管理科学以人为本的本质，形成了一种全新的大质量观。即质量是消费者满意的质量，质量指标以客户满意为评价基础。对客户满意的重视体现在各国评审质量奖的标准中，如欧洲质量奖的 9 大指标中，仅"客户满意"一项的分值就定为 2.0 分，占整个质量奖总分的 20%。许多著名的学者和企业家都视客户为企业的重要资源，他们非常重视客户对企业及其产品的满意程度。简·卡尔森（斯堪的纳维亚航空公司 CEO）认为：在资产方面，我们应该填的内容是去年我们的班机共有多少愉悦的乘客，因为这才是我们的资产——对我们的服务感到高兴，并会再来买票的乘客。佛莱德·史密斯（联邦快递的创始者）认为：想称霸市场，首先要让客户的心跟着你走，然后让客户的腰包跟着你走。施乐前董事兼创办人瑟夫·威尔森认为：我们究竟有没有饭吃，最后还是由客户来决定。从以上名言可知这些学者及企业领导人对客户满意的重视，也从一个侧面反映了客户满意对企业的重要意义。

通过以上论述可以总结出，客户满意是客户对企业提供的产品和服务的直接性综合评价，是客户对客户关怀的认可，不断强化客户满意是客户信任的基础。

8.1.1 客户满意的定义

美国营销学会手册中，对客户满意的定义是：满意 = 期望 - 结果。换句话说，"客户满意"是客户对产品的感知与认知相比之后产生的一种失望或愉悦的感觉状态。菲利普·科特勒认为，满意是指一个人通过对一种产品的可感知的效果（或结果）与他或她的期望值相比较后，所形成的愉悦或失望的感觉状态，是一种心理活动。所以客户满意是指客户使用前的预期与使用后所感知的效果相比较的结果。如果可感知的效果低于期望，客户就会不满意；可感知的效果与期望值相匹配，客户就会满意；若感知的效果超过期望值，客户就会非常满意甚至惊喜。

8.1.2 客户满意的层次

客户满意分为横向和纵向两个层次。

1. 横向层面

客户满意横向层面包括企业理念满意（MS）、企业行为满意（BS）和企业视觉满意（VS）三大层次，下面分别加以阐述。

（1）企业理念满意。企业理念满意就是企业的精神、使命、经营宗旨、经营哲理、经营方针和价值观念等带给企业内部客户和外部客户的心理满足感。MS 是客户满意的灵魂，是客户满意的最主要决策层。令客户满意的企业经营理念是企业全部行为的指导思想，也是企业的基本精神所在。理念满意的核心在于正确的企业客户观，以客户满意度为指针，树立起"客户满意、客户至上"的经营理念，站在客户的立场上考虑和解决问题，把客户的需求和满意放在一切考虑因素之首，尽可能全部尊重和维护客户利益，并逐步升华而成为具有独特风格,能够规范全体员工的市场行为和社会行为的指导思想体系。客户的满意是企业的无形资产,它可以随时按"乘数效应"向有形资产转化。正如人们常说的,寻找一个新的客户要比保住一个老客户难5倍,而把一个失去的客户重新找回来,则更要困难10倍。

(2) 企业行为满意。行为满意是客户对企业"行动"的满意,是理念满意诉诸的行为方式,是客户满意战略的具体执行和运作。企业行为满意就是建立一套系统完善的行为运行系统,这套系统被全体员工认同和掌握,且在系统中每个员工都是公平和公正的。系统运行的结果是带给客户最大程度的满意,且能保证最佳经济效益和社会效益。BS 强调的是行为的运行和效果所带来的满足状况,它是偏向于效果的行为系统。在 BS 实施过程中要做到了解和认识客户,从客户的角度出发,全面为客户服务。只有全面掌握了客户的心理需求和需求倾向,才能够及时地推进令客户满意的商品和服务。

(3) 企业视觉满意。视觉满意是客户对直观可见的外在形象的满意,是客户认识企业的快速化、简单化的途径,也是企业强化公众印象的集中化、模式化的手段。视觉满意也是客户满意的主要内容。企业是否拥有一套视觉满意系统,将直接影响到客户对企业的满意程度。视觉满意帮助客户认识企业、识别企业、监督企业,企业在进行视觉满意设计时,必须认真考虑客户偏好,尽可能让客户感到亲切、自然,并把"客户满意、客户至上"的理念渗透到企业标志、商标、包装、户外标牌等静态企业识别符号中,以获得客户满意,提升企业的形象。企业外在形象具体包括:企业名称,品牌标识、字体、色彩,企业口号、承诺、广告语,企业内部的软、硬环境,员工制服,礼貌用语等。在进行视觉满意设计时要做到:构思深刻,构图简洁;形象生动,易于识别;新鲜别致,别具一格;符合美的效果。

2. 纵向层面

从社会发展过程中的满足趋势来看,客户满意可以分为三个逐次递进的层次,即纵向层面分为三个层次。

(1) 物质满意层。客户在对企业提供产品或服务的核心消费过程中所产生的满意属于物质满意层。物质满意层次的要素是产品的使用价值,如功能、质量、设计、包装、品牌等,它是客户满意中最基础的层次。

(2) 精神满意层。客户在对企业提供产品或服务的外延消费过程中产生的满意属于精神满意层,它是客户对企业的产品所带来的精神上的享受、心理上的愉悦、价值观念的实现、身份的变化等方面的满意状况。精神满意层的要素是产品的外观、色彩、装潢品位和服务等。仅仅在产品的物质层面上做得好是不能令客户感到真正满意的,在产品生命周期的各个阶段必须采取不同的服务手段,使产品充满人情味,迎合客户的爱好,符合客户的品位。

(3) 社会满意层。社会满意层即客户在对企业提供的提供物(价值组合与方案)的消费过程中所体验到的社会利益维护程度,主要指客户整体(全体公众)的社会满意程度。社会满意层的支撑是提供物(价值组合与方案)的道德价值、政治价值和生态价值。提供物(价值组合与方案)的道德价值是指在其消费过程中不会产生与社会道德相抵触的现象;提供物(价值组合与方案)的政治价值是指在其消费过程中不会导致政治动荡、社会不安；提供物（价值组合与方案）的生态价值是指在其消费过程中不会破坏生态平衡。

以上三个满意层次，具有递进关系。从社会发展过程中的满足趋势看，人们首先寻求的是产品的物质满意层，只有这一层次基本满意后，才会推及精神满意层，而精神满意层基本满意后，才会考虑社会满意层。我国的消费者作为个体还不十分富裕，刚从物质满意层过渡到精神满意层，还没有提升到社会满意层。但作为一个整体，他们还是希望企业提供的产品能维持社会稳定推动道德进步，促进生态平衡。当企业产品与社会需求大相径庭时，消费者总是义愤填膺的。

8.1.3 客户满意的意义

1. 客户满意是企业战胜竞争对手的重要手段

在当今的买方市场上，客户对产品或服务能满足或超越他们期望的要求日趋强烈。例如，他们不但需要优质的产品或服务，同时希望能以最低的价格获得。客户是企业建立和发展的基础，如何更好地满足客户的需要，是企业成功的关键。如果企业不能满足客户的需要，而竞争对手能够使他们满足，那么客户很可能就会转向竞争对手。只有能够让客户满意的企业才能在激烈的竞争中获得长期的、起决定作用的优势。市场竞争的加剧，使客户有了充实的选择空间。在竞争中，谁能更有效地满足客户需要，让客户满意，谁就能够营造竞争优势，从而战胜竞争对手。

2. 客户满意是企业取得长期成功的必要条件

客户满意是企业实现效益的基础。客户满意与企业盈利间具有明显的正相关性。客户只有对自己以往的购买经历感到满意，才可能继续重复购买同一家企业的产品或者服务。现实中经常发生这样的事情，客户因为一个心愿未能得到满足，就毅然离开一家长期合作的企业。企业失去一位老客户的损失很大。某企业评估其一位忠诚客户 10 年的终生价值是 8 000 美元，并以此来教育员工失误一次很可能就会失去全部，要以 8 000 美元的价值而不是一次 20 美元的营业额来接待每一位客户，并提醒员工只有时刻让客户满意，才能确保企业得到客户的终生价值。此外，客户满意还可以节省企业维系老客户的费用，同时，满意客户的口头宣传还有助于降低企业开发新客户的成本，并且树立企业的良好形象。

3. 客户满意是实现客户忠诚的基础

从客户的角度讲，曾经带给客户满意经历的企业意味着可能继续使客户满意，或者是减少再次消费的风险和不确定性。因此，企业如果上次能够让客户满意，就很可能再次得到客户的垂青。客户忠诚通常被定义为重复购买同一品牌的产品或者服务，不为其他品牌所动摇，这对企业来说是非常理想的。但是，如果没有令客户满意的产品或服务，则无法形成忠诚的客户。只有让客户满意，他们才可能成为忠诚的客户，也只有持续让客户满意，客户的忠诚度才能进一步得到提高。可见，客户满意是形成客户忠诚的基础。

8.2 客户满意度管理

8.2.1 客户满意度的定义

客户满意度是指客户满意程度的常量感知性指标。客户满意度是一种感觉水平，来源于客户对产品或服务的绩效与其期望所进行的比较。因此,客户满意度是绩效与期望差异的函数,差异的不同就形成了不同的满意度。如果效果低于期望,客户就会不满意;如果可感知效果与期望相匹配,客户就满意。如果感知效果超过期望,客户就会高度满意或欣喜。客户满意度可以用数学公式表示为:

$$C = b/a$$

式中,C——客户满意度;

b——客户的感知值;

a——客户的期望值。

当 C 值小于1,表示客户对一种产品或事情的可以感知到的结果低于自己的期望值,即没有达到自己的期望目标,这时客户就会产生不满意。该值越小,表示客户越不满意。

当 C 值等于1或接近于1,表示客户对一种产品或事情的可以感知到的结果与自己事先的期望值是相匹配的,这时自己就会表现出满意。

当 C 值大于1,表示客户对一种产品或事情的可以感知到的效果超过了自己事先的期望,这时客户就会兴奋、惊奇和高兴,感觉的状态就是高度满意或非常满意。

8.2.2 对客户期望的管理

客户满意度是客户期望与客户实际感知到的结果的差值,是对两者比较结果的度量。企业在进行客户满意度管理时,不仅要不断满足客户需求,以提升客户实际感知到的结果外,还要注重对客户期望的管理。客户满意需要提高,客户期望需要管理。

1. 控制客户期望

控制客户期望是指合理安排客户的期望,在一定限度内尽量降低客户期望值,在客户得到实际产品或接受服务之前,不人为增加客户的期望。客户的期望会随着时间的推移而上升,从最初的惊喜需求转为期望需求,甚至是基本需求。企业要做的是按自己实际能力,合理引导客户的期望水平,有效地控制客户期望值的攀升,以免应了那句话——希望越大失望越大。可以通过设定期望值和降低期望值的方法来控制客户期望攀升。

设定期望值就是设定对于客户来说最重要的期望值,同时还要明确地告诉客户哪些期望是可以实现的,哪些是根本不可能实现的,这样与客户之间设定一致的期望值就容易很多。例如之前所说的,客户最关心的是提高收益,那么提案时就要弄清楚如何提高收益,以及提高到什么程度。另外,要让客户清楚地知道,收益提高了,成本也会相应地上升。

降低期望值是指在满足不了客户的期望时,就降低客户的期望值。但是在降低客户期望值的同时,要明确告诉客户为什么不能满足他原先的期望值,以及能提供给客户的其他选择和这些选择的优势是什么、为什么提供这些选择,从而与客户再次达成共识。如果不能提高客户最关心的获益,需要明确告诉客户为什么不能提高。这种方案也许不是客户最满意的,但可能是客户能接受的。

2. 客户期望的相关因素

如图8-1所示,客户预期服务(ES)与感知服务(PS)构成了客户满意度。满足状况如图右侧所示,即客户满意度理论基础概念。与客户期望相关的因素有三个:口碑、个人需求及经历。此外,服务质量要素也与预期服务和感知服务有直接关系。

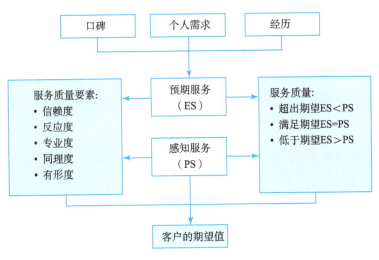

图 8-1 客户期望与客户满意

（1）口碑。口碑就是客户在购买产品或接受服务前，通过各种渠道得到的关于企业的产品或服务的信息，这些信息可以是正面的，也可以是负面的。这些信息形成一种印象，这个印象对客户期望产生直接影响。

（2）个人需求。每一个人的个性不同，为人处世的方式也不尽相同，个人的需求的不同会导致期望值上升。

（3）经历。每一个人的经历不同，要求也各不一样。相对而言，经历越少的人期望就相应地越容易被满足，而经历越多的人往往就不容易被满足。

（4）服务质量要素。提升服务效果，从服务质量的角度让客户获得更多，从而提升客户满意度。

8.2.3 客户需求与客户满意

让客户满意的关键是要理解哪些东西对他们来说是重要的，并且要尽力满足他们的那些期望（如果不能超过的话）。这些需求不仅仅是相关的产品或者服务，许多核心产品之外的因素也会影响到客户的满意度。

有些企业正是通过满足和超越客户的期望、满足他们的需要来创造客户满意度的。当客户进入一家企业的时候，企业要着重考虑客户与企业进行交易的时候所交换的什么东西对客户来说是有用的。客户购买一件产品或者服务的时候会放弃哪些东西？通常，货币的支出是最明显的，但还有许多其他的东西，如花在搜寻、比较可替代品和进行购买上的时间和精力都必须被考虑到。而在一些特殊的交换中，例如慈善募捐，会出现一些心理成本。客户为了达到目标所耗费掉的注意力常常因为对货币成本的关注而被忽视掉了。

认识到客户的需求存在于几个不同的水平上也很重要，而且为了提高客户满意度就必须将注意力投入到满足各种不同水平的需求上。企业可以提高客户获得的价值，或者通过减少客户的货币或者非货币形式的成本，或者通过某种方式增加客户所得的价值。

8.2.4 影响客户满意度的因素

客户满意度是客户建立在期望与现实基础上的、对产品与服务的主观评价，一切影响期望与服务的因素都可能影响客户满意度。从企业工作的各个方面分析，影响客户满意度的因素归结为以下几个方面。

案例资源：工行新服务，客户心满意

1. 企业因素

企业是产品与服务的提供者，其规模、效益、形象、品牌、公众舆论等内在或外部表现的东西都会影响客户的判断。如果企业给客户一个很恶劣的形象，很难想象客户会选择其产品。

2. 产品因素

产品因素包含四个层次的内容。

（1）产品与竞争者同类产品在功能、质量、价格方面的比较。如果有明显优势或个性化较强，则容易获得客户满意。

（2）产品的消费属性。客户对高价值、耐用消费品的要求比较苛刻，因此这类产品难以取得客户满意。但一旦满意，客户的忠诚度就会很高。客户对价格低廉、一次性使用的产品要求相对较低。

（3）产品包含服务的多少。如果产品包含的服务较多，销售人员做得不够，就难以取得客户满意。而不含服务的产品只要主要指标基本合适，客户就容易满意。但如果产品与其他厂家差不多，服务也不好，客户很容易就转向他处。

（4）产品的外观因素。如包装、运输、品位、配件等，如果产品设计细致，有利于客户使用并且能体现其地位，就会带来客户满意。

3. 服务和系统支持因素

企业的营销与服务体系是否一致、简洁，是否能为客户带来方便，售后服务时间的长短，服务人员的态度、响应时间，投诉与咨询的便捷性等都会影响客户的满意度。例如，公司如约送去新的洗碗机了吗？到达的航班与时刻表上显示的一致吗？客户期望事情能进展顺利并且企业能遵守承诺，这种愿望如未能得到满足，客户就会产生不满和失落。很多企业都是在这个层次上失败的。因为他们不能信守承诺，无法更好地满足客户对服务外在或内在的期望。而如果企业实施高标准的满足服务，甚至超过了客户对服务本身的期望，就会取得令人羡慕的竞争优势，客户知道他们可以信赖这些企业。

在一些运营行业中，以较好的核心产品或者服务为基础取得竞争上的优势是很困难的，甚至是不可能的。处在这些行业的企业可以提供与分销和信息有关的支持和辅助服务，并通过这些服务逐步将自己同竞争对手区别开来并为客户增加价值。这些服务的提供可以使客户与企业之间的交易变得更加方便。这些服务要求做到禁止员工与客户争论，做到为客户提供有关产品的详细信息，做到提供 24 小时的服务，从而使客户在需要服务的时候不会感到不方便。将这些系统和政策安排到位，企业就可以开始为客户增加价值了，并且将自己同竞争对手区别开来。

4. 互动沟通

客户期望能很方便地与企业沟通。对于国外企业，客户则希望能采用电子通信手段来下订单。目前的趋势是所有的交易都将会走向电子化,包括付款方式等。客户也希望在货品不能按期发运时,或者已经发运后发现其中有误时,能得到及时的通知。企业亦应派出专业人员对客户及那些真正使用产品或物品的生产工人进行访问交流,征求其意见。

客户服务可以包括一些平凡的事,比如采用免费电话使客户方便与企业沟通。如果有些客户吹毛求疵,则企业员工应该耐心提供服务,保持积极的态度,并提供任何需要的组织支持。必须特别注意,在知晓客户的要求之后,在随后的服务中必须按客户要求改进服务。必须将客户的要求和期望通知所有相关的部门,公司的客户满意度数据必须统计公布,必要时通知所有管理人员。

5. 情感因素

从客户的调查中获得的很多证据说明,相当一部分的客户满意度与核心产品或者服务的质量并没有关系。实际上,客户甚至可能对他与服务提供商及其员工的互动中的大多数方面都感到满意,但因为一位员工的某些话或者因为其他的一些小事情没有做好,而使企业失去了这个客户的业务,而员工可能并没有注意到这些事情。

在与目标群体的访谈和调查中,客户经常会描述服务提供商带给他们的感受如何。结果发现,很少有企业对自己的员工给客户的感受如何给予特别的关注。但事实上很多服务经历使客户对企业产生了不好的感觉。也有一些经历可以让客户对企业产生好的感觉,但这样的经历可能会很少。

6. 环境因素

让这个客户满意的东西可能不会让另外一个客户满意,同样地在这种环境下令客户满意的东西在另一种环境下可能就不会让客户满意。客户的期望和容忍范围会随着环境的变化而变化。对于企业员工来说,认识到环境中存在的区别,对提供高质量的服务和创造客户满意度是很重要的。客户面对每一种服务环境的时候,都带着对结果的期望。通常这些期望都是建立在他们自己以前的经历上或者是他们所信任的那些人的经历上的,企业员工通过自己在交流上的努力和掌握分辨出所面对的情况,并且对它做出反应。对员工来说,要花费时间和积累经验才能变得善于读懂客户。在许多情况下,员工可以提前做准备。老员工会凭借他们的经验帮助新来的员工应付这些情况。

从对客户满意度的直接影响因素看,可以将影响满意的因素分为不满意因素、满意因素与非常满意因素三类。

(1)不满意因素是指与客户希望相反的消极条件或事件。客户购买产品的最低要求,集中在产品或服务的主要方面,如产品质量、应该提供的基本服务、客户意见反馈渠道等方面。如果产品或服务存在不满意因素,则客户的满意度下降;反之,则客户的满意程度既不会提高,也不会下降。

(2)满意因素是指与客户期望相当或略好的因素或事件。例如,价格折扣,款式、性能、型号的多样选择性等。满意因素越多,客户的满意度也越高。但是,满意因素并不能弥补不满意因素,例如,客户在专卖店大幅度打折后购买了产品,但后来发现产品质量差,满意因素就会很快被不满意因素抵消。

(3)非常满意因素是超出客户事先预料,对企业产品有积极影响的性能、服务。例如,如果客户在办理住宿手续时,发现酒店知道他的姓名,安排了他喜爱的楼层与房间朝向，并且在房间里发现有免费点心、水果，这些都是非常满意因素。

企业可以通过减少或彻底消除客户的不满意因素、提供更多的满意因素和非常满意因素来达到提高客户满意度的目的。

8.3 客户满意度测评

客户满意度测评，是指在一定层面上，就某一类产品（服务）或品牌对其客户群体进行调查，取得客户满意状况的数据，通过综合测算与分析，得到客户满意度评价结果。完整的客户满意度测评体系应包含满意度测量和评价两个方面，能够为客户满意度管理提供充足的决策依据。

8.3.1 客户满意度衡量的指标

客户满意度是衡量客户满意程度的量化指标，由该指标可以直接了解企业或产品在客户心目中的满意度。下面通过几个主要的综合性数据来反映客户满意状态。

（1）对产品的美誉度。美誉度是客户对企业的褒扬程度。对企业持褒扬态度者，肯定对企业提供的产品或服务满意，即使本人不曾直接消费该企业提供的产品或服务，也一定直接或间接地接触过该企业产品和服务的消费者，因此他的意见可以作为满意者的代表。借助对美誉度的了解，可以知道企业所提供产品或服务在客户中的满意状况，因此美誉度可以作为企业衡量客户满意程度的指标之一。

（2）对品牌的指名度。指名度是指客户指名消费某企业产品或服务的程度。如果客户对某种产品或服务非常满意，就会在消费过程中放弃其他选择而指名道姓、非此不买。

（3）消费后的回头率。回头率是指客户消费了该企业的产品或服务之后再次消费，或如果可能愿意再次消费，或介绍他人消费的比例。当一个客户消费了某种产品或服务之后，如果心里十分满意，那么他将会再次重复消费。如果这种产品或服务不能重复消费（比如家里仅需一台冰箱），但只要可能他还是愿意重复消费的。或者虽不重复消费，却向领导、亲朋大力推荐，引导他们加入消费队伍。因此，回头率也可以作为衡量客户满意度的重要指标。

（4）消费后的投诉率。投诉率是指客户在消费了企业提供的产品或服务之后产生投诉的比例。客户的投诉是不满意的具体表现，通过了解客户抱怨率，就可以知道客户的不满意状况，所以投诉率也是衡量客户满意度的重要指标。投诉率不仅指客户直接表现出来的显性投诉，还包括客户存在于心底未表达的隐性投诉。因此了解抱怨率必须直接征询客户。

（5）单次交易的购买额。购买额是指客户购买某产品或者服务的金额多少。一般而言，客户对某产品的购买额越大，表明客户对该产品的满意度越高；反之，则表明客户对该产品的满意度越低。

（6）对价格变化的敏感度。客户对产品或服务的价格敏感度也可以反映客户对某产品的满意度。当产品或服务价格上调时，客户如表现出很强的承受能力，则表明客户对该产品或服务的满意度很高。

(7) 向其他人的推荐率。客户愿不愿意主动推荐和介绍他人购买或者消费，也可以反映客户满意度的高低。客户如果愿意主动介绍他人购买，则表明他的满意度是比较高的。

8.3.2　客户满意度调查对象

不同的客户在事前对企业的期待是不同的。有的客户容易满意，有的客户却不容易满意。因此在测试客户满意度时，仅调查少数人的意见是不够的，必须以多数人为对象，然后再将结果平均化。可以从以下几方面进行调查。

（1）现实客户。客户满意度测试的对象一般是现实客户，即已经体验过本企业商品和服务的现实（既有）客户。实际上，大多数的企业不是因为吸引客户过少而失败，而是由于未能提供客户满意的商品或服务而使客户流失，从而业绩减退。因此，测试并提高现实客户满意度非常重要，它投入少，但效果很明显。因为它是以特定客户为对象的，目标固定。

（2）使用者和购买者。客户满意度测试的对象是以商品或服务的最终使用者还是以实际购买者为测试对象，这是需要预先明确的。由于商品或服务的性质不同，这两者经常存在差异。通常的理解是把购买者与最终使用者合二为一，这在很多情况下是事实。以购买者为测试对象，是通常的做法。

但相反的情况也不少。例如，不直接面向最终消费市场，以企业使用为主的生产资料，其使用者多是制造部门，而购买者则是供应部门。比如对小孩子提供的产品或服务，其使用者和购买者就是分离的，小孩是最终使用者，大人是购买者。在这种情况下，谁的需要应该优先考虑呢？也就是说，以谁为测试对象呢？当然企业的理想目标是使这二者都满意，可以将两者都列为测试对象。在发生困难的情况下也要注意使二者能达到一定的均衡。

（3）中间商客户。各个企业把商品或服务提供给客户的方式是不一样的。有些企业并不与消费者直接见面，而是需要经过一定的中间环节。这时，客户对产品或服务的满意度，与批发商、零售商这样的中间商就有很大关系，测试中也不可忽略对中间商的测试。

（4）内部客户。客户满意度的测试不仅要包括传统的外部客户的调查，还要包括企业内部客户的调查。在很多企业中，由于没有树立内部客户的观念，各部门之间的隔阂很严重。各部门的员工对外部客户的需求很重视，却忽视了上下线其他部门这样的内部客户，互不合作甚至互相拆台的事情时有发生。实际上，企业作为对外提供商品和服务的整体，内部各部门彼此之间也应该以对待外部客户那样的方式相待。只有整个流程的各部门都能为其他部门提供满意的产品或服务，才有可能最终提供给客户（消费者）满意的商品或服务。

8.3.3　客户满意度调查方法

根据调查对象和调查目的，常用的客户满意度调查方法有以下几种：

（1）现场发放问卷调查。

在客户（或公众）比较集中的场合（展览会、新闻发布会、客户座谈会等），向客户发放问卷，现场回收。这种方式快速，如果辅之以小奖品，则问卷回收比例高，同时具有宣传的效果。但要注意区别客户与潜在客户。调查问卷的询问项目一般应包括以下内容。

①当发现客户购买本企业产品时，可以调查客户满意和不满意的原因是什么。
②成为企业忠诚客户的原因是什么？
③从使用的频繁度来推敲客户使用的理由。
④客户为什么不想购买？
⑤从使用频繁度来了解客户的期待和需求。
⑥不使用的理由和不再继续使用的理由是什么，是否有解决的可能性？
⑦当初对本企业产品所抱的期待是怎样的？对于当初那份期待目前的评价如何？
⑧当初的期待与目前的评价之间，其差异点何在？
⑨以客户目前对本企业产品、服务的印象而言，将来有哪些地方必须充实与改善？
⑩使用本企业产品后，就产品本身、服务体系分开来看的话，各有哪些具体的评价、需求和不满？

调查项目应随企业调查的具体情况而灵活调整。

(2) 电话调查。

电话调查适合于客户群比较固定、重复购买率较高的产品。该调查方法的好处是企业可以直接倾听客户的问题，信息收集速度快，能体现客户关怀，效果较好。不利之处在于可能干扰客户工作或生活，造成客户反感。因此调查的项目应尽可能地简洁，以免拉长调查时间。如果客户数量较少，可以由企业营销人员直接联系客户；如果客户数量多，可以采取抽样方式，委托专业调查公司，或双方合作进行。

(3) 邮寄问卷调查。

通常在庆典或重大节日来临之际，向客户邮寄问卷，配合慰问信、感谢信或小礼品。邮寄问卷调查数据比较准确但费用较高，周期长，一般一年最多进行 1~2 次。

(4) 网上问卷调查。

这是在目前因特网快速普及的情况下发展最快的调查方式，具有快速、节省费用的特点，特别是在门户网站，如新浪网上开展的调查很容易引起公众对企业的关注。存在的问题是：网上调查只对网民客户有效，结论有失偏颇；所提问题不可能太多；真实性值得怀疑。

不论哪种方式，调查以后均应进行数据统计、分析处理，写出调查报告。重点分析主要问题并提出相应的改进建议，从而让调查活动发挥检验客户满意度、促进企业提高客户满意度的作用。

8.3.4　获得客户满意信息的渠道

为了提高客户满意度测试的效果，企业有必要收集较多、较好的客户满意度信息，获得客户满意度信息的渠道越多、越畅通，对企业越有利。具体的测试渠道及说明如表 8-1 所示。

表 8-1　客户满意度测试渠道及说明

渠道	说　　明
问卷和调查	定期邮寄或发放问卷，征求客户的意见；委托有关机构对客户进行调查；采用其他一些社会学方法收集客户意见

续表

渠道	说明
直接沟通	与客户直接沟通是获取客户满意度信息的最佳方法
客户投诉	客户投诉可反映客户对企业的真实态度，应引起重视
行业研究结果	不少行业都有本行业企业或协会对市场的研究结果
新闻媒体报告	由专人对各种新闻媒体进行监视，收集报刊、广播、电视上有关的客户满意度信息，特别是负面投诉
重要的相关团体	利用中介企业获取客户的意见，如驾驶员协会对汽车的意见。利用某种产品客户的联谊会之类的团体，从中获取信息
消费者协会报告	可以从消费者协会直接获取年度综合报告和专题报告

8.3.5 测评级度的设计

一般情况下，客户满意程度可分成7个级度或5个级度。7个级度：很满意、满意、较满意、一般、不太满意、不满意和极不满意。5个级度：很满意、满意、一般、不满意和极不满意。根据心理学的梯级理论，对7梯级给出的参考指标如表8-2所示（注：5梯级的参考指标类同）。

表8-2 7梯级参考指标

7梯级	指标	分 述
很满意	满足、感谢	客户的期望不仅完全达到、没有任何遗憾，而且大大超出了期望，客户会主动向亲朋宣传、介绍、推荐，鼓励他人消费
满意	赞扬、愉快	期望与现实基本相符，客户不仅对自己的选择予以肯定，还会乐于向亲朋推荐
较满意	肯定、赞许	客户内心还算满意，但离更高要求尚有一段距离，而与一些更差的情况相比，又令人安慰
一般	无明显情绪	没有明显正、负情绪的状态，不好也不差
不太满意	抱怨、遗憾	客户虽心存不满，但也不会做过高要求
不满意	气愤、烦恼	希望通过一定方法进行弥补，有时会进行反宣传，提醒自己的亲朋不要去购买同样的商品或服务
极不满意	愤慨、投诉、反宣传	找机会投诉，还会利用一切机会进行反宣传以发泄心中的不快

8.3.6 满意度测评的程序

1. 确定问题和目的

问题的定义和目的的明确是进行客户满意度测评的第一步。由于企业的生产经营过程相对稳定，而目标市场却千变万化，因此，企业经营与市场需求往往不相适应。这种不相适性在经营过程中会逐渐显现出来，而且大多数情况下会经由客户的不满意体会凸显出来，因此，必须找出造成这种不适应性和客户不满意的原因，这就是要研究并解决的问题。问题明确了，目的也就可以确定了。如商业服务企业的客户满意度测评的目的在于：了解某企业或某品牌的客户满意程度；了解某行业整体客户满意度情况。

2. 制订满意度测评方案

任何正式的满意度测评活动都是一项系统工程。为了在调查测评过程中统一认识、统一内容、统一方法、统一步调，圆满完成任务，在具体开展调查工作以前，应该根据研究的目的、调查对象的性质，事先对整个实施工作的各个阶段进行通盘考虑和安排，制订出合理的工作程序，也就是提出相应的实施方案。整个调查工作的成败，很大程度上取决于所制订的方案的科学、系统、可行与否。具体的测评方案一般需要说明以下几个方面的内容。

（1）说明调查目的。

指出项目的背景，想研究的问题和可能的几种备用决策，指明该项目的调查结果能给企业带来的决策价值、经济效益、社会效益，以及在理论上的重大价值。例如，客观地、科学地、系统地评价客户对产品或服务的满意度，制订相应的改进措施，完善客户服务体系，提高客户服务水平，提高市场竞争的综合能力，取得最大的经营绩效。

（2）确定调查内容。

开展客户满意度调查研究，必须识别客户和客户的需求结构，明确开展客户满意度调查的内容。不同的企业、不同的产品拥有不同的客户。不同群体的客户，其需求结构的侧重点是不相同的。例如，有的侧重于价格，有的侧重于服务，有的侧重于性能和功能等。一般来说，调查的内容依据所要解决的调查问题和目的所必需的信息资料来确定，具体的内容应按照CSI（客户满意指数）三级测评指标体系的指标并结合实际情况加以确定。

（3）确定调查对象。

确定调查对象即确定谁是企业的客户，企业要从哪儿获得所需的数据。在客户满意度测评中，客户包括从前的客户、当前的客户、潜在的客户、销售渠道的成员、批发商和零售商等不同的范畴。客户可以是企业外部的客户，也可以是内部的客户。如果客户较少，应该进行全体调查。但对于大多数企业来说，要进行全部客户的总体调查是非常困难的，也是不必要的，应该进行科学的随机抽样调查。在抽样方法的选择上，为保证样本具有一定的代表性，可以按照客户的种类，如各级经销商和最终使用者、客户的区域范围分类，进行随机抽样。在样本大小的确定上，为获得较完整的信息，必须要保证样本足够大，但同时兼顾调查的费用和时间的限制。

（4）选择调查方法。

在确定研究方式上，定量调研可以采取的方式包括：面访（包括入户访问、拦截式访问）、电话调查、邮寄调查、电话辅助式的邮寄调查等。其中入户访问的要求比较高，要求知道所有客户的住址，访问成本也是最高的。拦截式访问的成本较低，访问比较容易受控制。电话调查要求知道客户的电话，对没有电话联系方式的客户则会被排除在调查范围之外，造成样本框的误差。邮寄调查的问卷回收期比较长，回答者的构成可能与实际客户样本构成不一致。电话辅助的邮寄调查用以提高邮寄调查的回收率。

(5) 说明调查时间进度和经费开支情况。

在实际的调查活动中，根据调查范围的大小，时间有长有短，但一般为一个月左右。费用也有多有少，不能一概而论。基本原则是：保证调查的准确性、真实性，不走马观花；尽早完成调查活动，保证时效性，同时也节省费用。时间的安排一般按照整个测评活动的准备、实施和结果处理三个阶段来规划，经费预算也基本上遵循一定的原则。

3. 量化和权重客户满意度指标

客户期望、客户对质量的感知、客户对价值的感知、客户满意度、客户抱怨和客户忠诚度都是不可以直接测评的，需要对这些隐性变量进行逐级展开，直到形成一系列可直接测评的指标。这些逐级展开的测评指标构成了客户满意度测评指标体系。客户满意度测评的本质是一个定量分析的过程，即用数字去反映客户对测量对象的属性的态度，因此需对调查项目指标进行量化。客户满意度测评了解的是客户对产品、服务或企业的态度，即满足状态等级，一般采用5级态度等级：很满意、满意、一般、不满意、很不满意，相应赋值为"5，4，3，2，1"。

一般而言，很满意表明产品或服务完全满足甚至超出客户期望，客户非常激动和满足；满意表明产品或服务各方面均基本满足客户期望，客户称心如意；一般表明产品或服务符合客户最低的期望，客户无明显的不良情绪；不满意表明产品或服务的一些方面存在缺陷，客户气愤、烦恼；很不满意表明产品或服务有重大的缺陷，客户愤慨、恼怒。对不同的产品与服务而言，相同的指标对客户满意度的影响程度是不同的。例如，售后服务对耐用消费品行业而言是一个非常重要的因素，但是对于快速消费品行业则恰恰相反。因此，相同的指标在不同指标体系中的权重是完全不同的，只有赋予不同的因素以适当的权重，才能客观真实地反映出客户满意度。权重的确定可采用德尔菲法，邀请一定数量的有关专家分别对调查的每一项内容进行权重，并请他们将各自的权重结果发送给调查者，调查者将综合后的结果再返还给专家，他们利用这一信息进行新一轮的权重。如此往返几次，一直到取得稳定的权重结果。

各项客户满意度指标得分结果的计算公式为：

$$\text{满意度综合得分} = \sum(\text{满意度} \times \text{重要性}) / \sum \text{重要性}$$

4. 设计问卷

问卷设计是整个测评工作中关键的环节，测评结果是否准确、有效，很大程度上取决于此。问卷的基本格式一般包括介绍词、填写问卷说明、问题和被访问者的基本情况。问卷设计的目的是了解客户的需求和期望，调查客户对质量、价值的感知，制定质量标准等。

知识拓展：客户满意度的分值与加权举例

客户满意度测评与一般市场调查有一定的共性，同时也具有其特殊性，这种特殊性是由客户满意度测评体系的要求所决定的。除了满足一般问卷的要求外，还必须满足客户满意度测评体系的要求，测评问卷中的问题以测评体系中的3级指标为基本的逻辑框架，并将其表述为问卷中的具体问题。同时还应该按照问卷设计的方法和原则来进行问题的设计，问卷的设计思路如下。

首先，问卷设计要明确客户满意度测评的目的。通常情况下，客户满意度测评的目的主要有：一是了解客户的要求和期望，调查客户对质量、价值的感知，制定质量标准；二是计算客户满意度指数，识别客户对产品态度的动态变化趋势；三是通过与竞争者的比较，明确优劣势，寻求改进方向。问卷设计必须依据这些测评目的来确定问卷的内容。

其次，将3级测评指标转化为问卷上的问题。这是进行客户满意度测评的核心内容。测评指标是便于计算的统计量，而问卷上的问题是要求客户准确回答的内容，要根据问卷设计的原则和要求、被测评的产品或服务的本质特征及客户的消费心理和行为特征，将关键的5级测评指标转化为问卷上的问题。这也是客户满意度测评成功的关键所在。

再次，对设计的问卷进行预调查。预调查不同于正式调查，它只需要较小的样本量，一般来说，只需要选取30~50个样本就足够了。对于这些样本的预调查，尽量采用面访的形式进行，这样除了可以详细了解客户对产品和服务的态度以外，更重要的是还可以了解客户对问卷本身的看法。根据预调查的分析结果可以对问卷进行修改和完善。

5. 实施调研

一旦问卷、研究方法设计完毕，研究人员必须实施调研，收集所需的信息。客户满意度数据的收集可以是书面或口头的问卷、电话或面对面的访谈，若有网站，也可以进行网上客户满意度调查。调查中通常包含很多问题或陈述，需要被调查者根据预设的表格选择问题后面的相应答案，有时候可以让被调查者以开放的方式回答，

案例资源：某银行客户
满意度调查问卷

从而能够获取更详细的资料，能够掌握关于客户满意水平的有价值信息。调查法使客户从自身利益出发来评估企业的服务质量、客户服务工作和客户满意水平。

无论选择电话访谈、邮件调查、互联网调查或者其他收集方法，为了保证调研结果的科学性和准确性，必须事先对调研人员进行相关的培训，熟悉调研项目，能为被调研者合理、准确地解释各个调研问题。在调研过程中，必须严格按照各项要求实施调研，调研人员的任务就是最大化地减少调查过程的错误。

6. 数据分析处理

（1）整理数据资料。

对于收集回来的数据资料，应首先进行数据资料的确认，这是保证调查工作质量的关键。也就是说为了保证资料的准确、真实和完整，调查或者其他数据收集工具将接受检查，观察其中是否存在冗余、不完整或者其他无用的回应、模糊和明显的不相容，应确定哪些问卷是合格的，可以接受，哪些问卷是不合格的，必须作废。

为了统计分析的方便，还需把原始资料转化为符号或数字，使资料能够标准化，也就是为客户的回应分配一系列的数字，即编码。例如，客户转而使用竞争对手产品的原因需要分配的几组确认数字：1——更便宜的价格，2——更好的品质，3——优惠券，等等。

（2）分析数据资料。

为了客观地反映客户满意度，企业必须运用科学有效的统计分析方法分析适当的客户满意度数据，以证实质量管理体系的适宜性和有效性，并评价在何处可以持续改进。数据分析包括定量分析、定性分析，或者二者兼有，具体选用哪种类型的分析应当取决于研究对象、所收集数据的特性及谁使用这种分析结果。采用定性分析方法分析调查资料，得到对调查对象的本质、趋势及规律的性质方面的认识，其方法依据是科学的逻辑判断，能够

得到有关新事物的概念，却不能表明事物发展的广度和深度，也无法得到事物数量上的认识。定量分析则恰好弥补了定性分析的缺陷，它可以深入细致地研究事物内部的构成比例，研究事物规模的大小及水平的高低。

客户满意度数据的分析将提供以下有关方面的信息：

①客户满意；

②与服务要求的符合性；

③过程和服务的特性及趋势，包括采取预防措施的机会；

④持续改进和提高产品或服务的过程与结果；

⑤不断识别客户，分析客户需求变化情况。

因此，企业应建立健全的分析系统，将更多的客户资料输入到数据库中，不断采集客户有关信息，并验证和更新客户信息，删除过时信息。同时，还要运用科学的方法，分析客户发生变化的状况和趋势。研究客户消费行为有何变化，寻找其变化的规律，为提高客户满意度和忠诚度打好基础。

7. 进行客户满意度评价并撰写报告

大多数的企业管理层一般只关注研究结果的主要内容。通过使用图示、表格及其他绘图工具将研究结果清晰地表达出来，这是对研究人员及其他向管理层汇报研究结果的相关人员的一种创造性的挑战。客户满意度评价报告是整个任务活动的成果体现。

在对客户满意度进行评价的过程中，明确哪些是急需改进的因素具有重要意义，而这一点也应是报告中的重要内容。应明确四种类型的改进因素：一是急需改进的因素，即对客户是重要的，而满意度评价是较低的；二是应该继续保持的因素，即对客户是重要的，而满意度评价是较高的；三是不占优先地位的因素，即对客户是不重要的，而满意度评价是较低的；四是锦上添花的因素，即对客户是不重要的，而满意度评价是较高的。

客户满意度测评报告的一般格式是：题目、报告摘要、基本情况介绍、正文、改进建议、附件。正文内容包括：测评的背景、测评指标设定、问卷设计检验、数据整理分析、测评结果及分析。

8. 跟踪实施并持续改进

在对收集的客户满意度信息进行科学分析后，针对满意度测评报告中提出的改进问题，企业就应该立刻检查自身的工作流程，在"以客户为焦点"的原则下开展自查和自纠，找出不符合客户满意度管理的流程，制订企业新的经营方案，组织企业员工实行，并通过反馈机制的作用和 CSI 的更新，不断提升企业的客户满意度，进而扩大企业的市场份额和竞争力。

 综合练习

一、单选题

1. 客户满意按照横向层面划分不包括（   ）。

   A. 企业理念满意　　B. 企业战略满意　　C. 企业行为满意　　D. 企业视觉满意

2. 客户使用前的预期和使用后的实际感知相比较形成的结果就是（   ）。

   A. 客户满意度　　B. 客户流失　　C. 客户抱怨　　D. 客户满意

3. 根据客户满意的纵向层次划分，其中位于最底层的是（　　）。
　　A. 社会满意　　　B. 物质满意　　　C. 环境满意　　　D. 精神满意
4. 对价格变化的敏感程度和客户满意度的关系是（　　）。
　　A. 正相关　　　B. 负相关　　　C. 无关
5. 以下客户满意度调查方法中发展最快、费用低廉但容易造成结论有失偏颇的是（　　）。
　　A. 电话调查　　B. 现场问卷调查　　C. 邮寄问卷调查　　D. 网上问卷调查
6. 在客户满意度公式中，下列表述正确的是（　　）。
　　A. 当 $C>1$ 时，表示客户的感受为"不满意"
　　B. 当 $C=1$ 时，表示客户的感受为"比较满意"，也可认为"一般"
　　C. 当 $C<1$ 时，意味着客户获得了超过期望的满足感受
　　D. 当 $C=0$ 时，表明客户的期望完全实现

二、多选题

1. 影响客户满意度的因素有（　　）。
　　A. 企业因素　　　　　　　　B. 产品因素
　　C. 服务和系统支持因素　　　D. 互动因素
　　E. 情感和环境因素
2. 客户满意按照纵向层次可划分为（　　）。
　　A. 社会满意　　　B. 物质满意　　　C. 环境满意　　　D. 精神满意
3. 影响客户满意度的两个主要因素是（　　）。
　　A. 客户价值　　　　　　　　B. 客户的期望
　　C. 客户的实际感知效果　　　D. 产品或服务的附加价值
4. 以下关于客户满意说法正确的是（　　）。
　　A. 客户满意是企业战胜竞争对手的重要手段
　　B. 客户满意是企业取得长期成功的必要条件
　　C. 客户满意度要想提高就必须降低客户的期望水平
　　D. 客户满意是实现客户忠诚的基础
5. 与客户期望相关的因素有（　　）。
　　A. 口碑　　　　B. 个人需求　　　C. 服务质量要素　　　D. 经历

三、简答题

1. 什么是客户满意度？
2. 客户满意度的影响因素有哪些？
3. 如何管理客户的期望？
4. 客户满意度的衡量指标有哪些？

技能训练

实训主题：客户满意度调查。
实训地点：教室。

实训目的：通过评价指标体系的设计，找到测量客户满意度指标的细分指标，设计调查问卷，完成客户满意度调查工作。

实训过程设计：

（1）指导教师讲述满意度测评的理论依据及步骤。

（2）按每组 3~4 人对客户满意度进行调查：确定测评对象、设计问卷、实地调查、写出报告。

（3）要求：问卷的设计要符合满意度评价体系中相关指标的要求，并将指标转化为问卷问题；在设计问卷中，要注重题目选项转化为评价指标；要注意问卷中涉及的各项内容；问卷回收后的分析要简明扼要。

拓展学习

高校师生对中国知网公司知识服务满意度的调查问卷

尊敬的先生/女士：

您好！我是某大学管理学院图书情报专业即将毕业的学生，本次调查旨在了解高校师生对中国知网公司知识服务的满意度，提出针对性的对策，以便改善服务情况，提高知识质量与服务水平，从而更好地为用户服务，最大程度满足用户的要求。以下问题没有固定的答案，只需根据您的真实情况认真对待，您的问卷就会对我有很大的帮助。本次调查均采取匿名填写的形式，保密性极好，请您放心。最后，恳请您踊跃参与，在此为您的配合表示最诚挚的谢意！

一、基本信息

1. 您的性别是［单选题］*
○男　○女

2. 您的身份是［单选题］*
○教师　○本科生　○硕士研究生　○博士研究生

3. 您的学校是［填空题］*＿＿＿＿＿＿＿＿＿＿＿＿＿＿＿＿＿＿＿＿

4. 您是否使用过中国知网［单选题］*
○是○否（请直接跳到问卷结尾处，点击提交）

5. 您使用中国知网的时间是［单选题］*
○6个月以下　○6个月~1年　○1~3年　○3~6年　○6年以上

6. 您通过哪个途径了解到中国知网［单选题］*
○同学或朋友　○老师　○宣传资料　○其他＿＿＿＿＿＿＿＿＿＿

7. 您使用中国知网的原因是［多选题］*
□中国知网可以方便我查找文献写论文
□中国知网可以帮助我掌握专业的知识和应用信息
□中国知网可以辅助我进行科研活动

☐ 中国知网的资源较全可以满足我的需求
☐ 中国知网平台较为权威，获取的信息可靠
☐ 中国知网操作简单方便
☐ 其他_____

8. 您常使用的学术文献类型是 [多选题]*
☐ 学术期刊 ☐ 博硕士论文 ☐ 图书
☐ 会议论文 ☐ 报纸 ☐ 其他_____

二、主体部分

请问您在多大程度上认同以下问题的描述（1～5分分别表示由非常不同意到非常同意的程度，分为非常不同意、不同意、一般、同意和非常同意五种程度）：

9. 中国知网知识服务具有良好的品牌形象 [单选题]*

10. 中国知网知识服务的品牌形象值得信任 [单选题]*

11. 总体来说，我信任中国知网的知识服务 [单选题]*

12. 中国知网知识服务给我带来的体验超过了我的预期 [单选题]*

13. 中国知网知识服务给我带来的好处超过了我之前的预期 [单选题]*

14. 总体来说，我对中国知网的期望在使用过程中已经基本得到满足 [单选题]*

15. 中国知网知识服务完全满足了我的知识需求 [单选题]*

16. 中国知网知识服务使我获得了社会认同感 [单选题]*

17. 中国知网知识服务改进了我获取知识的方式 [单选题]*

18. 总体来说，我认为中国知网知识服务是值得的 [单选题]*

19. 中国知网知识服务的流程比较规范简便 [单选题]*

20. 中国知网知识服务提供的知识质量比较高 [单选题]*

21. 总体来说，我认为中国知网提供的知识服务是满意的 [单选题]*

22. 中国知网知识服务的流程是规范化的 [单选题]*

23. 中国知网知识服务的流程具有简约性 [单选题]*

24. 中国知网知识服务的流程具有方便性 [单选题]*

25. 中国知网知识服务的知识质量具准确性 [单选题]*

26. 中国知网知识服务的知识质量具全面性 [单选题]*

27. 中国知网知识服务的知识质量具权威性 [单选题]*

28. 中国知网知识服务的知识质量具可用性 [单选题]*

29. 中国知网知识服务的知识质量具及时性 [单选题]*

30. 我认为使用中国知网知识服务是明智的 [单选题]*

31. 我认为选择中国知网知识服务是正确的 [单选题]*

32. 总体来说，中国知网知识服务让我感觉非常满意［单选题］*

33. 您对中国知网知识服务还有哪些意见＿＿＿＿＿＿＿＿＿＿＿＿＿＿＿＿

回答以下问题：

（1）以上问卷中，基本信息的收集是否合理？还可以收集哪些基本信息？

（2）阅读以上问卷内容，梳理测评问卷的测评体系和测评指标。

任务9　客户忠诚度管理

任务引入

微课学习：客户忠诚度的分类

携程网公司的客户忠诚策略

携程网公司是一个在线票务服务公司，创立于1999年，总部设在中国上海。为应对日益严峻的市场竞争，携程网采取了一系列有效措施，重新提升了客户的忠诚度，止住了不断下滑的市场份额。

（一）找准目标受众，识别忠诚客户

首先，携程网不断优化各终端入口的客户体验。比如说，在PC端网站设计方面，为了加深客户第一印象，携程网加入了更多的企业标识展示场景，让客户能够获得全方位的沉浸式体验。其次，在移动端，App与网站统一了UI设计。这样就能够使得在线客户不论采用哪种方式与企业连接，都能够感到方便、舒适和易于记忆。而对于携程网来说，良好的在线体验会鼓励客户在单位时间内多频次地进行访问，并促进客户关系来往纵深进行发展，并建立起牢不可破的客户忠诚。最后，坚持以大数据驱动服务的核心战略。通过大数据分析，充分了解客户的消费需求和消费心理。借助网络技术，携程网可以更加深入地了解客户的消费需求和消费心理，掌握客户的购买动机，从而为客户提供定制化的服务。

（二）优化资源配置，提升服务质量

携程网拥有客户上千万的庞大的客户群，而面对有限的客户服务资源，如资金和人力。企业对待所有的服务对象，绝不能一视同仁，平均分配客户服务资源。正确的做法是根据客户为企业所提供的价值来进行区别对待。根据著名的80～20定律，企业应先服务好大约占企业客户群20%的高价值人群。通过提高这群客户的忠诚度，实现良好的客户口碑，对剩下的普通客户人群进行辐射，来全面提升客户忠诚度。携程网的具体做法是为一部分高价值客户提供更加个性化、定制化的服务。网站为这些客户建立起个人数据库和信息档案主动加强与他们之间的联系，相关政策也会更加倾向于这些客户，如开展一些常客奖励活动，积分兑换的活动等。通过这类客户的良好口碑积累，在通过一些类似于站内评价分享机制进行辐射，就使得一些普通用户建立起了对企业信任，从而更加有效的提高客户对携程网网的客户忠诚度。

(三) 加强客户沟通，增加客户黏性

保持牢固的客户关系，企业不仅仅需要提供优质的硬件资源，而且更需要企业能够为企业提供一个有温度的"软环境"，即企业应该加强与客户之间的情感交流。在这方面，携程网通过电子邮件、免费电话等方式定期与客户保持联系，不断提供给客户新的并且最有价值的信息。同时客户会不断地反馈他们对携程网的网站、产品、品牌和企业形象的看法，携程网也建立在线互动、公告板、讨论组及网络社区等互动空间来健全与客户的情感交流，以随时了解客户的需要和感受，充分掌握客户信息，并可以定期了解到客户对自己业务的意见和看法，从而加强双方的沟通交流，增强客户忠诚感。

任务分解

忠诚的客户是企业最基本的、可以信赖的客户，他们是企业的产品或者服务的长期、持续、重复的购买者，只有提升了客户对企业的忠诚度，才能实现企业持续的利润回报。所以客户忠诚度也是需要管理的，如何管理就需要完成以下任务：

(1) 为某品牌产品拟定客户忠诚度的测量指标；
(2) 再给该品牌制订一份客户忠诚度计划。

知识链接

企业开展满意度研究是为了改善客户关系，客户满意度高只能说明这种产品或服务可能具有市场潜力。但满意度只是客户的一种感觉状态，并不能保证这种满意度一定会转化为最终的购买行为。而客户忠诚度所体现出来的则是购买行为，并且是有目的性的、经过思考而决定的购买行为。

9.1 客户忠诚度的内涵

9.1.1 客户忠诚度的含义

客户忠诚度是指客户对企业产品和服务的心理偏爱并有持续性的购买行为，它是客户满意效果的直接体现。客户满意度与态度相关联，争取客户满意的目的是尝试改变客户对产品或服务的态度。而客户忠诚度所体现出来的则是购买行为，并且是有目的性的、经过思考而决定的购买行为。

忠诚的客户具有以下特征：当客户想购买一种他们曾经购买过的产品或服务时，会主动去寻找原来向他们提供过这一产品或服务的企业，甚至有时因为某种原因没有找到所忠诚的品牌，他们也会主动抵制其他品牌的诱惑，甚至暂时搁置需求，直到所忠诚的产品或者服务的再度出现。

9.1.2 客户忠诚的分类

客户忠诚于某一企业不是因为其促销或营销项目,而是因为他们得到的价值。影响价值的因素有很多,比如产品质量、销售支持和便利性等。不同的企业所具有的客户忠诚差别很大,不同行业的客户忠诚也各不相同。那些能为客户提供高水平服务的企业往往拥有较高的客户忠诚。客户忠诚可以划分为以下几种不同的类型。

(1) 垄断忠诚。指客户别无选择下的顺从态度。比如,因为政府规定只能有一个供应商,客户就只能有一种选择。这种客户通常是低依恋、高重复的购买者,因为他们没有其他的选择。公用事业公司就是垄断忠诚的一个最好实例。

(2) 惰性忠诚。指客户由于惰性而不愿意去寻找其他的供应商。这些客户是低依恋、高重复的购买者,他们对企业并不满意。如果其他的企业能够让他们得到更多的实惠,这些客户便很容易被人挖走。拥有惰性忠诚的企业应该通过产品和服务的差异化来改变客户对企业的印象。

(3) 潜在忠诚。潜在忠诚的客户是低依恋、低重复购买的客户。客户希望不断地购买产品和服务,但是企业的一些内部规定或是其他的环境因素限制了他们。例如,客户原本希望再来购买,但是企业只对消费额超过 2 000 元的客户提供免费送货,由于商品运输方面的问题,该客户就会放弃购买。

(4) 方便忠诚。方便忠诚的客户是低依恋、高重复购买的客户。某个客户重复购买是由于地理位置比较方便,这就是方便忠诚。这种忠诚类似于惰性忠诚。同样,方便忠诚的客户很容易被竞争对手挖走。

(5) 价格忠诚。对于价格敏感的客户会忠诚于提供最低价格的零售商。这种低依恋、低重复购买的客户是不能发展成为忠诚客户的。现在市场上有很多的一元店、二元店、十元店等的小超市,就是从低价格出发,做好自己的生意,但是,重复光临的人却并不是很多。

(6) 激励忠诚。企业通常会为经常光顾的客户提供一些忠诚奖励。激励忠诚与惰性忠诚相似,客户也是低依恋、高重复购买的那种类型。当企业有奖励活动的时候,客户都会来此购买;当活动结束时,客户就会转向其他有奖励的或是有更多奖励的企业。

(7) 超值忠诚。即典型的感情或品牌忠诚。超值忠诚的客户是高依恋、高重复购买的客户,这种忠诚对很多企业来说都是最有价值的。客户对于那些使其从中受益的产品和服务情有独钟,不仅乐此不疲地宣传它们的好处,而且还热心地向他人推荐。

9.1.3 影响客户忠诚的主要因素

客户忠诚建立在多个要素之上,而不仅仅是建立在商家对客户偏好的记录上。要想建立客户忠诚,需要深入了解客户忠诚的各个要素。

1. 信任

信任是客户忠诚的一个决定性的因素。从本质上来说,信任支持了客户那种"可以在交易或者服务中得到积极成果"的信念。信任的效果可以表述为这样一种感觉,即商家可以把事情做好。只有在客户产生了对产品、品牌和商家的信任之后,重复购买才能产生。

大致说来，信任有三个支持性的部分：商家提供产品和服务的能力、善意和信誉。只有这三个部分合一，才能让客户产生信任。商家必须在和客户接触的早期就向客户表现出这三个方面，并且在和客户的全期接触中不断深化客户对这三个方面的认知。

2. 感知价值

影响建立客户忠诚的要素中，纯感知价值是仅次于信任的要素。感知价值是指客户在市场交易情况下，对于收益和成本的总体评价。通常所说的客户满意度，在相当程度上来源于纯感知价值。

3. 情感

实际上，客户的所有购买决定都在某种程度上和情感因素有些联系。这种依恋感情细分开，主要有信赖感、信誉感、自豪感和激情。信赖感和信誉感来源于商家和企业构建信任的努力，商家和企业确保产品和服务的一致性并承担相关责任之后的成果。自豪感则属于一个更高的层次，反映了客户对于商家和企业的深层次认同。激情则反映了品牌、产品和服务对于消费者的无可替代性，体现了商家和企业对消费者需求的完美满足。这对企业和商家的要求更高，一般来说，在高端产品或服务领域相对比较容易发生。

如果一个商家已经在客户群中成功地建立起信任，就可以开始和客户建立更深的关系。如果客户在较长时间内，反复购买某个特定品牌的产品或者服务，那么这就不再是客户和品牌之间的某种离散的交易关系，也不是单纯的重复购买行为，而是一种建立在一系列的心理动机之上的依恋。

4. 客户的转移成本

转移成本最早是由迈克尔·波特在1980年提出来的，指的是当消费者从一个产品或服务的提供者转向另一个提供者时所产生的一次性成本。客户的转移成本是客户为更换产品或服务的供应商所需付出的各种代价的总和，包括货币成本、心理成本、体力成本和时间成本。转移成本是阻止客户关系倒退的一个缓冲力，转移成本的加大有利于客户忠诚的建立和维系。因为转移成本越高，客户在更换品牌时就会慎重考虑，不会轻易背叛，而会尽可能地忠诚。

知识拓展：转移成本

如某电信运营商主要从三个方面来培育客户的忠诚度：一是提高客户的满意度，二是加大客户的跳网成本，三是留住有核心客户的员工。而据统计，65%~85%的流失客户说他们对原来的供应商是满意的。因此，为了建立客户忠诚度，电信运营商必须将功夫下在其他方面，尤其是努力加大客户的跳网成本，从而将客户留住。这个跳网成本就是客户的转移成本。

5. 企业员工的素质

由于员工的文化素质和个人修养的参差不齐，以及敬业精神等因素的影响，服务态度不佳、与客户发生争吵甚至打架等现象将严重影响企业形象，降低了客户满意度，阻碍了提高客户忠诚度的进程。

9.1.4 客户忠诚度的意义

客户忠诚就是客户偏爱购买某一产品或服务的心理状态或态度，或是对某种品牌有一种长久的忠心。客户忠诚实际上是客户行为的持续反应。

忠诚型的客户通常是指会拒绝企业竞争者提供的优惠，经常性地购买企业的产品或服务，甚至会向家人或朋友推荐的客户。尽管满意度和忠诚度之间有着不可忽视的正比关系，但即使是满意度很高的客户，如果不是忠诚客户，为了更便利或更低的价钱，也会毫不犹豫地转换品牌。

忠诚客户所带来的收获是长期且具有累积效果的。一个客户的忠诚度保持越久，企业从他那儿得到的利益越多，主要体现在以下几个方面。

（1）销售量上升。忠诚客户都是良性消费者，他们向企业重复购买产品或服务，不会刻意去追求价格上的折扣，并且他们会带动和影响自己周围的人发生同样的购买行为，从而保证了企业销量的不断上升，使企业拥有一个稳定的利润来源。

（2）加强竞争地位。忠诚客户持续地向企业而非企业的竞争对手购买产品或服务，则企业在市场上的地位会变得更加稳固。如果客户发现所购产品或服务存在某些缺陷，或在使用中发生故障，能做到以谅解的心情主动向企业反馈信息，求得解决，而非投诉或通过向媒体披露等手段扩大事态，那么企业将会取得更大的收益，而这些只有忠诚客户会做到，忠诚客户的这些做法使企业在激烈竞争中立于不败之地。

（3）能够减少营销费用。首先，通过忠诚度高的客户的多次购买，企业甚至可以定量分析出他们的购买频度，从而不必再花太多金钱去吸引他们；其次，关系熟了，还会减少合约的谈判及命令的传达等经营管理费用；再次，这些忠诚的客户还会向他们的朋友宣传，为企业赢得更多正面的口碑。忠诚的客户乐于向他人推荐企业。有趣的是，被推荐者相对于一般客户更亲近于企业，更忠诚于企业。正是由于这点，许多企业对自卖自夸的广告未倾注热情，尽管广告策划得很优秀。

（4）不必进行价格战。忠诚的客户会排斥企业的竞争对手，他们不会被竞争者的小利所诱惑，会自动拒绝其他品牌的吸引。只要忠诚的纽带未被打破，忠诚客户甚至不屑胜企业一筹的对手，所以企业不必与竞争者进行价格战。

（5）有利于新产品推广。忠诚的客户在购买企业的产品或雇佣企业的服务时，选择呈多样性。因为他们乐意购买企业的产品或服务，他们信任企业、支持企业，所以会较其他客户更关注企业所提供的新产品或新服务。一个忠诚的客户会很乐意尝试企业的新业务并向周围的人介绍，这有利于企业拓展新业务。

当企业节省了以上的种种费用之后，就可以在改进网络和服务方面投进更多的花费，进而在客户身上获得良好的回报。所以，今天的企业不仅要创造客户满意，更要紧紧地维系住自己的客户，使他们产生忠诚。

9.2 客户满意度和忠诚度的关系

9.2.1 影响客户满意度与忠诚度关系的因素

客户对企业是否满意，会不会再次光顾，客户心中有自己的评判标准，那就是企业的产品和服务能否最大限度满足客户需求。特惠润滑油公司的彭斯说"你可以随心所欲地给客户寄发提醒通知，但客户回来后，你不能让他们感到舒心，也没有合格的人为他们服务，他们就会一去不回。"因此，企业要不断提高产品和服务的水平，超越竞争对手，更好地满足客户需求。客户与企业进行业务往来的时间长短，只是忠诚度的一种指标。忠诚度的基础在于持续的客户满意，它是一种情感上的联系，而不只是一种行为。

忠诚的客户来源于满意的客户，但满意的客户并不一定是忠诚的客户。有时，客户的满意度提高了，但销售并未取得明显增加。客户的忠诚度有赖于满意度的提高，更取决于客户对企业的信任度。从这层意义上说，建立并加强客户对企业的信任度更为重要。许多生意的推荐者并非是企业的客户，但他们肯定是对企业的生意有一定了解，并充分信任企业的人。

为了增强忠诚度，企业必须提高每个客户的满意度水平，并长期保持住这种水平，因此需要增加提供给客户的价值。增加价值使客户感到自己的所得超过了他们的期望。这并不意味着要降低价格，或者在同样多的价格下提供更多的有形产品。

9.2.2 不同市场环境的满意度与忠诚度的关系

消费市场中的大量实证研究表明，客户满意与客户的重复购买意向之间存在积极的关系。从概念上分析，例如在移动通信服务市场中，较高的满意度降低了客户转换行为的感知利益，从而获得了较强的客户重复购买意向。与此同时，对移动通信服务客户的访谈结果也显示，客户满意度越高，越会表现出更多的口碑宣传以及更加频繁的重复购买行为和推荐购买行为。因此，提出以下两个假设：

H1：客户满意度越高，客户对企业的态度忠诚度越高。

H2：客户满意度越高，客户对企业的行为忠诚度越高。

美国学者琼斯和赛塞经研究发现：客户满意度和客户忠诚度之间的关系受到了市场竞争情况的影响，具体表现如图9-1所示。

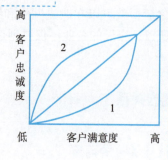

图9-1 客户满意度和忠诚度的关系

从图 9-1 可以看到，在高竞争区（曲线 1），客户的满意度必须达到一定的区间，客户的忠诚度才有较明显提高，客户只有在非常满意的情况下，才会对企业产生忠诚感；而在低竞争区（曲线 2），客户的满意度提高较小的幅度就可以得到很大的客户忠诚度，但这实际上是客户对产品或服务选择范围小（或是别无选择）的缘故，并非是真的对企业忠诚。当所处的环境改变为高竞争区的时候，即有许多同类优质产品或服务可以选择的时候，这些客户很大程度上会选择其他产品或服务。所以，客户满意度并不是客户忠诚度，只有当客户非常满意时才会成为忠诚的客户。当企业处于低竞争区的时候，要懂得居安思危，提高产品的服务质量和水平，使客户真正满意、忠诚。只有这样，当外部竞争环境发生变化的时候，企业才能够处变不惊，从容应对，留住忠诚的客户。

9.2.3 从客户满意到客户忠诚的策略

客户满意度不等于客户的忠诚度，客户满意度是一种心理的满足，是客户在消费后所表露出的态度；但客户的忠诚是一种持续交易的行为，能够促进客户重复购买的发生。客户满意度调查反映了客户对过去购买经历的意见和想法，只能反映过去的行为，不能作为未来行为的可靠预测。忠诚度调查却可以预测客户最想买什么产品，什么时候买，这些购买可以产生多少销售收入等。

从客户满意到客户忠诚有以下两种做法。

（1）巩固和提高客户满意度。巩固和提高客户满意度的目的在于，发展企业的主动忠诚客户，并以此为核心，形成"羊群效应"，从而实现客户的行为忠诚到意识忠诚再到情感忠诚的升级。巩固和提高客户满意度的关键是提高客户的让渡价值。首先，要根据客户的忠诚度进行客户分群，制订有针对性的、不同的忠诚计划，并根据"二八原则"，将企业有限的资源重点放在能为企业带来主要利润的核心客户上，优先满足这类客户的需求；其次，理解客户的诉求，为客户提供尽可能详尽的产品和服务信息，让客户对产品和服务有全面的了解，减少客户的信息搜寻成本；再次，为客户提供一整套产品和服务的个性化解决方案，帮助客户最大限度地发挥产品和服务的效能；最后，对客户进行跟踪回访，了解客户的看法和意见，并及时予以解决。

（2）提高客户转换成本。转换成本是当客户从一个产品或服务的提供者转向另一个提供者时所产生的一次性成本。这种成本不仅仅是经济上的，也是时间、精力和情感上的。当客户的转换成本高于其因转换而带来的收益时，即使他们对企业的产品、服务或价格不是完全满意，也会三思而行。为此，提高客户的转换成本有助于提高客户转向竞争对手的门槛，让客户对企业的产品和服务产生依赖，使那些不满意和基本满意的客户成为企业的被动忠诚客户，并在此基础上，尽可能将被动忠诚客户转化为主动忠诚客户。总而言之，客户满意代表的是过去，而客户忠诚代表的是现在和未来。

9.3 客户忠诚度的衡量指标

客户忠诚是客户基于对品质的认可、体验的满意和情感的皈依而自然产生的对品牌产品和服务的持续购买行为，它对品牌的成长具有决定性的意义。通常可以用以下的六大指标进行衡量。

1. 重复购买的次数

在一定时期内,客户对某一品牌产品或服务重复购买的次数越多,则说明其对这一品牌的忠诚度就越高,反之就越低。应该注意的是,在确定这一指标的合理界限时,必须根据不同的产品或服务加以区别对待,比如重复购买汽车与重复购买可乐的次数是没有可比性的。

2. 决策时间的长短

根据消费心理规律,消费者购买商品,尤其是选购商品,都要经过仔细比较和挑选的过程。由于信赖程度有差别,对不同品牌的商品,消费者购买决策时间的长短也是不同的。一般来说,购买决策时间越短,说明消费者对某一品牌商品形成了偏爱,对这一品牌的忠诚度越高;反之,则说明他对这一品牌的忠诚度越低。在运用这一标准衡量品牌忠诚度时,必须剔除产品性能、质量等方面的差异产生的影响。

3. 购物路程的远近

一般而言,消费者都喜欢就近购买,以节省时间和其他耗费。但是由于对品牌的偏好程度有区别,当就近没有该品牌的商品时,可能并不遵循就近购买的原则,而是选择花费更远路程去购买心仪的品牌商品,这就说明其对该品牌的忠诚度高,反之则低。应该注意的是需要排除价格等因素的影响,例如消费者宁愿多走 2 里路去沃尔玛而不去附近的超市买东西,可能是由于沃尔玛的价格更低。

4. 对价格的敏感度

一般来说,消费者对商品的价格都是非常重视的,但这并不意味着消费者对各种品牌商品的价格敏感程度一致。事实证明,对于喜爱和信赖的商品,消费者对其价格变动的承受能力强,即敏感程度低;而对于不喜爱的商品,消费者对其价格变动的承受能力弱,即敏感度高。据此亦可衡量消费者对某一品牌的忠诚度。运用这一标准时,要注意消费者对于该产品的必需程度、产品供求状况及市场竞争程度三个因素的影响,在实际运用中,要排除它们的干扰。

5. 对竞争者的态度

人们对某一品牌态度的变化,多半是通过与竞争者产品相比较而产生的。根据消费者对竞争者产品的态度,可以判断其对其他品牌的忠诚度的高低。如果消费者对竞争者的产品兴趣浓、好感强,就说明对某一品牌的忠诚度低。如果消费者对其他的品牌产品没有好感,兴趣不大,就说明对某一品牌的忠诚度高。

6. 对瑕疵品的态度

任何一个品牌都可能因种种原因而出现瑕疵品的问题,即使伟大的品牌,诸如可口可乐等也在所难免。如果消费者对某一品牌的忠诚度高,对该品牌偶尔出现的产品质量问题会以宽容和同情的态度对待,相信品牌会很快加以妥善处理。若消费者对某一品牌忠诚度低,则一旦产品出现质量问题,客户就会非常敏感,极有可能从此不再购买这一产品,甚至传播负面消息。

由于衡量品牌忠诚度的指标体系相当复杂,因此在实际操作中,我们可以根据行业的不同对以上的六大指标设定不同的加权,设计出一个标准的指数体系。然后比较测试结果，就可以得出哪些客户的忠诚度高，并分析出改善哪些因素可以提高品牌忠诚度。

9.4 建立有效的客户忠诚计划

企业实施客户忠诚度计划，目的在于稳定客户群体，防止竞争对手介入，维护企业的直接利益，并满足客户关系发展、客户需求提升的需要。

客户忠诚计划就是对重复购买特定商家产品或服务的消费者给予回报的计划。麦肯锡公司的调查显示，在美国，约有53%的日用品消费者和21%的休闲服饰消费者加入了忠诚计划。在加入日用品忠诚计划的消费者中，有48%的人比加入前增加了消费支出，而休闲服饰的消费者中，有18%的人增加了消费。但即使只是18%却也已经相当可观了。

9.4.1 忠诚计划的层级

企业处于不同的行业、不同的发展阶段，客户对于他们的认知程度也完全不同。因此，不同的企业也应该采取不同的方法找出自己的目标细分忠诚客户群，通过控制他们对于企业产品和服务的满意度，以及提高他们不同层面的转换成本，来制订忠诚计划，实现客户对于企业的忠诚。

1. 一级阶梯忠诚计划

这一级别的忠诚计划最重要的手段是价格刺激，或用额外的利益奖励经常来光顾的客户。奖励的形式包括折扣、累计积分、赠送商品、奖品等，使目标消费群体的财务利益增加，从而增加他们购买的频率。这通常又被称为频繁营销。

显而易见，这个级别的忠诚是非常不可靠的。第一，竞争者容易模仿。如果多数竞争者加以仿效，就会成为所有实施者的负担。第二，客户容易转移。由于只是单纯价格折扣的吸引，客户易于受到竞争者类似促销方式的影响而转移购买。第三，可能降低服务水平。单纯价格竞争容易忽视客户的其他需求。

美国航空公司是首批实施频繁营销规划的公司之一，20世纪80年代初推出了提供免费里程的规划，一位客户可以不付任何费用参加公司的AA项目，乘飞机达到一定里程后换取一张头等舱位票或享受免费航行和其他好处。由于越来越多的客户转向美国航空公司，其他航空公司也相继推出了相同的规划。在大家实施了免费里程计划很多年后，由于客户手中持有太多的免费里程，造成了兑换的"拥塞"，成为各个航空公司的巨大负担。

然而，对于那些目标客户群庞大，且单位产品的边际利润很低的企业来说，一级阶梯忠诚计划比较适合他们。例如生产日常用品的企业一般都采用一级阶梯忠诚计划。

2. 二级阶梯忠诚计划

这一级别的忠诚计划主要形式是建立客户组织，包括建立客户档案和正式的、非正式的俱乐部及客户协会等，通过更好地了解消费者个人的需和欲望，使企业提供的产品或服务个性化和人性化，更好地满足消费者个人的需要和要求，使消费者成为企业忠实的客户。这些形式增加了客户的社会利益，同时也附加财务利益。

目前，很多零售企业已经将其营销战略从一级阶梯忠诚计划转向了二级阶梯忠诚计划，如英国的德士高超市连锁公司和美国的SUPERVALU食品连锁超市都因此类忠诚计划建立了企业的核心竞争力。

忠诚营销绝对和折扣积分计划不同。折扣积分只能给消费者短期的经济刺激，特别是在折扣积分普及后，企业很难通过它维系客户忠诚度。德士高的"俱乐部卡"之所以被誉为世界最成功的零售忠诚计划，是因为与其他超市推出的累计积分卡相比，"俱乐部"卡不仅仅是一张单纯的消费积分卡，它还为德士高提供了重要的客户消费习惯和客户细分的一手资料。在这些客户资料的基础上，德士高将"俱乐部卡"细分为很多小类别，根据不同的消费者开展量身定做的促销计划。

3. 三级阶梯忠诚计划

这一级别的忠诚计划为客户提供有价值的资源，而这个资源是客户不能通过其他来源得到的，借此提高客户转向竞争者的机会成本，同时也将增加客户脱离竞争者而转向本企业的收益。主要是增加与客户之间的结构性纽带，同时附加财务利益和社会利益。

在三级阶梯忠诚计划中，其表现形式往往也以俱乐部等客户组织形态存在，但与二级阶梯忠诚计划中的客户组织则有着关键的不同点。首先，它往往会花大力气为会员提供不能通过其他来源得到的资源，以此来显示会员的特权，这对会员的吸引力是非常大的。而更为重要的是，这类客户组织往往会延伸、演变为一个"社区"，让志趣相投的一小撮人可以在这个"社区"中交流情感、分享生活。如果企业的客户群比较集中，而且边际利润很高，则适合采用三级阶梯忠诚计划。

9.4.2 提升忠诚计划的有效性

客户忠诚计划并非"万金油"，企业要想真正玩转也并非易事。企业实施客户忠诚计划要明确三个关键点：第一，这不是一项战术性计划。虽然"常客计划"有很多营销策略的运用，但更确切地说，这是一项战略计划。正因如此，只要企业迈出了第一步，想停下脚步

案例资源：烟草营销——
如何实施有效的顾客
忠诚度管理

不是一件容易事。如果企业那样做了，会"得罪"很多长期追随企业的客户，恰是"上山容易下山难"。第二，客户忠诚计划需要企业做长期性资源投入，也需要很高昂的成本。这就需要企业事先考虑自己能否吃得消，是否具有足够的体力与耐力坚持下去。第三，企业必须拥有健全的管理机制，这包括健全的组织平台、完善的管理机制、持续的激励机制、畅通的沟通平台等。无论是企业增设一个部门，还是专门成立一个独立的营销组织，在运营管理上都存在着一定的复杂性。所以说忠诚计划实施也会给商家带来麻烦，体现在许多忠诚计划均面临着棘手的问题。

首先，计划本身需要巨额投入。调研表明，欧洲零售商每年用于返还给消费者折扣的投入将近12亿美元，超市连锁店的投入高达1.5亿美元。美国的情况也大致如此，由于销售额很大，因此即使仅仅提供1%的折扣，也会招致巨大损失。其次，还有市场营销和管理方面的成本，如系统、配送支持等投资，往往又会高达数百万美元。再次，忠诚计划一旦启动，就有其本身的生命周期，因此，计划一旦出现错误，往往难以纠正。同时，即使优惠很低的忠诚计划也会对客户造成根深蒂固的影响，任何变动或终止都必须通知他们。某项忠实计划一旦推出，即使客户没有积极参与，也往往会因为被"剥夺"了某些实惠而产生反感情绪。而且，计划的推出越成功，结束这项计划便越困难。消费者参与某项

计划有不愉快的经历之后，会加深对日后跟踪计划的不信任感，而且可能会丧失对这家零售商的整体信赖感。最后，尽管忠诚计划可以带来可观的销售额增长，似乎很受消费者的欢迎，但通常并不会增加他们的忠诚度。事实上，79%的休闲服饰类消费者和70%的日用品消费者坦言，他们一直在寻找替代目前零售商的其他选择，这一比例明显高于其他类别产品的消费者。同时，加入忠诚计划的消费者并不一定会增加他们的购物支出。

那么如何使我们的忠诚计划更为有效呢？

1. 锁定又红又专的客户

企业推行客户忠诚计划，很关键的一点就是瞄准目标客户，并且是具有忠诚潜质与购买潜力的客户。这类客户可以说是又红又专的客户，有价值、有诚意。其实，忠诚计划不倡导"普惠制"，而是针对客户设置一定门槛。诸如零售业企业，采取会员制则要求消费者直接交纳一定数额的会费，或者购物达到一定额度才可以成为会员，就是想针对具有长期消费意愿的消费者提供服务。再如，汽车行业，很多汽车用户只有在购买了汽车之后，才可以成为车友会会员。虽然该消费者短期内很难再购买第二辆车，但其接受良好的服务之后却会把口碑传播给其他潜在的消费者，具有销售的潜力。另外，万科集团面向社会征集会员，只要消费者完整地填写调查表就有机会成为会员，实际上也不是免费的午餐，而是为了把营销瞄准那些有购房需求的消费者。同时，万科集团依靠《万客会》通讯、各种活动及网络平台对消费者进行宣传，提升品牌美誉度。同时，针对忠诚消费者还推出一些主题推广活动，诸如2002年万科推出"欢笑积分分享计划"，消费者踊跃响应，并且，在活动的条款里，共有8条积分方式，其中5条与房产购买无关。

2. 利用给消费者的回报改变客户的消费行为

零售公司采取回报和价值定位双管齐下的方法，可以改变客户的消费行为。但并非所有的公司都拥有实现预定目标的独特的价值定位，这些公司就必须提供确实有吸引力的回报。零售业经济结构的特点决定了这种方法代价不菲，但成功的模式却能为忠诚客户提供成本不高却充满吸引力的回报。比如在几个月内赢取电影票，或者在一年内赢取其他更贵一些的奖品等。即使如此，也还是要有一定的界限，以免支出过高。

加拿大的一家联盟Air Miles创造了一种更好的解决方案。这项始于1994年的计划现已吸收半数以上的加拿大家庭为会员，其特点在于拥有蒙特利尔银行、壳牌等100多家赞助商，在这些赞助商处的消费可以积累，从而可以迅速得到回报。正如Air Miles网站上宣传的那样，"无论是长途电话、旅游、租车，还是电影票，您都能积累里程，而且速度之快，您做梦都不会想到。"Air Miles依靠增加零售赞助商的办法来分摊回报的成本，这样，每年消费者在这项计划中的支出可高达数千美元，他们因此得到的回报要比从单个零售商那里得到的多得多。

某日用品连锁零售店，它采用了一套二级式会员计划，成功地解决了成本控制问题。设立第一级会员的目的只是为了收集客户信息，当然也给积分。会员每花费一元可以得到一分，积满150分后可以兑换购物券。第二级会员则针对消费额高的客户，其设计极富创意。每单次消费满38元可获得一把"钥匙"，积满50个"钥匙"就有了一个"钥匙链"，积满100个"钥匙链"就可以成为"金钥匙链"。"钥匙链"不仅可以兑换购物券，还可以在许多其他消费场所，如度假胜地、剧院门票、体育比赛门票、酒店客房等处获得折扣。

"钥匙链"旨在改变消费行为,鼓励客户在零售店花更多的钱。自从会员计划实施4年以来,零售店的市场份额从13%跃升至17%,现在,其销售额75%均来自于此项计划,平均每个客户每次在零售店的消费达38.7美元,为了赢得钥匙,他们的花费也相应地大大增加。

3. 利用给客户的回报而更好地了解他们

回报即使很小,只要参与简便,立时兑现,也能够吸引消费者加入。零售商则可以从中获得大量的信息,在此基础上加以分析,可以更好地认识客户的消费和行为模式。

传统上零售商都依靠大众化的营销手段取得这些信息,如目标客户分析、客户问卷、人口统计学特征等,但这类信息无法跟踪研究单个客户在一段时间内的行为"历史",而这对于零售商能否吸引、培养和留住客户举足轻重。忠诚计划则可以弥补这方面的缺憾。

零售商如果能够更加清晰地了解客户,便可以调整经营方式,以更好地吸引最有价值的那部分客户,如:调整商品陈列和规格、广告投入和促销方案。Tesco(Tesco 改为上述日用品零售店)就是一例,它利用会员制收集的信息,根据每位会员的特征,度身定做了8万封不同的促销信函和杂志发送给会员。同时,精确的"对焦"可以加强忠诚计划的功效,再生成更多的信息数据,形成一种商家行为与消费者反应的良性循环。不过,要获得可靠的分析,忠诚计划至少要吸引到占全部销售额50%到60%的客户。同时为了真正有效地利用数据信息,忠诚计划还必须简便可行。

4. 利用给消费者的回报加强自身的价值定位

一家私营信用卡公司把客户信用卡消费的1%捐献给该客户指定的一家本地学校,该公司将此项计划命名为"捐资办学,易如反掌",并称之为"向我们服务的社区进行奉献的基础"。这样便将本来对于个人来说微不足道的回扣集中起来,使之成为所有持卡人的一笔巨额贡献。自从1995年此项计划实施以来,Target公司新开了1100多万个账户,当地学校因此获得了总值2300多万美元的捐款。这项忠诚计划以相对较低的成本,使每位客户都感觉参与了该公司的社区服务活动,同时也成功地加强了公司"社区服务"的特殊定位。但如果Target在此之前的30多年没有持续地支持当地社区,那么这项慈善计划的影响力将会大打折扣。

5. 必须为客户设置转换门槛

对于转换成本,最早是由竞争力专家在1980年提出来的,指的是当客户从一种产品(或服务)的提供者转向另一个提供者时,所要产生的一次性成本。这种成本不仅仅是经济上的,也是时间、精力和情感上的,它是构成企业竞争壁垒的重要因素。如果客户从一个企业转向另一个企业,可能会损失大量的时间、精力、金钱和关系,那么即使他们对企业的服务不是完全满意,也会三思而行。通常转换成本可以分为以下几类:第一类是财务成本;第二类是过程成本;第三类是情感成本。对此,有营销专家又从另一个角度提出了转换成本的构成,诸如包括经济危机成本、评估成本、学习成本、组织调整成本、利益损失成本、金钱损失成本、个人关系损失成本、品牌关系成本等诸多方面。实际上,如果企业能够利用好转换成本,必定有所斩获。最主流的做法就是向客户发出善意的"警告",告诉客户如果进行转换,将面临的难度、经济成本及风险,或者告诉客户自己的产品或服务的独特性及不可替代性。同时,通过提高转换成本,让客户觉得如果进行转换将得不偿失。有一家信用卡公司就是这样做的,通过向客户宣传金融服务具有复杂性且学习过程很长,让客户感知到转换成本很高,进而使客户不愿意轻易更改服务提供商。不过,情感转换成本比起过程和财务转换成本来说,更加难以被竞争对手模仿与跟进,可以就此做差异化文章。

6. 一定要有别于竞争对手

首先可以肯定的是,如果企业推出的"客户忠诚计划"能够轻易地为竞争对手所模仿,那么你推出的"客户忠诚计划"定要遭遇失败。很多企业推出的以价格刺激或额外利益奖励以为目标的客户忠诚计划,诸如价格折扣、累计积分、增送促销品、赠送奖品等措施,以期增加客户的购买频率及单次购买数量。实际上,这些做法就是很容易为竞争对手所模仿或复制,不仅收效很低,并为自己带来"麻烦"。实际上,易于复制性已经成为"客户忠诚计划"的一个缺点,如果无法克服必将影响绩效。某航空公司在20世纪80年代初推出了提供免费里程的规划,即消费者乘飞机达到一定里程后换取一张头等舱位票或享受免费航行和其他好处。结果,其他航空公司也纷纷跟进,推出了相类似的消费者忠诚计划,该公司发现这项计划的优势渐失,甚至还为自己带来了兑换的"拥塞"。对于不同企业推出的"客户忠诚计划",差异点主要体现在四个方面:首先,计划模式差异化,采取与竞争对手不同的模式;其次,激励政策的差异化,采取与竞争对手不同的激励政策,给客户不同的"甜头儿";再次,客户管理级别化,不同级别予以不同的政策;最后,服务差异化,为客户通过差异化的超值服务或增值服务。

不同企业推出的客户忠诚计划,差异点主要体现在四个方面:首先,计划模式差异化,采取与竞争对手不同的模式;其次,激励政策的差异化,采取与竞争对手不同的激励政策,给客户不同的"甜头儿";再次,客户管理级别化,不同级别予以不同的政策;最后,服务差异化,为客户提供差异化的超值服务或增值服务。

7. 有效调动客户的积极性

企业要认识到,为客户创造价值的脚步一天都不能停止,有效的客户忠诚计划必须能够持续为客户创造价值,诸如不断推出新产品(或新服务),提供增值服务,以及持续的购买奖励,并且购买奖励要随着客户购买业绩差异而不同。出色的客户忠诚计划,会激励客户不断"进阶"。正如中国移动全球通俱乐部推出"消费者积分奖励计划"时的广告语一样:"越积越有甜头",这样才能得到消费者的积极而热烈的响应。也就是说,企业要根据自身行业的特点,以及企业所处的不同发展阶段,对自己的目标客户继续进行精确细分,根据不同的细分客户制定不同的政策。很多采取俱乐部营销的企业,把会员分为钻石会员、金卡会员、银卡会员,针对不同级别会员制定不同的政策。这样企业就可以通过不断提升客户的满意度,以及提升客户的品牌转换成本来提升客户的忠诚度。

综合练习

一、单选题

1. 客户对企业的产品和服务产生偏爱并伴随持续性购买行为,这种状态称为( )。
   A. 客户重复购买   B. 客户满意   C. 忠诚客户   D. 客户忠诚
2. 以下属于高依恋、高重复购买的客户忠诚是( )。
   A. 垄断忠诚   B. 方便忠诚   C. 超值忠诚   D. 激励忠诚
3. 以下不是培育客户忠诚度方法的是( )。

A. 提高客户的满意度 　　　　　　B. 降低客户转移成本
C. 加大客户转移成本 　　　　　　D. 留住有核心客户的员工

4. 客户忠诚度是建立在（　　）基础之上的，因此提供高品质的产品、无可挑剔的基本服务，增加客户关怀是必不可少的。

A. 客户的盈利率 　　　　　　　　B. 客户的忠诚度
C. 客户的满意度 　　　　　　　　D. 客户价值

5. 客户忠诚的度量影响因素不包括（　　）。

A. 重复购买意向　　B. 交叉购买意向　　C. 客户推荐意向　　D. 一次购买金额

二、多选题

1. 建立客户忠诚度的意义有（　　）。

A. 销售量上升 　　　　　　　　　B. 加强竞争地位
C. 减少营销费用 　　　　　　　　D. 有利于新产品推广

2. 以下有利于客户满意转化为客户忠诚的是（　　）。

A. 巩固和提高客户满意度 　　　　B. 让客户实现物质满意
C. 提高客户转换成本 　　　　　　D. 降低客户转换成本

3. 客户忠诚度计划可分为（　　）。

A. 一级阶梯忠诚计划 　　　　　　B. 二级阶梯忠诚计划
C. 三级阶梯忠诚计划 　　　　　　D. 四级阶梯忠诚计划

4. 以下关于提升忠诚计划有效性说法正确的是（　　）。

A. 锁定又红又专客户
B. 利用给消费者的回报改变客户的消费行为
C. 利用给客户的回报更好地了解他们
D. 必须为客户设置转换门槛

5. 关于客户满意度和忠诚度关系说法不正确的有（　　）。

A. 客户满意度高，忠诚度一定高
B. 客户满意必定会获得客户忠诚
C. 客户满意未必会带来客户忠诚
D. 如果客户忠诚度高，那么客户一定满意

三、简答题

1. 什么是客户忠诚度？有哪些类型？
2. 影响客户忠诚的因素有哪些？
3. 客户忠诚度的衡量指标有哪些？
4. 简析不同市场环境的满意度与忠诚度的关系。
5. 什么是客户忠诚计划？

技能训练

实训主题：为某品牌制订一份客户忠诚度计划。

实训地点：教室。

实训目的：掌握客户忠诚度测评的指标；能够依据指标制订切实可行的客户忠诚计划。

实训过程设计：

（1）分组，每组3~4人，讨论确定哪个品牌。

（2）针对该品牌拟出客户忠诚度测评指标。

（3）制订客户忠诚度计划。

（4）每小组以PPT的形式讲解计划内容。

（5）教师和其他小组打分。

拓展学习

国产品牌忠诚度提升策略

国家在"十四五"规划和2035年远景目标纲要中提出"开展中国品牌创建行动，保护发展中华老字号，提升自主品牌影响力和竞争力，率先在化妆品、服装、家纺、电子产品等消费品领域培育一批高端品牌"。当前，由于起步时间晚、创新能力不足等原因，国产品牌在与国外品牌竞争中一直处于不利地位，消费者对国产品牌的忠诚度并不高。以国产运动品牌为例，2019年中国运动品牌市场占有率前五名中，国外品牌有三个，占有50.1%的市场份额；而两个国产品牌仅占22.7%，如图所示。

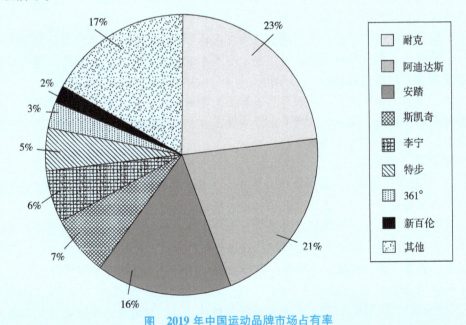

图　2019年中国运动品牌市场占有率

在国家高速发展的赛道上，国产品牌在享受政策红利的同时，也应探索新的路径深度挖掘市场，培养和提高消费者的品牌忠诚度。在自己多次购买产品的同时，愿意向亲友推荐品牌。态度忠诚是行为忠诚的延展和深化,行为与态度的统一是培养客户忠诚度的最终目标。

行为忠诚型消费者虽然重复购买产品,但是对品牌的情感并不强烈,其大多是被品牌的忠诚折扣驱使购买或为了降低消费风险及减少交易成本而延续以往的消费惯性。因此,国产品牌可以通过增加忠诚折扣正向提高客户行为忠诚度以及提高客户的转换成本,从而减少行为忠诚客户的流失。

1. 增加忠诚折扣

忠诚折扣是指当消费者购买商品的次数、数量或者金额达到一定标准时,厂商会对消费者降低其商品或者服务的价格。具体而言,国产品牌可以通过推出价格优惠、以旧换新、会员积分抵现、定期线下活动、新品提前体验等方式从经济上诱导消费者多次购买,增加客户黏性。

2. 提高客户的品牌忠诚度

国产品牌要想提高客户的品牌忠诚度,需将科技力量融入产品,把单个产品延伸到生活场景。以运动品牌为例,人们在运动时会关注消耗的能量、运动时长、运动时身体指标等数据,如果利用科技将衣服、鞋子、护腕等多个单品联系起来,每个单品测量和记录一部分数据,形成一个完整的数据体系,当消费者购买了其中某一款运动单品,为了更好的客户体验,其继续购买同品牌其他单品的概率会增大。由于各品牌产品之间并不兼容,意味着消费者转向购买其他品牌的消费风险和交易成本会增加,从而减少了客户流失。

以上两种途径从经济以及消费惯性角度增强了消费者的行为忠诚度,但是消费者对于品牌产品和服务并没有认可,也没有产生依赖和偏好。所以国产品牌需要进一步培养客户的态度忠诚度。

由于市场上品牌繁杂,消费者和品牌之间普遍存在信息不对称,消费者并不能很好地辨识并信任品牌,这就需要企业在提高自身品牌价值的同时,做好品牌的价值传递,加深消费者对品牌的认同。

3. 提高品牌价值

"打铁还需自身硬",品牌价值是提升客户忠诚度的源头,如果消费者感受不到产品带来的价值,品牌忠诚也就无从谈起。根据马斯洛需求层次理论,人的需求会从生理需要逐步上升为自我实现需要。品牌价值也是如此,国产品牌需要将自己的产品从实用价值逐步拓展到情感价值、社会价值等领域。所以国产品牌应从实用价值、经济价值、身份价值、情感价值和社会价值这五个层次提升品牌价值。

4. 传递企业价值

"酒香也怕巷子深",在做好自身品牌价值建设后,如何向消费者高效且完整地传递企业品牌价值也是国产品牌面临的重要课题。价值传递的本质是让消费者对品牌产生认同。在过去的几十年中,由于国产山寨品牌及产品质量等问题频发,消费者对于外国品牌的认同度大于本土品牌,即更偏好购买进口产品。近年来,随着我国综合国力和文化自信的提升,消费者逐渐有文化认同回归的趋势,这对于我国国产品牌来说无疑是难得的历史机遇。消费者对国产品牌的认同是一个"求同存异"的过程,即寻找消费者的个性与品牌文化的重合点。

回答下面的问题:

如何提高品牌价值,请以某国产品牌为例举例说明。

学习情境 4

客户服务管理

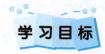

素质目标

1. 在处理解决客户异议过程中树立学生的端正工作态度和与他人真诚沟通的工作意识
2. 在分析流失客户的过程中具备团队协作能力、语言表达能力、问题分析能力和归纳总结能力的奋斗精神
3. 在解决客户投诉过程中养成客观公正、坚持准则的职业道德素养和提高技能、强化服务意识的奉献精神

知识目标

1. 了解客户服务在客户管理管理中的重要意义
2. 掌握客户服务的内涵及范畴
3. 掌握客户异议的内涵及处理原则
4. 知晓客户投诉的原因及心理诉求
5. 了解流失客户的分类,掌握客户流失的原因。
6. 懂得客户流失的意义。

技能目标

1. 能运用客户服务方法和技巧为客户解决问题
2. 能运用投诉处理的步骤和技巧解决客户投诉问题
3. 针对客户提出的各种异议提出对应的应对措施
4. 能针对不同类型的流失客户采取相应的挽回策略
5. 能对流失客户进行进行挽回。

主要任务

任务 10 客户异议管理

任务 11　客户投诉管理
任务 12　客户服务管理
任务 13　客户流失管理

情境引入

如何处理好客户投诉

几位商界老板谈完生意后，相约到"×家庄"共进午餐，兼为其中的 A 老板的爱女庆祝生日。"×家庄"是我们这座北方城市有名的粤菜馆，在全国搞连锁，也算是大名鼎鼎，因此大家对品尝粤式风味美食提议一致赞同。

一道色香味俱佳的"油焖芥蓝"上来后，大家举箸分享。忽然，B 老板将菜吐到了小碟里。原来，B 老板感到下咽时喉咙有异样感，吐出来一看，一根长长的头发与菜搅合在一起。菜里有头发！满桌人顿时感到不舒服，纵然是人间第一等美味，也不由人不反胃。雅间的服务小姐在确认头发是菜里带着的以后，去向上司禀报。

过了一会儿，一个穿职业装、戴着耳机的高个小姐走了进来，冲我们说："各位老板，我是这儿的领班，出了这样的事，实在不好意思，您们看这事怎么解决？"我们反问："这样的事情你们怎么解决？"领班一边捏着胸前的微型话筒，一边说："我们一般是给您再换一个菜，或免收这道菜的菜金。"经询问，领班所佩戴为对讲机，显然，是将雅间里的情况通过对讲机传递给酒店的负责人。这无形中引起了大家强烈的反感，坚持要酒店老板出面对话，领班的答复是"老板不在"。僵持了一会儿，领班提高了嗓门，说："我的权限是换个菜或免这个菜的菜金，你们看着办吧。"领班的口气非常强硬，一副爱谁谁的样子。我们坚持不与她交涉，领班退出。

另一着职业装、戴耳机的小姐进来。依然是那套说辞，但此人级别上升，为当班主管。我们再次重申，只与酒店老板对话。主管反复强调老板外出，回不来。又拖延了十来分钟，我们提出只付酒水钱、不付菜金的方案，并指出我们身为企业管理者，不会有意为难，而是对酒店的管理失误的惩戒，以避免出现更为严重的失误。主管仍以老板不在为挡箭牌，说难以做主。见此情况，我们等其老板来解决问题。从主管答应通知老板回来，快一个小时还不见踪影。我们在等的过程中，主管与领班再次光临雅间，拿了个"拍立得"相机，要为 A 老板的爱女拍照留念，并反复声称专为过生日的小姑娘而拍的。小姑娘爱热闹，就拍了，遗憾的是，拍出来的照片没取好景，还不如不拍。

时间到了下午两点多，大家时间都宝贵，就提议签单，让其老板随后找我们处理。主管仍搪塞等她老板回来。我们实在忍无可忍，收拾东西要离开酒店。我们等电梯时，另一主管模样的人用对讲机下通知："都到楼下，他们要走"。看来，到门口还有麻烦。我们已经进入电梯时，主管快速跑过来，拦住我们，说："我们免菜金，但酒水钱请您们付了。"埋单后到酒店门口，几个保安正严阵以待，好像还没收到撤离的指令。

"头发事件"至此结束。我们大家回望"×家庄"不俗的门头，摇着头走了……

"头发事件"是一起典型的"危机公关"事件。从酒店的整个处理过程来看，反映了对危机处理的失当。

首先，缺乏正确的危机公关理念。从酒店的反映来看，问题发生后有不同层面的人出来处理问题，具备防范措施，即在其日常管理中具有危机公关机制，但缺乏正确的理念，整个过程在推诿扯皮，与客人打消耗战，激发了客人的反感。我认为，正确的理念应当是直面问题，不要推卸责任。对本事件的处理来讲，应先听取客人的意见，待客人情绪稳定后，再提出自己的意见，超出自己的处理权限时，应及时对客人解释清楚，并迅速反馈至上级主管。正确的理念是解决危机事件的源头，第一步错了，以后的对策再多也于事无补。

其次，缺乏专业的培训。从处理问题的人员的表现来看，显然没有经过专业培训，表情僵硬、口气强硬、不行就拉倒的横硬，这"三硬"犹如火上浇油，如果领班能对客人态度亲善一些，语气亲和一些，道歉诚挚一些，再把自身的处境及发生此事后自己与同事将受到什么样的惩罚以及严重性陈述一下，客人一般也不会太难为人，危机可能在这个环节就得到化解。但因为缺乏专业培训，虽然有人来处理危机，反而加剧了危机。

第三，负责人应首先站出来承担责任。在"头发事件"中，酒店负责人一直不肯露面，其主管声称其"在路上"，但直到客人等待的耐心达到极限，还在路上。显然，这是缓兵之计，看谁能耗过谁。一个不大的城市，酒店老板居然在两个小时里还回不来，客人认为有悖常理。而领班与主管都佩带微型对讲机，更显然是将雅间情况反馈给负责人，以便指使其下一步的应对之策。一方面是主管们没有解决问题的权限，另一方面负责人躲在暗处不露面，且通过对讲机监听房间内的情况，客人即使再有修养，也不会容忍这种处理问题的方式。在任何一起危机事件中，负责人首先站出来承担责任是至关重要的，负责人的作用无人可以取代，即使是授权于副手或新闻发言人，公众的视线仍被负责人的一举一动所牵动，因为他是一个机构的代表甚至是象征。

第四，承担目前的最大损失，避免今后的更大损失。客人提出"免菜金"的解决方案，不过区区二三百元，这个补偿要求并不过分。但因为酒店处理不当，坚持只免有头发的那个菜的菜金，争论不断升级，导致客人声明请媒体来进行曝光，才勉强答应客人的条件。酒店还集结保安准备拦截客人，使客人在走出酒店的最后一刻发出"永不再来"的誓言。酒店只想尽可能地减少眼前的损失，却没想到今后的损失会更大——这批客人以及他们影响到的潜在群体。如果酒店还坚持认为，得罪几个客人没什么,铁打的酒店流水的客,你不来有的是人来——可以预见,这家酒店不可能做好,开头就错了,结局就没有理由是正确的。

最后,危机处理过程中不可提供虚假信息。当得知我们在为 A 老板爱女庆祝生日后,主管取来"拍立得"拍照留念,特意说明是"专门"庆祝之举。主管显然是为了缓和气氛,因此说了假话。酒店本身就为一些喜庆的酒宴提供这样的小项目,特别强调是"专门"庆祝之举,向客人传达虚假信息,只能产生逆反作用。

在餐厅中吃饭,饭菜中吃出东西来是常有的事像什么菜虫、头发等等,如果遇到这类似的投诉餐厅应该怎么办呢?优质的服务是消除危机的良药,可以拉近客人与餐厅的距离,可以化干戈为玉帛。在上述案例中我们可以看出,餐厅就是在危急中服务不到位引起了顾客的不满,让危机一步步升级,造成了顾客对餐厅的不满。餐厅如果能有意识的提高服务质量,有时可以带来意想不到的收获。

情境描述

本情境是用正确的服务意识、服务语言为客户提供全面、综合的服务项目,在客户对产品或服务提出异议、不满、抱怨甚至投诉时,能用正确的步骤和技巧处理客户异议和投诉,能对流失的客户进行最大限度的挽回。

任务 10 客户异议管理

任务引入

需求异议巧处理

微课学习:
客户异议

王先生从事销售工作十几年,新调任到上海担任销售经理,就遭遇了销售瓶颈。

王先生经过多方总结,找出了最主要的两个原因:

第一,M 品牌知名度不高,在上海消费者眼里是个"杂牌子;

第二,M 品牌虽然质量不错,却没有很好的口碑。消费者不认可。

经过一番对市场上主要品牌的仔细考察和深思熟虑,王先生信心十足地再次叩响了上海一家最大电器经销商的大门。该公司的何总经理跟前两次一样,很冷漠地拒绝了王先生。王先生早有心理准备,他闭口不谈进货,而是开始评价何经理公司进货最多的三款品牌冰箱,评论条理清晰而又客观实际,何经理听了不住点头。

王先生见时机成熟,话锋一转,开始谈冰箱的质量:"所以,要评价冰箱质量,不是看制冷效果,关键要看冰箱的密封效果。只有能将冷气长时间密封住的冰箱,才能制冷快,保温时间长而且节能"。王先生经过一番分析,给出了最终结论。

接着,他们来到何经理在上海最大的一家卖场,王先生拿出一张 A4 纸,夹在某一线大品牌冰箱的门上,对何经理说:"冰箱密封效果如何,关键看冰箱门能否关紧。您现在把这张纸拉出来。何经理上前将夹在冰箱门里的纸轻易地拉了出来。王先生又用同样的方式在其他品牌冰箱上做了几次试验,结果,全都跟第一次一样。

看着何经理越皱越深的眉头和周围越围越多的顾客,王先生将大家带到了卖场门口,那里一字排开十几台 M 品牌冰箱。王先生拿出相同的纸,让何经理在 M 品牌冰箱门上做与刚才相同的试验。结果纸被用力拉成两块,剩下的部分却仍然夹在冰箱门上,十几台冰箱都是如此。围观的顾客开始交头议论,有人自发地去做拉纸试验。试验过后,何经理主动找到王先生,一次就订了 5 000 万元的货。

任务分解

消除客户异议必须讲究方法,有时正面出击未必是最好的办法,采取迂回的方式弄清客户异议的真正原因,利用客户异议的处理技巧,才能够化解客户异议,从而达到销售目的。所以要完成下面任务:

(1)厘清客户异议的主要原因和类型,并将其绘制成思维导图;
(2)会用适当的方法处理客户异议。

知识链接

有异议的客户才是真正准备购买的客户,客户异议的解决过程其实就是达成客户交易的过程。销售人员要做的,不是哪里有异议就去哪里解决问题,而是要从客户的异议中找到更深层次的没有被满足的需求,从而掌握关键的成交信息,以点带面,轻松达成销售,建立和保持客户关系。

10.1 客户异议的内涵

在与客户建立和维持客户关系的过程中,随时都有可能产生客户异议。很多人很害怕提出异议的客户,认为这些客户难缠,殊不知客户异议其实是成功交易的信号灯,其实没有购买需求的客户是绝对不会向你提出任何关于产品和服务异议的。销售人员应该准确地分析客户的顾虑和异议到底是什么,如果能够很好地排除客户的这个异议,那就直接打开了通往成交的大门。

10.1.1 客户异议的含义

客户异议是从与客户开始建立客户关系到客户关系结束期间,客户对产品或服务、销售人员或交易条件等方面所提出否定、不同意见甚至拒绝等行为。比如客户往往会以"不喜欢"、"不需要"、"没钱买"、"做不了主"、"价格贵"、"质量差"、"再考虑一下"等为理由对销售人员的销售活动表现出怀疑、否定、反面意见等不合作的行为,这些都属于客户异议。

当销售人员遭遇客户异议时，往往感觉到非常受打击，感觉成交无望，其实客户异议是销售活动过程中的必然现象，更是成交的前奏与信号，客户提异议并不表示其对产品或服务不感兴趣，作为销售人员，我们不能把客户异议简单理解为客户的挑剔和抱怨，而是可以把它看成客户提出问题的一种方式，要想能够顺利地解决客户所提出的这个问题，就需要搞清楚客户异议的真正内涵。

（1）客户异议是客户需求的风向标

客户异议是表达客户内心真实想法的风向标，是促进营销活动更进一步的催化剂。客户在异议状态下的言行举止都反映出顾客内心的真实状态和想法，销售人员在这个过程中，要留意客户存在异议的问题是什么，并判断这属于哪种类型的客户异议，继而才能有针对性地提供客户咨询与反馈，提升客户成交的可能性。

（2）客户异议有真假之分

我们在客户表现出异议时，要仔细鉴别其异议表达的目的，来判断其所说的异议到底是真是假。因为从客户嘴里所表达出来的异议并不一定是其真实意愿的表现，我们要根据销售的实际情况和客户的表现、态度来分析该异议是否是真实的。当然这需要我们的销售人员具备成熟的销售经验和犀利的观察能力。如果我们不能鉴定出真实的客户异议，即便是你真的解决了这个所谓的异议对于销售达成来讲，也没有什么意义，客户依然无法成交。所以在与客户接触过程中，要悉心分析客户的购买意图，判断客户那些没有表达出来的异议但却是客户心中最希望解决的问题，如果你能发现并巧妙地解决这些问题，对于成交来讲就达到了事半功倍的目的。

（3）客户异议中极具商业价值

首先，客户异议代表这客户对企业的信任。客户提出异议往往是出于对企业的产品或者品牌的信任，认为企业可以提供更好的产品或者附加服务，才会提出异议；其次，通过化解客户异议提升的销售人员的销售能力。销售人员处理客户异议的过程其实就是磨练个人营销技巧、提升营销技能的过程，在处理客户异议的过程中，销售人员会积累很多关于产品和服务的问题及其解决方案的经验，因此当同类问题再次发生时，销售人员处理起来会游刃有余，丰富了销售人员的销售经验；最后，顺利的处理客户异议有助于提升客户满意度，建立客户忠诚。当客户提出异议，销售人员能够顺利解决，并给出超出客户预期的解决方案时，此时就会产生客户满意，在满意的情况下，客户有时会不自知地充当起企业的销售人员，向他身边的人推荐企业的产品或服务，客户也就转化为忠诚客户了。

10.1.2 客户异议的类型

我们从客户异议的内容角度出发，可以将客户异议划分为以下几个类型。

（1）需求异议。

是指客户认为自己不需要产品的反对或者拒绝异议。这一类型的异议往往发生在营销人员向客户介绍产品或者服务时出现，这类异议有真有假，真实的需求异议是成交的直接障碍，而虚假的需求异议既可表现为客户拒绝销售人员的一种借口，也可表现为客户没有意识到自己有相关需求，这就需要销售人员深入分析，发掘客户拒绝的真正原因，并尝试解决。

（2）价格异议

价格异议是指客户认为自己缺乏购买能力而引发的异议。例如，"买不起"、"价格太贵"等。这类异议也有真假之分，一般来说，对于客户的购买能力，销售人员在挖掘客户的阶段已进行过客户识别，可以作为判断异议真伪的依据。如果是真实的价格异议那么处置起来较为复杂，销售人员可具体问题具体分析，可以从产品的质量、品牌、交易条件、营销活动等方面来化解异议。

（3）产品异议

产品异议是指客户认为产品在质量、品牌、功能、外观或者其他方面不能满足自己的需要而产生的异议。例如"产品质量差"、"没有设计感"等。产品异议表明客户对产品有一定了解，但是还不够深入，担心这种产品能否真正满足自己的需要。因此销售人员要充分掌握产品相关的知识及竞争产品情况，向客户准确传递产品能够给客户带来的价值来化解异议。

（4）服务异议

服务异议是指客户对售前、售中和售后服务的过程中，对销售人员及其服务的内容、方式、态度、程度和程序等方面产生的异议。比如"服务态度不好"、"等待时间太久"等。在产品同质化现象越来越严重的当下，企业提供更优质的服务客户成了企业竞争制胜的法宝。面对客户提出服务异议时，销售人员应该诚恳听取客户的意见建议，并通过和客户耐心解释和沟通，尽量补救，并在日后的客户服务工作中不断改善服务质量，树立企业形象。

（5）交易条件异议

交易条件异议是指客户对交易过程中的购买时机、购买权等方面存在的异议。比如"再考虑一下"就属于对购买时机的异议，而"做不了主"则属于购买权方面的异议。针对交易条件异议，销售人员要认真分析到底因为交易条件方面的限制，还是客户利用异议来拒绝营销人员的接近和面谈。因此，营销人员要具体情况具体分析，真诚对待客户，深层次挖掘异议原因。

10.1.3 客户异议的原因

1. 有些客户异议是客户讲价的托词和借口

在销售过程中，有一部分客户会提出各种异议，当解决了一个异议客户便会马上又提出其他异议，多半这个客户是希望通过表达各种异议来达到降低产品价格的目的。如果出现了这样的现象说明客户已经从内心接受了产品的价值，但是他们希望能以比目前报价更低的价格购买。对于这类客户异议，销售人员如果能够提供折扣，那么可以采取给与一些附加条件的折扣，比如要求客户进行增量购买或者交叉购买等，如果已经不能再提供折扣，也可以将产品付款总额拆散为较小的金额，比如"您只需要每天花1元钱，全家就能喝上健康水，一人一天才相当3毛钱"，或者从客户的结款方式上提供折扣，例如一次性付清可以提供小额折扣，分期付款则需要提高定价等来促使交易达成。

2. 客户与企业之间尚未建立信任关系

站在客户的角度来看，让客户花钱，本身这种行为就会给客户带来很大的不安全感，所以客户异议也可以看成是客户对于自己的一种本能性的保护。所以在没有安全感的前提下，客户对于销售人员所说的话是持怀疑态度的。因此如果销售人员能够与客户之间建立信任关系，则客户就会放下戒备心，相信销售人员所提供的信息，交易自然也就容易达成了。相反，而当客户与销售人员之间尚未建立信任关系时，客户则会本能的产生自我防卫，表现为对于销售人员所提供的信息表示质疑，或者用拖延和隐藏自己内省真实看法的方式进行自我防卫。所以当客户出现犹豫、谨慎，拖延时间购买等情形实际上是一种自我保护。因此，企业在销售阶段初期尤其要注重建立与客户的信任关系，提高客户的信赖度。

3. 客户已有稳定的购买渠道或不愿意深入了解产品而拒绝改变

很多时候客户已经拥有购买渠道后可能就习惯性对改变供应商产生抵触情绪，觉得改变太复杂只想维持现状，或者客户对于企业的产品和服务了解并不深入，对产品或服务的价值没有清晰地认识，从而拒绝改变。

对于这部分客户，销售人员可以从客户的行业背景、发展前景出发，以客户为中心，驱动客户改变。尤其是在进行客户需求识别的初期，应该深入在了解客户信息的基础上挖掘潜在客户的需求，把与客户达成共识的需求作为切入点介绍产品或服务，同时还可以介绍改变后能够给客户带来哪些价值，鼓励客户改变。对于此类异议的处理，需要销售人员有较高的语言技巧，毕竟对于客户来说，客户的行业背景与前景、竞争对手基本上属于敏感话题，在讨论这些话题时应尽量不要触动客户的逆鳞，避免客户的反感。

4. 客户预判产品或者服务无法达到其期望水平

客户在购买前往往会对产品的成本和收益进行分析，即客户对自己的货币付出与商品带来的物质收益和情感体验是否对等进行预判后，再做出最合理的选择。当客户预判企业所提供的产品和服务给他带来的价值没有达到其预期时，等就会产生客户异议。因此，在销售过程中，销售人员要注重细节，在与客户沟通的过程中给客户带来较好的客户体验，同时，在介绍产品或者服务时，重点关注其对效率、便利性、时效性、舒适度、品牌效应等方面的需求，促进客户购买。

10.2 客户异议管理

在客户关系的建立和维持过程中，出现客户异议是非常普遍的现象，那面对客户的质疑、拒绝等异议，销售人员应该如何处理才能够让客户拥有良好客户体验的同时又可以使得销售人员的立场和想法得以表达和认可呢？销售人员一定站在客户角度尊重、理解、体谅客户并分析找到异议的真正原因；要学会洞察客户心理，分析并把握公开的真实异议，只有准确了解顾客异议，才能有针对性地处理各种异议，从而提高销售的成功率。

10.2.1 客户异议处理的原则

1. 正视并尊重客户异议

当出现客户异议时，销售人员一定不要忽略或者轻视客户异议，认为客户难缠，故意为难自己。我们应该站在客户的立场，尊重客户，无论客户异议是不是合理的，销售人员都要以温和的态度对于客户的质疑给出相应解释。就算客户是错的,也不能直接的反对,以免引起客户的不满情绪而导致沟通无法继续交易失败。在话术的选择上应尽量礼貌委婉,比如"我理解您的感受,您这么说也有一定的道理,但是在实际操作过程中,可能会存在以下这些问题,咱们一起探讨一下……"。这样客户不仅会感受到销售人员的谦虚品质和过硬的专业知识,还会使客户感受到销售人员对他们的需求与问题非常重视,让客户得到被充分重视的情感体验。

2. 耐心倾听,避免和客户争论

当出现客户异议时,销售人员要全神贯注地耐心听取客户异议的内容,认同客户的感受,不管客户说的有无道理都要认真倾听,因此无论客户的意见是否合理,销售人员都不能表现出不耐烦、轻蔑、走神、东张西望、冷漠等轻视的样子,及时予以客户回应,诚恳地听客户讲完。在倾听的过程中,要思考客户异议中有无隐藏异议、找出客户异议的真正原因。切忌打断客户言谈并急于与客户争论,这直接会导致交易失败。争论只能将客户越推越远,与顾客争论,即使结果是销售人员赢了,也是赢了争论输了交易。

3. 把握恰当时机,化解客户异议

销售人员要善于选择恰当的时机处理客户异议。因此销售人员要把握好处理客户异议的黄金时机。

把握先机——在客户未提出异议前就准备好解决方案。在客户未提出异议之前就对客户需求进行推测,并准备好各种可能发生异议的解决方案这是销售人员必须掌握并做到的。

找准切入时机——寻找具有购买决定权的人。美国商人辛迪说:"在销售过程中,能否准确掌握真正的购买决定者,是成交的一个关键。如果条件允许,就要事先做好调查;如果时间紧迫,就要从对方的言行举止中仔细观察、揣摩,以便少走弯路。

把握关键时刻——在客户有特殊情况时顺利解决。在产品销售过程中,有的客户会提出"我情况特殊,你未必了解"这样的问题,销售人员应正确理解客户所谓的特殊情况的意思,从客户切身利益出发,制订解决方案,让客户感到我们在尽心尽力地为他服务。

抓好对决时刻——当客户青睐竞争对手产品或服务时。针对竞争产品的弱点来销售,用产品差异化来说明自己产品的独特卖点。让客户了解自己产品的优势,取得客户的支持、信任和理解至关重要。

创造购买时机——开发客户需求。销售人员要充分了解客户心理,积极引导客户了解产品。在谈判过程中要遵循客户的心理需求,认识、兴趣、了解决定了心理需求过程,站在客户的角度思考如果我是客户我会怎么办?先说服自己,再说服对方,再从客户身上挖掘其购买潜力。

10.2.2 客户异议处理方法

1. 焦点转移法

当出现价格时异议时,我们最好使用焦点转移法法来转移客户的注意力,将价格计量单位转换为更小单位来计算价格,降低客户的价格敏感度。比如,当客户表示价格太贵时,我们将从产品的功能、品质、售后服务、增值服务、附加服务等方面来进行解释,让

客户能够感受到更多关于产品的优势而转移客户注意力。再比如我们可以将把价格在人数、时间等数量单位上最小化，把价格按照数量单位进行细分，不要直接告知客户这种产品价格多少，而应该把你的产品按使用人数或者按照时间单位进行细分，把"大时段价格"、"总人数价格"细分成"小时段价格""单人价格"的过程，这样可以使降低客户的价格敏感度。

2. 以优补劣法

如果客户异议中明确提到了现有产品或者服务中的缺陷，销售人员首先应该大方承认客户异议具有一定的合理性；其次要说明产品或者服务的其他优点，利用产品的优点来补偿甚至抵消这些缺点；最后，让客户切实感受到购买是利大于弊，物有所值的，以激发客户的购买动机。这样有利于使客户的心理达到一定程度的平衡，利于客户作出购买决策。比如客户提出"这个样式感觉已经过时了"。销售人员也可以实事求是地"是的，张女士，这款是我们去年的秋款，不是新款，所以这款现在是五折的价格销售，而且使用的面料和今年新款是一样的，质感非常好，样式也经典，能穿好几年，是性价比非常高的选择"。这样一来，既打消了客户的疑虑，又利用价格优势刺激客户购买。这种方法侧重于对客户进行心理补偿，以便使顾客获得心理平衡感。

3. 委婉否定法

委婉否定法是销售人员聆听完客户异议后，先肯定对方异议中合理的部分，再根据有关事实和理由委婉、间接地否定客户异议的方法。销售人员在没有考虑好如何答复客户的质疑时，不妨先用委婉的语气把对方的质疑重复一遍，或用自己的话复述一遍，并询问客户自己的描述是否是客户所表达的，当得到客户肯定回复时，再继续对客户异议予以间接否定；这样做可以缓和客户的消极情绪，削弱对方的气势。使用这种方法时，销售人员首先要承认顾客异议的合理成分，然后用"但是"、"不过"、"然而"等转折词将话锋一转，对客户异议予以婉转否定。其基本句型是"是的……但是……"。采用这种方法最大的优点是可以创造出和谐的谈话气氛，建立良好的人际关系。

比如当客户表示产品价格太贵时，销售人员不要立即反驳，而是面带笑容委婉地对客户说："您说得对，如果我是您，我刚看到这台空调的价格我也这样想。但是您要是使用了这个品牌的空调后就会发现它的质量非常好，基本不需要售后维修。假设您买了一台便宜的，质量差经常坏的空调，影响使用不说，后期售后维修费用非常高，这样看的话这台空调的价格并不贵。"在这里，销售人员先是站在客户的角度肯定客户的异议，让客户感受到被理解尊重，因此对于销售人员建立初步好感，愿意听取他的意见，再向客户解释贵的原因，客户的异议自然就弱化甚至消失了，在这个过程中切忌直接反驳客户，甚至激怒客户，导致交易失败。

4. 现场演示法

在销售产品时，很多客户都喜欢将企业的产品和竞争品牌进行对比，因此销售人员可以采取现场演示的方式，用行动来否定客户异议。这种方法能够使销售人员既不用语言反驳客户，又使得客户眼见为实，增加客户的信赖度。客户的产品异议，基本可以用这种方法解决。通过现身说法的形式，来佐证产品质量有保障。销售人员可通过自己现场的试吃、试穿、试用，以此打消客户的顾虑和异议。也可以组织客户到企业实地参观，通过个人的实际参观经历，让其切实地感受企业的规模、文化、生产采购流程等，从而消除客户的疑虑，建立合作关系。

5. 冷处理法

对于客户一些无关紧要不影响交易的质疑或否定时，采取冷处理法是最为恰当的。这时候如果销售人员对客户的质疑和否定予以回复或者反驳，那么就会给客户带来故意为难他给他挑刺的不良印象。因此，对于客户提出的一些无关紧要的细节问题或是故意刁难，销售人员可以不予理睬，转而讨论自己要说的问题，例如可以用"您说的的确是有道理，但是您还是先了解一下我们产品的性能……"等语句来转移话题。在应用这种方法时要注意不要过"度"，不理睬客户的反对意见，会引起客户的敏感心理，甚至让客户产生反感。且有些反对意见与客户购买关系重大，销售人员把握不准，不予理睬，有碍成交，甚至失去推销机会。因此，利用这种方法时必须谨慎。

综合练习

一、单选题

1. 客户认为自己"不需要"产品，我们把这种客户异议称之为（　　）。
   A. 价格异议　　　　B. 需求异议　　　　C. 交易条件异议　　　D. 产品异议
2. 客户认为"产品质量差"、"没有设计感"等这些异议我们称之为（　　）。
   A. 价格异议　　　　B. 需求异议　　　　C. 交易条件异议　　　D. 产品异议
3. "我再考虑考虑"，"做不了主"等情形，这些异议称之为（　　）。
   A. 价格异议　　　　B. 需求异议　　　　C. 交易条件异议　　　D. 产品异议

二、多选题

1. 客户异议处理的一般方法有（　　）
   A. 与客户争论，还原事实　　　　B. 焦点转移法
   C. 冷处理法　　　　　　　　　　D. 现场演示法

三、简答题

1. 简述客户异议的原因。
2. 简述处理客户异议的原则。
3. 简述客户异议处理的方法有哪些。

技能训练

实训主题：处理客户异议。

实训目的：通过本次实训，学会客户异议的处理技巧的具体运用。

实训过程设计：1. 阅读下列材料进行讨论

客户异议	要是你如何处理	理由
1. 价格可以再便宜一些吗？再打个折吧。		
2. 你们要是再便宜点我就买了，不便宜我就走了。		
3. 我已经买了其他品牌的产品了，用的一直挺好，不考虑更换品牌。		

续表

客户异议	要是你如何处理	理由
4. 你们的产品不如某家的好看，样式也不多。		
5. 我回家再和家人商量一下，考虑考虑。		
6. 下单两天了，为什么不显示物流信息？换快递公司为什么不告诉我？		

（1）让学生用15分钟看完下列材料，准备进行讨论
（2）学生就每一步处理过程提出看法，讲清理由
（3）教师归纳、点评

2. 角色扮演

以小组为单位，进行抽签，分别选择五种客户异议中的一种，每组派出3名同学，分别扮演客户、客户服务人员，小组设计具体的客户异议问题，现场演练处理客户异议过程并阐述技巧要点，由各小组进行评价打分。

拓展学习

区分真假客户异议

茜茜是一家服装店的销售员。一天，一位女士走进了服装店，在裙装区转了几圈，后将目光锁在了一件连衣裙上。茜茜看到后马上迎了上去：

女士："这条裙子多少钱？"

茜茜："原价499元，打完折价格是299元。"

女士："299元？那么贵。就这种款式和图案没有什么特别之处，还是去年流行过的，哪里值得了那么多钱。你们这里就没有今年新流行的款式吗？"

茜茜："女士，橱窗里挂的都是今年的新款，但对您来讲不太适合。还是这款裙装比较适合您。"

女士："是吗？可是这个款式太陈旧了，能便宜点吗？"

茜茜："女士，不好意思，不能便宜了。其实您的皮肤比较白，这款裙装颜色很适合您。如果您喜欢流行款，那边也有很多，您可以看一下。"

女士："这些吗？我不太喜欢……"

客户异议有真有假，像上面情景中的客户提出的就是假异议。客户借口衣服图案太陈旧，以希望用更低的价钱买下看中的衣服。为了达到某种目的，在购买产品时，常有一些客户会利用类似的假异议。如果销售员不能分辨出这种假异议，就会掉进客户制造的陷阱，或是陷入被动。

针对以上的情景，销售员可以这样来做：

女士："299元？那么贵。就这种款式和图案，没有什么特别之处，还是去年流行过的，哪里值得了那么多钱。你们这里就没有今年新流行的款式吗？"

茜茜:"女士,橱窗里挂的都是今年的新款。但是对您来讲不太适合,还是这款裙装比较适合您。"

女士:"是吗?可是这个款式太陈旧了,能便宜点吗?"

茜茜:"女士,这已经是非常优惠的价格了。看您的穿着,我想您应该是穿衣服很有风格的人,也很会搭配衣服。如果有适合自己的服装您肯定是不愿放过的。这款裙装就特别能突显您的气质。您可以来亲自感受一下,这里有试衣间。"

客户开始试穿衣服。

茜茜:"穿上这条裙子您的气质更好了。如果再配上一条项链,出席宴会或者参加私人聚会时会成为焦点。"

善于从细节中体察真相,并能通过沟通验证客户异议的真伪,销售员就能清楚地了解客户的异议是真是假。弄清了客户提出异议的真正原因,销售工作也就更容易开展了。作为销售员,对于客户提出的异议固然要给予解决,但是在解决之前务必需要弄清其真假。只有明晰了客户提出异议的真正原因,销售员才能对症下药,进一步采取正确的销售手段。

法国哲学家伏尔泰曾说:"语言的另一个妙用是隐藏我们的思想。"在客户提出异议时,有时会出于各种各样的原因不直接说出真正不购买的原因,且刻意隐瞒"真相"。在这样的情况下,即使解答了异议,都不可能成交。因此,在处理异议前,一定要先区分异议的真假。

回答下面问题:

1. 如何分辨真假异议?
2. 你有比茜茜更好的处理方式吗,请尝试描述。

任务11　客户投诉管理

计算机厂家巧妙利用客户投诉

计算机刚面世时,人们对计算机的熟知程度远不及现在。一些客户由于操作不当,常常造成计算机系统死机,因而对计算机质量和功能非常不满意,认为计算机在生产过程存在质量问题,故对厂家频繁投诉。有一家计算机公司就是从客户的投诉中受到启发,发现了商机,开发了"一键恢复"功能键。当客户操作失误,可按一下恢复键,被损坏的系统就会自动恢复,还会完整地把各种文件保存起来。结果装有这种软件的计算机一面市就受到消费者的青睐。

如果没有投诉客户的存在,企业将不知道自己的产品是否存在问题,也不知道如何去改进自己的产品。因此投诉客户应该受到企业的尊重，应该得到企业的感谢，投诉客户是企业真正的朋友，是给企业带来利润的人。从心理学角度上分析，一般情况下，投诉的客户往往是忠诚度很高的客户，因为他们比较执着、有主见，有什么不满意一定要提出来，而一旦这些问题得到了企业迅速有效的解决，他们对企业的信任度与忠诚度将会得到进一步巩固。

任务分解

客户投诉是企业常常碰到的问题，客户投诉最终目的是要解决问题，但对投诉也要进行有效的管理。所以要完成下面任务：
(1) 画出客户投诉管理的流程图；
(2) 会用适当的方法处理客户投诉。

知识链接

面对投诉，要以诚相待，要掌握一个原则——客户永远是对的；要及时处理落实好每一件投诉，把握客户心理，想客户所想、急客户所急，改进企业的工作，以更好的服务模式创造商机，挽留客户，达到让客户满意、获取客户的忠诚度的目的，从而稳定和扩大市场，赢得发展的商机。

11.1 客户投诉的内涵

保持和发展现有客户的关系是企业的一项基本战略。然而，即使是最优秀的企业也不可能永远不发生失误或不引起客户投诉，正确处理客户投诉，就可以将客户投诉转变为企业的收益。

11.1.1 客户投诉的含义

在客户投诉这个问题上，可以说是仁者见仁、智者见智，不同时期、不同行业、不同机构对客户投诉都有不同的界定。客户投诉可以表述为客户用口头或书面的方式表示出的不满和抱怨。客户投诉还可以表述为客户对所购买的商品或企业提供的服务所抱有的良好愿望和期望得不到满足，失去了心理平衡，由此产生的抱怨和"想讨个说法"的行为。尽管对于客户投诉的定义众说纷纭，很难有统一确定的定义，但它们都有一个最基本的特点就是客户对产品、服务等方面的不满意，不管这种不满意是客观原因造成的，即企业的产品、服务的确存在缺陷或不足，还是主观原因造成的，即企业的产品、服务与客户的需求存在差距。

引起客户投诉的原因可以归纳为两种，即对结果不满意或对过程不满意。对结果不满意是指客户认为产品或服务没有达到他们的预期，也就是没有产生应有的利益或价值，使客户受到经济损失。如产品质量存在问题、产品标识不当等。对过程不满意是指客户在接受企业提供的产品或服务的过程中感受到的不满意，如服务环境恶劣、服务电话无人接听等。而对于服务行业,由于企业所提供的服务性产品的特殊性,服务结果和服务过程是相伴的,很难分开,客户的投诉往往对结果和过程同时不满意。客户表示不满意还可能因为客户的需求与企业提供的产品和服务之间存在着差距。如:理解差距,即客户期望与企业对客户期望的理解之间的差距,也就是企业没有能正确理解客户的需求;感受差距,也就是客户期望与感知之间的差距,即企业提供的产品或服务质量不能被客户完全感受到。对于企业而言,在明确了引起客户投诉的原因后,应采取有效的对策,消除客户不满意,避免客户投诉。

11.1.2 客户投诉的类型

从不同的角度对客户投诉进行分类,对于某一起具体的投诉,也就能够从多个侧面来界定。

(1) 按投诉的严重程度。

①一般投诉。一般投诉是指投诉的内容、性质比较轻微,没有对投诉人造成大的损害,或者投诉人的投诉言行负面影响不是很大的投诉。

②严重投诉。严重投诉是指投诉涉及的问题比较严重,对投诉人造成了较大的物质上或精神上的伤害,引起投诉人的愤怒进而做出不利企业的言行的投诉。

上述两者之间有一定的联系,一般投诉如果处理不当,极有可能演变成严重投诉;相反,如果严重投诉处理得比较有技巧,也可以将其转化为一般投诉。

(2) 按投诉原因。

①产品质量投诉。产品质量投诉是指投诉人对产品的质量、性能、安全等方面不满意而提出的投诉。

②服务投诉。服务投诉是指投诉人对商家提供的售后服务或是销售人员的服务方式、态度等方面不满意而提出的投诉。

③价格投诉。价格投诉是指投诉人认为所购产品或服务价格过高或者物非所值,因而产生的投诉。

④诚信投诉。诚信投诉是指投诉人因购买产品或服务后,发现其使用价值或感受到的服务并非如售前或售中所宣传、承诺的那样而产生的投诉。

(3) 按投诉行为。

①消极抱怨型投诉。主要表现为投诉人不停地抱怨、数落各方面的不满意,投诉的重心在于表达不满意。

②负面宣传型投诉。主要表现为投诉人在公共场合或在除企业外其他人面前负面评论企业的产品、服务等,其投诉的重心在于"广而告知"企业的缺陷或不足。

③愤怒发泄型投诉。主要表现为投诉人情绪激动或失控,投诉的重心在于以愤怒、敌对的方式宣泄自己的不满意。

④极端激进型投诉。主要表现为投诉人以极端的方式与企业发生口角或做出一些过激的行为,不达目的决不罢休,这类投诉一般称为客户冲突。

(4) 按投诉的目的。

①建议性投诉。投诉人一般不是在心情不佳的情况下投诉的,恰恰相反,这种投诉很

可能是随着对商家的赞誉而发生的，即"尽管现在这样也不错，但如果那样做就会更好。"

②批评性投诉。投诉人心怀不满，但情绪相对平静，只是把这种不满告诉对方，不一定要对方做出什么承诺。

③控告性投诉。投诉人已被激怒，情绪激动，要求投诉对象做出某种承诺。

当然，这三类投诉也不是一成不变的，不被理睬的建设性投诉可能会进一步变成批评性投诉，进而有可能发展成为控告性投诉。

11.1.3 客户投诉的意义

客户投诉表面看来是客户对企业产品或服务的不满与责难，但实质上体现的是客户对企业的信赖与期待。企业与客户的关系不是敌我关系，如果视客户为敌人，必将阻碍企业的发展，因为挑剔的客户是企业的老师，投诉的客户是企业的朋友。

（1）客户投诉是企业建立客户忠诚的契机。

没有客户投诉，并不是没有不满意的客户，这很可能是因为客户认为与其投诉不如离开。有研究发现，客户不满意但是不进行投诉的客户，有91%不再使用该企业的产品或服务；而进行投诉并且得到很好解决的客户，只有18%不再使用该企业的产品或服务。所以提出投诉的客户，若问题得到圆满的解决，其忠诚度会比从来没有过抱怨的客户高。企业有效地解决客户投诉，会让客户有信赖感，能够为企业赢得客户的忠诚。因此解决好客户投诉是企业建立客户忠诚的契机。

（2）客户投诉可以帮助企业发现隐藏的商机。

客户的负面投诉情绪中往往隐藏着正面的需求或期望值，而这些需求或期望值就是客户对企业产品、服务、人员素质等方面正面的期望与标杆。客户之所以投诉，就是因为企业并没有满足他们的需求，或是没有达到他们的期望值。因此，正确判断客户投诉中所包含的价值取向，可以帮助企业发现市场空白、实现技术创新，先于其他企业一步，最快、最大限度地生产或提供满足客户需求的产品与服务，为企业赢得商机。在IBM公司，40%的技术发明与创造，都是来自客户的意见与建议。从客户投诉中挖掘出商机，寻找市场新的买点，对企业来说是非常珍贵的。

如"冷冻肉解冻难"是消费者十分头痛的问题，海尔集团一位设计师在商场听到正在挑选冰箱的客户说"解冻最麻烦了"之后，以特有的敏感认为这句抱怨的话有文章可作。3个月后，比普通冰箱多设置了一个软冷冻室的海尔快乐王子007冰箱，经过反馈调查和反复调试后上市，储存在此温度下的肉类食品可直接切割，深受消费者青睐。

（3）客户投诉可以促进企业成长。

客户为什么会投诉，归根结底是他们的需求或期望没有得到满足。市场营销的核心理念，就是以客户的需求为导向，客户需求或期望什么样的产品或服务，企业就提供什么样的产品、服务。这看似是很容易、很简单的准则，但真正做到却不是那么简单，因为通常情况下，客户的期望与企业的期望之间有偏差，企业认为好的，客户不一定认可。那如何缩小企业与客户之间的偏差呢？正视客户的投诉，是比较有效的方法，因为客户投诉的地方也就是企业的问题所在，客户的批评、指责是企业纠偏的良药。

1984年，一位21岁的青年，身无分文闯天下，20年后他成了亿万富翁。他最擅长的就是"点金术",人人都认为无可救药的企业,到他手里不出几年必定会转亏为盈。人们问他,为什么总爱收购失败的企业来经营?他说"别人经营失败的生意,接过来后容易找出失败的原因,因此,缺陷比较明显,只要把那些缺点改正过来,自然就赚钱了。这要比自己从头开始一种生意省力,风险也小"。再如某便捷泊车公司在多个城市经营着许多停车场。客户曾向该公司抱怨:进停车场容易,出去就难了,每次离开停车场时,都要浪费很多时间。便捷公司于是采取了几项措施来加快出车速度,结果不仅满足了客户的需求,而且每年还能为省下近50万美元的费用。

(4)处理好客户投诉可以建立和巩固良好的企业形象,从而促进销售。

前些年,海尔集团推出一款"小小神童"洗衣机。推出时,它的设计存在着一些问题,当时这款洗衣机的返修率是相当高的。海尔调集了大量的员工,承诺客户"接到投诉电话以后,24小时之内上门维修",很多客户的洗衣机都是经过海尔连续三四次甚至五次的上门维修才解决问题的。如此高的返修率,客户是否会非常不满意呢?很多客户反映说"任何新的产品都会存在这样或那样的问题,但对海尔的服务,我们是满意的。"因为他们看到了一家企业对客户的尊重和重视。海尔正是重视客户的投诉,才使得消费者继续保持了对海尔品牌的信任,这也是海尔在今天能成为一家国际性大企业的重要原因。试想如果一家企业不能有效地处理投诉问题,就不可能把投诉所带来的不良影响降到最低点,反而会扩大。

客户投诉如果能够得到快速、真诚的解决,能使客户重新获得满意和对企业的信任,他们会自觉不自觉地充当企业的宣传员。客户的良好口碑不仅可以增强现有客户对企业的信心和忠诚度,还可以对潜在客户发生影响,有助于企业在社会公众中建立起良好的形象和较高的客户满意度。在客户对产品或服务满意的条件下,就会主动积极地实施购买行为,从而增加企业产品或服务的销售量。

总而言之,投诉对任何一家企业或商家来说,都是客观存在的。面对客户的投诉,不应恐慌、反感、逃避,而应重视、挖掘客户投诉的意义,并积极采取有效的策略进行处理。

11.2　客户投诉管理内容及方法

客户投诉管理的核心工作是如何处理好客户投诉、提高客户满意度、降低客户流失率。从客户投诉的预防、受理到处理,是为企业挽留老客户的经营过程,再通过投诉信息分析挖掘出潜在的商机,寻找市场新的卖点。

11.2.1　建立客户投诉管理体制

为了保证企业各部门处理投诉时能通力配合、快速反应,解决好客户投诉,企业应建立较为完善的客户投诉处理规范和管理制度。首先,企业要有专门的制度和人员来管理客户投诉,根据企业自身的产品或服务特点明确处理投诉的业务流程,根据实际情况确定投诉部门与上级之间的汇报关系。此外企业还要做好客户投诉的预防工作。其次,一旦出现客户投诉要及时处理,力争在最短的时间内对客户的投诉做出明确的回复。否则拖延或推卸责任将会增加客户的不满意,使得客户关系继续恶化。再次,在处理问题的时候要分清责任,确保问题的妥善解决。分清造成客户投诉的责任部门和责任人,明确处理投诉的各部门、各类人员的具体权限,提高企业在处理投诉时的响应速度。最后要对客户投诉及其处理进行详细的记录,将所获得的信息传递给其他部门,不断改进客户投诉处理流程。

如某饭店是一家接待商务客人的饭店,最近一些老客户反映,饭店客房里新改装的茶叶袋比较大,茶叶缸的盖子盖不住。客房部经理在查房时也发现了这个问题,并通报了采购部经理,但是过了3个月,这个问题仍没有解决。饭店经理知道了这件事,他找来客房部经理和采购部经理了解情况。客房部经理说"这件事我已经告诉采购部经理了。"采购部经理说"这件事我已经告诉供货商了。"类似的问题在这家饭店发生多次。饭店相关部门对客户的反映情况采取独立的应对方式,但是部门界限的存在使这些不同的业务功能往往很难以协调一致的方式将注意力集中在客户的抱怨上。为此,在解决客户投诉的过程中企业各部门必须相互沟通、互相合作,以较快的反应速度处理好客户投诉。

11.2.2 投诉预防

客户投诉管理工作中,最重头的环节在于投诉预防工作。对于企业来说,问题越严重,挽救成本越大,机会失去的概率越大。投诉预防应从识别并处理好客户抱怨做起。抱怨是客户不满的信号,企业应在发现的最初期就把它处理好,在与客户接触的每个环节中,调动企业员工的主观能动性,鼓励其处理好每一起接触到的客户不满或抱怨。如果企业致力于管理好客户的抱怨,对企业来说,将可以在问题初期就挽回大部分不满客户的满意度和忠诚度,还可以降低解决客户投诉的成本。

11.2.3 客户投诉处理流程

如何处理好每一个客户的投诉,用什么方式解决客户的不满意?各个企业的做法不尽相同。有些企业只解决正式提出的投诉,这就忽略了其他95%的不满意,而这些未被重视的不满意会向外传播,从而导致企业失去客户,降低了市场竞争力。而有些企业则采取措施鼓励客户表达不满意,并对所表达的不满意积极认真进行解决。这些被重视的不满意被解决,从而留住客户,增强了竞争力。客户投诉处理流程一般说来包括以下几个步骤。

案例资源:山东舜和国际酒店投诉处理

(1)记录投诉内容。

利用客户投诉记录表详细地记录客户投诉的全部内容,如投诉人、投诉时间、投诉对象、投诉要求等。

(2)判定投诉是否成立。

了解客户投诉的内容后,要判定客户投诉的理由是否充分、投诉要求是否合理。如果投诉不能成立,即可以婉转的方式答复客户,取得客户的谅解,消除误会。

(3)确定投诉处理责任部门。

根据客户投诉的内容,确定相关的具体受理单位和受理负责人。如属运输问题交储运部处理,属质量问题则交质量管理部处理。

(4)责任部门分析投诉原因。

投诉分析的目的是从众多具体的投诉中，发现一些规律性的问题或有价值的信息，挖掘客户的潜在需求。比如可以从客户投诉中检视产品或服务的错误，从客户投诉中寻找市场的商机。投诉分析可为企业提供持续改进的方向和依据，企业要充分挖掘投诉的价值，让客户投诉创造利润。因此要查明客户投诉的具体原因及具体造成客户投诉的责任人。

（5）提出处理方案。

根据实际情况参照客户的投诉要求，提出解决投诉的具体方案，如退货、换货、维修、折价、赔偿等。

（6）提交主管领导批示。

对于客户投诉问题，领导应予以高度重视，主管领导应对投诉的处理方案一一过目，及时做出批示。根据实际情况，采取一切可能的措施，挽回已经出现的损失。

（7）实施处理方案。

处罚直接责任者，通知客户，并尽快地收集客户的反馈意见。对直接责任者和部门主管要按照有关规定进行处罚，依照投诉所造成的损失大小，扣罚责任人的一定比例的绩效工资或奖金。同时，对不及时处理问题造成延误的责任人也要进行追究。

（8）总结评价。

对投诉处理过程进行总结与综合评价，吸取经验教训，提出改进对策，不断完善企业的经营管理和业务运作，以提高客户服务质量和服务水平，降低投诉率。

快速解决客户投诉的问题是满足客户的最好方法，有效地处理客户投诉对保持现有客户关系起促进作用。客户投诉的有效处理使客户享受更好的服务和产品，有利于提高企业信誉，也是企业提高市场竞争力的关键。

11.2.4 投诉处理的一般方法

（1）倾听。当客户对产品或服务进行投诉时，首先要学会倾听，通过倾听客户投诉可以发现客户的真正需求，从而获得处理投诉的重要信息，做好倾听的记录，然后要弄清问题的本质及事实。在倾听过程中可以运用提问的技巧，比如发生什么事情？这事情为什么发生？客户服务人员是如何发现的？这些问题可以帮助客户服务人员了解事情的真相。

（2）表示道歉。不论是什么原因引起的客户投诉，客户服务人员应该对用户表达歉意。漠不关心、据理力争或找借口，都只会恶化客户关系，而适时表示歉意有助于平息客户的不满情绪，可以推动问题的解决。

（3）仔细问问。引导客户说出问题的重点，这样可以有的放矢，找出双方一致同意的观点，缩短与客户的距离，发现解决问题的关键。

（4）记录问题。将客户反映的重要问题记录下来，有助于事后问题的解决和分析。

（5）解决问题。积极寻找解决问题的方案，当客户服务人员拿出解决客户投诉的建议时，要征求客户的同意，如果客户不接受要了解客户希望解决的方案。如果客户服务人员不能决定，要给客户推荐其他适合的人，并且要主动地代为联络。

综合练习

一、单选题

1. 客户期望与企业对客户期望的理解之间的差距产生了客户投诉，我们称这种差距为（　　）。

　　A. 价格差距　　　B. 期望差距　　　C. 理解差距　　　D. 感受差距

2. 以下关于客户投诉意义说法不正确的是（　　）。

　　A. 客户投诉是企业建立客户忠诚的契机

　　B. 客户投诉可以帮企业发现隐藏商机

　　C. 客户投诉可以促进企业成长

　　D. 如果企业的老客户较少，则不必理会客户投诉

3. 引起客户投诉的原因一般可归结为两种，一种是（　　），另一种是（　　）。

　　A. 对产品不满意　　B. 对价格不满意　　C. 对结果不满意　　D. 对过程不满意

二、多选题

1. 以下属于由于对结果不满意而产生的客户投诉情形的是（　　）。

　　A. 产品质量问题　　　　　　　　B. 服务环境恶劣

　　C. 服务电话无人接听　　　　　　D. 产品标识不当

2. 按照投诉目的可以将投诉分为（　　）。

　　A. 建议型投诉　　　　　　　　　B. 愤怒发泄型投诉

　　C. 批评型投诉　　　　　　　　　D. 控告型投诉

3. 客户投诉处理的一般方法有（　　）。

　　A. 与客户争辩，还原事实　　　　B. 倾听

　　C. 仔细询问　　　　　　　　　　D. 表示道歉

三、简答题

1. 简述客户投诉的意义。

2. 简述处理客户投诉的原则与技巧。

3. 简述投诉处理的方法。

技能训练

实训主题：处理客户投诉。

实训目的：通过本次实训，学会客户投诉处理技巧的具体运用。

实训过程设计：

（1）阅读表中材料进行讨论。

①让学生用15分钟看完表中材料，准备进行讨论。

②学生就每一步处理过程提出看法，讲清理由。

③教师归纳、点评。

情境设置	要是你如何处理	理由
1. 有一位客户购买了一部手机，大概过了7个月，客户说手机坏了，不能显示。拿到维修部门，维修部门发现是电池漏液导致电路板腐蚀，于是更换电路板。但是更换电路板需要返回厂家，可是这款产品厂家已经停产了。于是客户要求退货。		

续表

情境设置	要是你如何处理	理由
2. 这个企业的工作人员说"我们给你调换一个,你可以选另外一款同等价格的手机。"客户说"不行,一定要退钱。"		
3. 后来发现,电池漏液造成电路板腐蚀不完全是这个客户的原因,和产品有一定的关系。		
4. 客服经理没有答应退货,没想到这个客户特别难缠,天天跑到企业闹,影响企业的正常工作。		
5. 企业没办法了,就跟该客户签了一个保密协议。客户可以退货,但不能将处理结果告诉其他客户。		

请你想一想,企业为何要签这个协议?

(2)角色扮演。

以小组为单位,每组派出3名同学,分别扮演客户、客户服务人员、客服经理(当客户不满意、不接受客户服务人员的处理方案或发生冲突时才出场)。设计具体的投诉问题,现场演练处理客户投诉的过程,评选出处理客户投诉最成功的一组。

拓展学习

携程旅行网的客户投诉

2008年11月14日,与妻子在海南度蜜月的梁玉祥通过电话向携程旅行网(以下简称"携程")订购了两张11月18日返回昆明的机票,外加两份"平安交通工具意外伤害保险单"。两张保单共计20元,最高保额80万元。梁玉祥当天拿到保单时发现,保险期限仅18日一天,而航空意外保险的保险期均在7到10天。梁玉祥的航班的空中飞行时间是从18日23时05分到19日凌晨0时55分,航程跨越两天,这也就是说,有近一个小时的时间梁玉祥是在"裸飞",没有任何保障。

梁玉祥就该疑问致电携程客服热线,客服人员称保单是保当次航班,航程肯定受保障。但令梁玉祥错愕的是,他发现保单上"1 天"的英文翻译竟然是"ONE-DAYS"(注:应为ONEDAY),而背面"保险期限详见保单"中的"详见"也写成了"祥见"。

梁玉祥随即致电平安财险客服热线,经平安财险的客服人员查证,平安公司的系统并未查到其两张保单的投保记录。梁玉祥说,他返昆后多次与携程沟通,提出携程应出具该保单为真保单的证明,但携程仍然称保单不会有假。

随后,梁玉祥向平安财险海南分公司提出验真申请。2008年12月12日,海南分公司出具了书面回复,指出该保单存在着没有印刷限售地区、没有打印验证码、保险期限错误、单证流水号及保单号不符合编写规则等诸多问题,并称"所提供的保单非我公司产品"。

"我将平安财险的证明发给携程,但回复我说,他们也是受害者,接着就晾了我两个多月,没有和我联系。"梁玉祥说。

2009年2月20日,携程以"上海携程国际旅行社"名义在网上公布了《致携程会员梁玉祥先生的道歉函》,证实两张保单属伪造保单,系携程资源合作方三亚辰龙工作人员擅自向三亚禧嘉航空售票中心购买两份仿造保单所致,承认其负有监督管理不力的责任,同时表示,携程已终止与三亚辰龙在保险方面的合作,并责成三亚辰龙向当地公安机关、工商部门举报出售假保单的禧嘉航空售票中心。

2月20日,海南保监局吊销了三亚辰龙售票公司保险兼业务代理许可证,同时,三亚工商部门也将涉嫌出售假保单的禧嘉航空售票中心予以取缔。

回答下面问题:
(1) 携程在处理客户投诉过程中有哪些不足?
(2) 请你从携程旅行网的角度反思客户投诉对组织的意义。

任务 12 客户服务管理

 任务引入

真人客服难觅,人工智能变人工障碍

微课学习:客户服务的含义和分类

你有过紧急情况找不到真人,只能和机器人客服对话的经历吗?

这几年,人工智能迅猛发展,很多观点都认为它的出现解放了劳动力,提高了生活和工作效率。然而,在近日的采访中,几位受访者都向中国城市报记者大吐苦水,诉说了他们遇到关键时刻人工智能不如人的真实经历。

有家不能回与机器客服"无限争斗"

看着网络上铺天盖地的关于人工智能的新闻报道,北京白领甄女士摇了摇头:"都是在点赞吹捧,但硬币总有两面。"就在前几日,甄女士看到了"硬币的另一面",经历了一场"有家不能回"的尴尬,如今提起时仍哭笑不得。

"我租住在自如公寓,那天中午穿着睡衣拖鞋出门扔垃圾,回来突然遭遇密码锁失效,进不去房门。我登陆自如APP联系客服,却只有机器人在线,只能戳手机上的固定回答,在10遍以上的无效沟通后,我崩溃了。"甄女士告诉中国城市报记者,她根据机器人的提示联系维修师傅上门,手机页面显示维修时间最快也要到两日之后。随后,甄女士试图用电话联系客服,但再次遇到了只能和机器人对话的窘境。"一般接通电话后按'0'都是

转接人工,但是该客服电话没有这一选项。"站在大门外被冻得瑟瑟发抖的甄女士,无奈之下选择了"紧急安全请按9",这才和真人通上了话,但客服的回答让她大跌眼镜,"好不容易找到真人客服,他居然叫我去APP上联系智能机器人,这真是太离谱了!"客服告诉甄女士,门锁维修这种诉求只能通过APP渠道解决,可以线上输入"转人工"联系能解决该问题的真人。紧接着,甄女士按照对方说的又操作了很多次,但戏剧化的是,反复输入"转人工"后得到的依旧是机器人冷冰冰的回复,"最终还是在电话真人客服的操作下,为我转接了人工,帮我联系上了短时间内能上门维修的师傅。"

这次的经历让甄女士感到愤愤不平:"我交的租房费用里包含服务费,预期得到的服务是紧急情况下能找到真人为我解决问题,而不是让我陷入到与机器人的'无限争斗'中。"甄女士认为,在售后、维修、服务等环节中只能找到机器人,是一种对顾客的单方面消耗。"过去我们租房都有真人管家,有个急事要处理联系真人很方便。但不知从什么时候起,管家都'消失'了,只能和机器人'小如'对话。"她说。

在甄女士眼中,机器客服只有简单的指引功能,不足以应对顾客多样化的需求。想要依靠机器学习或者算法训练,让机器具备人一样的应变能力,现在的条件还不够成熟。"人工智能的出现的确很大程度上提高了效率、减少了人力成本,但关键时刻,人工智能真不如人。"甄女士说。

请思考:
(1) 本案例中人工智能在客户服务中的应用存在的问题,给你怎样的启发?
(2) 企业应如何更好地利用人工智能进行客户服务建设?

任务分解

目前,面对市场竞争的压力,已经有许多房企开始意识到具有优质的服务才能占领或保住市场,如绿地、保利等品牌房企均倡导以服务为主题。从以产品营造为中心到以客户服务为中心,这将是房地产行业发展的必然趋势,服务营销的观念也将推动房地产市场走向更加成熟和理性。万科建立了客户中心网站和CRM等信息系统,充分重视客户的体验,给客户以人为本的关怀,充分体现了客户服务的价值。客户服务有售前、售中和售后三个阶段的服务,企业都有售后服务部,请完成下面任务。

设计建立售后服务电子档案。

知识链接

客户服务管理是企业为了建立、维护并发展客户关系而进行的各项服务工作的总称,其目标是建立并提高客户的满意度和忠诚度、最大限度地开发利用客户。客户服务管理的核心理念就是企业全部的经营活动都要从满足客户的需要出发,以提供满足客户需要的产品或服务作为企业的义务,以客户满意作为企业经营的目的。而客户服务质量的高低取决于企业创造客户价值的能力,即认识市场、了解客户现有与潜在需求的能力,优质的客户服务管理能最大限度地使客户满意,使企业在市场竞争中赢得优势、获得利益。

12.1 客户服务的含义与作用

12.1.1 客户服务的含义

客户服务是一个过程,即在合适的时间、合适的场合,以合适的价格、合适的方式向合适的客户提供合适的产品和服务,使客户合适的需求得到满足,价值得到提升的活动过程。其有三个方面的含义:客户服务是一种组织功能,即为客户购买和使用产品或服务提供帮助;客户服务是一种为买卖双方交换的产品附加价值的过程;客户服务是一系列确保"在正确的时间、正确的地点为客户提供正确产品"的活动。

客户服务还可以理解成逐渐深入的三个层次关系:首先是基本服务,也就是客户在购买企业产品之前假定自己必须获得的服务;其次是反应服务,也就是客户能够向企业明确表达的希望得到的服务,这一层次服务的内容可以通过调查获得;最后是意外服务,也就是企业给客户带来的意外惊喜,它是企业改进服务的重点。

12.1.2 客户服务的作用

1. 客户服务能给企业创造巨大的经济效益

客户服务最直接的效果是把企业的目光导向了企业的外部,去面对客户并寻找客户的真实需求。此外客户服务可以为客户提供一系列的既得利益,在提高客户满意的基础上,为企业带来利润。客户服务还可以创造产品或服务的差异化,提高企业的核心竞争力,特别是客户服务可以延长产品的生命周期并且产生附加价值。这是因为客户服务的许多方面不是无偿的,产品的维护、修理等都可以成为企业的收益来源。特别是在当前,企业之间在产品质量和成本方面的竞争渐渐退出历史舞台,竞争焦点转移到客户服务的质量上。优质满意的客户服务能让企业拥有稳定的客户,并创造更多的客户价值,为企业带来巨大的经济效益。

2. 客户服务能够防止客户的流失

在市场竞争越发激烈的情况下,企业必然会使用各种手段来抢夺有限的客户资源,客户流失就成为一种必然,失去一个老客户会带来巨大损失,企业开发10个新客户也不一定能够弥补。如何防止客户的流失呢?优质的客户服务能有效地防止企业客户流失。不论其他企业的产品或服务的价格多么的具有诱惑性,但客户并不知道这些企业服务好不好,而客户正使用的企业提供的服务质量非常好,客户就会感觉这个企业的产品或服务好,那么就没有理由离开。

3. 客户服务能帮助企业树立良好的品牌形象

客户服务不是企业的短期行为,而是企业长远的、持续的经营活动,企业通过优质的客户服务实现客户满意,从而使这种满意在客户之间进行信息的传播,为企业获得更多的客户。同时在客户心中树立起一种品牌服务形象,赢得客户对企业和产品的认可和信任。

12.2 客户服务的类型

按照服务时间可以将客户服务分为售前服务、售中服务和售后服务。

12.2.1 售前服务

售前服务是指在产品销售前阶段,即产品相关信息获取、产品选择和产品试用等过程中所提供的服务,既有企业主动提供的服务,也有潜在客户要求的服务。它的关键是树立良好的第一印象,目的是尽可能地将商品信息迅速、准确和有效地传递给客户,沟通双方感情,同时也要了解客户潜在的、尚未满足的需求,并在企业能力范围内尽量通过改变产品特色去满足这种需求。从服务的角度来说,售前服务是一种以交流信息、沟通感情、改善态度为中心的工作,必须全面、仔细、准确和实际。售前服务是企业赢得客户良好印象的最初活动,所以企业的工作人员对待客户都应该热情主动、诚实可信,富有人情味。

1. 售前服务的内容

(1) 提供咨询服务。

无论何种商品,客户在购买前都会存在或多或少的疑虑,这就需要企业的相关部门为客户提供综合咨询服务,对方便客户购买会有很大的帮助。

(2) 提供配套销售服务。

提供配套销售服务就是将某些具有连带性的商品或者配套使用的商品,按照客户的需要组合在一起,以便客户一次购买。例如,一些商家针对新婚夫妇的特点,推出了各种型号、各种价格档次的家具和电器设备的组合类型,打消了客户的犹豫,促进了他们的购买决心。

(3) 提供缺货代购服务。

一般来说,商家比客户掌握的商品信息要多,应该随时为客户提供代购服务。为了做好这项服务工作,可以建立一定的代购服务制度,如缺货登记,将客户需要购买而暂时没有的商品登记下来,代为客户购买。

(4) 请客户参与产品设计。

售前服务的任务之一就是挖掘客户的需求。客户的需求是产品设计开发的重要出发点和考察因素。为了使产品或服务更加符合客户的口味,在设计开发阶段,有的企业便邀请客户参与产品的设计与开发。据哈佛大学商学院的一项调查,在上市的新产品中,有57%是直接由消费者创造的。美国斯隆管理学院调查结果则表明:成功的民用新产品中,有60%~80%来自用户的建议,或是采用了用户使用过程中的改革。

此外,售前服务的方式还有:举办免费培训班,免费试用,参观商品生产过程和使用实态,赠送宣传资料,开展产品的宣传活动,上门介绍,商品质量鉴定展示,调查客户需要情况和使用条件,等等。

2. 售前服务的重要性

优质的售前服务不仅可以满足客户的购物需求,而且可以满足客户的心理和精神需求,还能有效地避免和减少售后服务。其实与售后服务相比,售前服务就是在为自己服务，因为它不直接面对客户，但同时也就是因为这一点，它总是被很多企业忽视。售前服务具有以下优势：

（1）可以扩大产品销路，提高企业的竞争能力。

优质的售前服务是产品销售的前提和基础，是提高企业经济效益的关键。企业只需要多花些精力把这些已经出现或将会出现的隐患在产品出厂前消灭掉，就可以为自己在售后环节免去很多麻烦。对于消费者来说，终身免修的产品较终身保修的产品更会受到他们的青睐，毕竟谁都不愿意去给自己添麻烦。

此外，企业还可以通过让消费者参与产品设计的方式满足其个性化消费，提高设计水平，增强与消费者的互动。企业赢得消费者的支持、赢得市场，也就是提高了自身的竞争能力。

（2）售前服务是企业经营决策之一。

如果没有售前服务，企业就会相对缺乏消费者信息，造成市场信息不完全，企业的经营决策不理想。随着行业竞争的加剧，售前服务将成为越来越多的企业关注的焦点，只有切实将其做好，才会在竞争中胜出。

过去名牌与非名牌的区别体现在质量与售后服务上。今后，名牌还要做好售前服务工作。海尔等名牌家电厂商耗巨资建成电子商务系统，在网上接受各国消费者的订单。哪怕是只生产一台，海尔也能快速地拿出设计图纸，在网上与客户交流看法后，用最快速度生产，用最快的物流渠道送达客户。

综上所述，应该把售前服务看作关系企业生存与发展的大事，认真做好售前服务。做好售前服务工作，好处很多，难度也很大，对企业成本控制也不利。但是，有远见的企业应当打"价值战"，而非"价格战"，把售前服务及售中、售后服务都做好，即使价格高一点，消费者也是会支持的。

12.2.2　售中服务

售中服务是指企业向进入销售现场或已经进入选购过程的客户提供的服务。售中服务主要由企业的销售人员提供。企业应事先对销售人员予以培训，保证其专业性。售中服务与客户的实际购买行动相伴随，是促进商品成交的核心环节。售中服务的目标是为客户提供性价比最优的解决方案。针对客户的售中服务，主要体现为销售过程管理和销售管理。销售过程是以销售机会为主线，围绕着销售机会的产生、销售机会的控制和跟踪、合同签订和价值交付等一个完整销售周期而展开的，是既满足客户购买商品欲望的服务行为，又不断满足客户心理需要的服务行为。售中服务的主要内容包括以下几个方面。

（1）现场导购。

企业销售人员应热情地为消费者介绍，详细说明产品使用方法，耐心地帮助消费者挑选商品，解答消费者提出的问题等。如果需要，销售人员还应对如何使用产品进行演示。

（2）现场演示。

现场演示是指企业、制造商、经营者为推广或销售某种商品而进行的各种说明、示范活动，旨在向客户宣传商品、近距离接触商品，从而让消费者接受并达成交易。

目前，比较常见的演示商品主要集中在一些外形小巧、功能单一的商品上，如蒸汽熨斗、榨汁机、扫地机、手提式吸尘机、保健器材、食品等。但随着整个社会消费水平的进步，越来越多的商品加入到了现场演示的行列当中。适合于现场演示的商品一般都有效果明显、卖点独特的特点。此外，在演示中要掌握一定的技巧，既要突出演示的重点，又要有一定的趣味性，具备良好的卖场氛围。如某品牌的榨汁机示范表演，推广员为了演示其榨汁杯的摔不烂等特点，经常邀请客户拿起杯子往地上摔、用脚踩，并承诺如发现裂纹，当场赠送一台榨汁机。随着"乒乒乓乓"的声音不断响起，杯子任客户怎么摔也碎不了，围观的客户纷纷点头称赞。接着，推广员又拿出一个大塑料杯，将满满的一杯水朝榨汁机泼了下去，在客户的一片惊讶声中，推广员打开电源开关，湿淋淋的榨汁机照样正常运转。客户彻底信服了，纷纷购买。

（3）技术指导和培训服务。

客户在产品使用过程中可能会存在种种疑问，如果企业能向用户提供产品的技术指导和咨询服务，就可以有效防止客户因产品使用不当而导致事故或遭受损失，同时也保护了企业的声誉。因此在销售过程中，企业应主动向客户提供知识性指导和技术咨询服务，做到防患于未然，不要等到客户提出问题或出现纠纷时，才想办法去解决。企业应通过指导咨询，争取主动把问题消灭在萌芽状态，预防客户情绪的对立，防止加大解决问题的难度，避免问题扩大化对企业及其产品的消极影响。为了让客户能熟悉产品性能、正确操作及维修，使产品可靠运行，企业应对用户进行技术、业务训练。特别是新产品，如不经训练、指导，极易发生操作故障；相反，企业通过提供培训服务，帮助用户掌握一些业务及维修技术，就会产生良好的使用效果。

（4）免费送货服务。

对一些体积和重量较大的商品，消费者一般需要借助外力才能将它们运回家。企业如果能安排专人为消费者送货，一方面可以使企业获得竞争力；另一方面，消费者也会心存感激，增强对企业的好感。

（5）免费调试安装。

对一些技术含量较高的商品，如计算机、空调等，消费者由于缺乏相应的技术和工具，没有能力将商品在使用前自行进行安装。在此种情况下，企业应为消费者安排上门安装调试服务。售中服务的主要形式还有：提供舒适的购物现场，照看婴儿，现场培训，礼貌待客，热情回答，等等。

优秀的售中服务将为客户提供享受感，从而可以增强客户的购买决策，融洽而自然的销售服务还可以有效地消除客户与企业销售、市场和客户关怀人员之间的隔阂，在买卖双方之间形成一种相互信任的气氛。销售、市场和客户关怀人员的服务质量是决定客户是否购买的重要因素，因此，对于售中服务来说，提高服务质量尤为重要。

12.2.3 售后服务

售后服务是指企业向已购买商品的客户所提供的服务。它是商品质量的延伸，也是对客户感情的延伸。这种服务的目的是增加产品实体的附加价值，解决客户由于使用本企业产品而带来的一切问题和麻烦，使其放心使用，降低使用成本和风险，从而增加客户购买后的满足感或减少客户购买后的不满情绪，以维系和发展品牌的目标市场，使新客户成为回头客或者乐意向他人介绍推荐企业产品。售后服务管理的关键是坚持、守信、实在,售后服务项目是企业在设计服务项目中最有潜力可挖的一个方面。售后服务的内容包括以下几个方面。

(1) 建立消费者档案。

企业建立消费者档案不仅便于以后以上门拜访、打电话、寄贺年片等形式的回访,与消费者建立经常性的联系,增进双方的感情,提高消费者的重复购买率,而且可以借以了解消费者的需求变化和消费心理,增加服务内容和项目,满足市场需求,吸引消费者购买。例如,日本某食品公司开业不久,精明的老板向户籍部门索取市民生日资料,建立客户生日档案。每逢客户生日,该公司派员工把精制的生日蛋糕送到其家中。这一举措让客户惊喜不已,与之相应,该公司的社会知名度越来越高,生意越来越红火。

(2) 及时回访消费者。

在消费者购买本企业的产品或服务后,企业要及时对消费者进行电话或信函回访。这样一方面可以监督本企业销售人员和为消费者服务的其他人员的工作;另一方面,可以了解消费者在使用本企业的产品或服务后的感受和建议,以备以后进行改进。重视客户回访,说明企业在客户服务意识方面的增强,但不容忽视的是,大部分企业并不能够充分发挥客户回访的真正价值,很多只是为了回访而回访。

当客户通过来信、来电等方式向零售企业询求信息和帮助时,零售企业应认真对待,及时回复,详细解答客户的问题,让客户感到自己被重视和尊重,从而增强对企业的认可和信赖。如果客户所需要的服务在回复中难以尽述,零售企业应派有关人员及时回访客户。回访的目的是尽可能消除客户的不满情绪,为客户解决问题。这不仅可以赢得客户对企业的信赖,而且同时带回有价值的信息,为零售企业今后产品的销售和改进打下良好的基础。

(3) 对产品实行"三包"。

企业应按国家规定对产品实行"三包",或者自行与消费者约定"三包"内容。"三包"服务是指对售出商品的包修、包换和包退的服务。

包修服务是指对消费者购买的本企业的产品,要在保修期内实行免费维修,超过保修期限收取维修费用。包修制度是售后服务的主要内容之一。有无保修对于客户来讲是非常重要的。客户购买有保修承诺的商品,就如同吃了一颗"定心丸",对销售的促进作用十分显著。

包换服务是指对消费者购买的不合适的商品予以调换。

包退服务是指如果消费者对购买的商品感到不满意,或者质量有问题,企业保证消费者有退货的权利。客户一旦认识到销售者是诚心诚意为客户服务,退换反过来又会大大刺激企业销售。若零售企业只顾眼前利益,不顾企业信誉而拒绝退换货则无异于捡了芝麻丢了西瓜。当然,退换也要讲原则,必须按规定退换。

对在"三包"期内出现的问题,企业应当负责修理、更换和退货。如在"三包"期限内两次修理仍不能正常使用,企业应该负责更换或者退货。《中华人民共和国消费者权益保护法》第 48 条规定:依法经有关行政部门认定为不合格的商品,消费者要求退货的,经营者应当负责退货。如果是这种情况,企业应负责换货和退还由消费者支付的合理费用。

（4）妥善处理客户的投诉。

当客户购买商品时，对商品本身和企业的服务都抱有良好的愿望和期盼，如果这些愿望和要求得不到满足，就会失去心理平衡。由此产生的抱怨和想讨个说法的行为，就是客户的投诉。

有交易的地方就会有投诉，投诉是客户因不满而向提供产品或服务的企业采取的一种对抗形式，实质上是一种企业与客户的冲突形式。但即使是最优秀的企业，也难免因出现失误引起客户不满而发生客户投诉现象。一方面，企业和销售人员应尽可能地减少这种情况的发生；另一方面，在遇到消费者投诉时要运用技巧妥善处理，使消费者由不满意转变为满意。服务上存在一种叫作"服务补救悖论"的现象，说明了妥善处理客户投诉的重要性。如果员工以积极正面的方式回应了服务失败，客户将会满意地记住这次服务接触。因此，即使服务接触产生了服务失败，客户回忆起来仍会是一次愉快的消费经历。事实上，如果发生了服务失败并且员工成功地弥补了失败，较之服务交付第一次就成功，客户会对服务绩效有着更高的评价。

企业可提供的售后服务还有用户现场交流、用户联谊活动等。在市场激烈竞争的今天，随着消费者维权意识的提高和消费观念的变化，消费者在选购产品时，不仅注意到产品实体本身，在同类产品的质量和性能相似的情况下，更加重视产品的售后服务。因此，企业在提供物美价廉产品的同时，向消费者提供完善的售后服务已成为现代企业市场竞争的新焦点。

12.3　客户服务标准

企业制定一套有效可行的客户服务标准是开展客户服务的基础和依据，不仅能让企业和员工明确客户服务目标，而且是企业开展客户服务质量评价的依据。优质的客户服务标准包括三个要素，分别是服务硬件、服务软件和服务人员，这三个要素共同构成服务标准的内容。

12.3.1　服务硬件

服务硬件是指企业开展客户服务所必需的各种物质条件，它是企业开展客户服务所必备的基础条件，也是客户对企业形成第一印象的主要因素，一般包括以下几个方面。

首先是服务地点，由于客户在购买产品或获得服务的时候希望更方便、更快捷，因此让客户更方便地获得企业产品或服务的信息，成了客户选择企业的重要因素。

其次是服务设施，服务设施主要是指企业为客户提供产品或服务所必需的基本工具，其包括质量和数量两个方面。设施的质量决定了企业为客户提供服务的好坏，而设施的数量决定着企业提供客户服务能力的大小。

最后是服务环境，服务环境主要是指企业为客户提供服务的空间环境的各种因素，它是客户购买产品或接受服务过程中的服务体验的主要因素。

12.3.2 服务软件

服务软件是指开展客户服务的程序性和系统性，它包括了客户服务工作所涉及的全部程序和系统，提供了满足客户需要的各种机制和途径。包括以下几个方面的内容。

时间性，即企业为客户提供服务时完成服务的时间标准；

流畅性，即企业为客户提供服务时企业内部各部门之间要相互配合、相互合作，使得服务能顺利流畅的完成；

预见性，即企业为客户提供服务时能对客户的需要进行准确的预测，并在客户还没有提出时就能主动为客户提供该项服务；

沟通渠道，即为了保证企业客户服务系统的正常运行，及时了解客户的实际需要以便向客户提供优质的服务，企业内部以及企业与客户之间必须保持通畅的沟通渠道；

客户反馈，即企业必须建立有效的、可观测的客户信息反馈系统，及时了解客户对产品或服务的意见，以及客户对产品或服务的满意情况。

12.3.3 服务人员

企业仅仅有合理的软件和硬件资源是远远不够的，还必须有人严格地、准确地使用这些资源为客户提供服务。因为在客户服务过程中，客户服务人员的服务意识、服务水平直接影响着客户服务质量的好坏，决定着客户是否满意。服务人员的个体素质应包括以下几个方面。

某连锁超市的
客户信息管理

首先是服务人员的仪容仪表、态度等方面的个体形象。客户服务人员在为客户提供服务的时候，形象的好坏对客户的心理活动产生着积极或消极的影响。企业要制订能使客户留下良好印象、制造和谐气氛、产生良好情绪的符合仪表要求的外在指标。如女性客户服务人员脸部适当化淡妆，着装要统一等。

其次是关注，关注是指满足客户独特的需要和需求，企业要明确以何种方式向客户表示关注，如何才能使客户感受到特别对待。要从客户的角度来看问题，认同客户的感受，让客户感受到企业的关注。

最后是指导，指导包括服务人员如何帮助客户，他们如何指导客户做出购买决定，为客户提供建议等方面。企业要明确客户服务人员需要具备什么知识水平才能为客户提供所需的正确的指导，从而采取有效的措施帮助客户服务人员提升个体素质。

12.4 提高客户服务水平的方法

1. 以客户为关注焦点

任何企业都依存于客户，企业失去了客户，就失去了存在和发展的基础。因此，企业必须时刻关注客户潜在的需求和期望及其对现有服务的满意程度，根据客户的要求和期望改进工作，以取得客户的信任，稳定地占领和扩大市场。

知识拓展：客户服务
体系的标准化

2. 全员参与客户服务过程

提高服务水平需要企业全体员工的参与，首先要使员工了解他们在岗位中的作用及他们工作的重要性，明确目标和责任。然后给他们创造提高知识技术和经验的机会，使他们对客户服务工作负有使命感，并愿意做出贡献。

3. 持续改进客户服务

持续改进是增强企业满足客户要求的能力的循环活动。市场是变化的，客户会不断地提出新的要求，如果企业不能随之持续改进，就会失去客户，进而失去市场。任何企业服务的充分性都是相对的，企业要根据变化不断地调整服务内容和服务措施，为客户提供满意的服务。

4. 提供个性化服务

在传统的观念中客户是具有相似需求的一个群体，企业所提供的产品或服务只是满足目标市场客户的相似需求而不能满足每一个客户自身个性化的需求。要真正达到客户满意就必须实施个性化的服务，也就是要根据每一位客户的年龄、身份、职业、过去的购买行为和购买偏好等因素，因人而异地提供独特的产品和服务。如海尔推出的"我的冰箱我设计"活动，在不到一个月时间内，就收到100多万台定制冰箱的订单，创造了行业奇迹。海尔集团把满足消费者个性消费需求作为追求的经营目标，从设计洗地瓜的洗衣机、三角形的冰箱等大个性化产品，到定制冰箱的小个性化产品，其个性化经营策略创造了一个又一个令人称叹的市场奇迹。定制冰箱的服务中，能感受到强烈的个性化消费气息，能感受到企业个性化的服务给客户带来的个人价值的体现。

5. 沟通响应要及时

企业应该与每个客户进行对话，并让这种对话成为一种学习的关系。客户会说出他们需要的服务，企业则为他们提供所需的东西。客户在这种合作关系中会提供建议，并具体说明需要什么样的新服务。企业应从培养客户的忠诚度出发，全面了解客户所需，包括他们需要什么、何时需要、怎样需要，从而提供合适的、个性化的、即时的、具备竞争力的产品和服务，锁定客户的使用习惯，建立服务品牌忠诚。

12.5　CRM 思想下的客户服务与传统客户服务的区别

1. 主动性不同

传统客户服务中，客户没有问题，就没有客户服务，顶多过年过节寄张卡片，问候一下。而客户关系管理则是主动的，不但要时刻询问跟踪客户对于企业产品的使用情况，积极解决客户关于产品的种种问题，还要主动与客户联络，促使客户再度上门，欢迎客户来问东问西，问得越多，说明客户对企业产品越感兴趣，就代表有后续的购买行为。客户关系管理认为，主动与被动的差别，就是客户忠诚与否的差别。

案例资源：修武供电公司："零距离"沟通促优质客户服务

2. 对待客户的态度不同

传统客户服务视客户打电话来问事情，或打电话给客户，都是额外的麻烦事。因为客户打电话来，不是产品有问题，就是客户对产品的使用有疑问，要抱怨或解决。打电话给客户，不是客户货款没缴清，就是有事情要主动通知说明。但在客户关系管理观念下，客户的没反应、不联络、不响应，是疏离的表现，比抱怨还可怕。抱怨代表客户还有意图继续使用企业产品，疏离则代表产品的销路将要堵死，寿命将要告终。抱怨只是失望，尚可弥补；疏离则是绝望，难以挽回。客户关系管理强调的是，不但要在客户抱怨阶段就尽力化解客户的不满与失望，更要在不断接触联络的过程中，同时提升客户对新产品的兴趣，创造对新产品的期望，最终构成客户对新产品的购买行为。

3. 营销的关系不同

传统客户服务与营销是分开的，营销单靠拥有说服技巧的业务人员，客户服务多依赖于维修工程师或总机。客户关系管理则是将营销与客户服务合为一体，将客户服务视为另一种行销通路，自身也变成了一种行销工具。把新产品推销给老客户或依照老客户的分门别类需求创造新产品，都可以透过客户服务中心处理，因此称为"后端营销"。

以客户关系管理观念建立的客户服务中心，透过网络、电话等低成本操作，本身就成为企业的协调中心、新产品的开发中心、试卖点，与前端营销和客户，形成合作无间的主角回路。从以上客户关系管理与传统客户服务的比较来看，以往企业都将客户服务视为一种不必要的负担，但在新时代，客户关系管理已成为另一种获利来源。在如今以服务客户为主体的营销环境中，客户仍旧上门问东问西应被视为一种商机。从传统的客户服务进步到系统化的客户关系管理，是客户服务理念的一种根本性变革。

综合练习

案例资源：从产品
支援到客户服务——
对商用飞机客户服务的认识

一、单选题

1. 以下关于客户服务，表述错误的是（   ）。
   A. 客户服务的目标是提高客户满意度
   B. 客户服务的目标是提高客户忠诚度
   C. 客户服务是最大限度的开发利用客户
   D. 客户服务主要是针对服务行业

2. 提高客户服务水平方法不正确的是（   ）。
   A. 以客户未关注焦点　　　　　　B. 只要客户服务部门关注客户服务方法
   C. 全员参与客户服务过程　　　　D. 持续改进客户服务

3. （   ）主要体现为向进入销售现场或已经进入选购过程的客户提供的服务。
   A. 售前服务　　　B. 售中服务　　　C. 售后服务

二、多选题

1. 以下属于售前服务内容的是（   ）。
   A. 咨询服务　　　　　　　　　　B. 缺货代购服务
   C. 客户参与设计产品　　　　　　D. 现场演示服务

2. 售后服务的内容主要有（   ）。
   A. 建立消费者档案　　　　　　　B. 及时回访消费者
   C. "三包"服务　　　　　　　　　D. 妥善处理客户投诉

3. 客户关系管理思想下客户服务与传统客户服务的区别有（   ）。

A. 主动性不同　　　　　　　　B. 对客户态度不同
C. 营销关系不同　　　　　　　D. 管理方向不同

三、简答题

1. 客户服务的作用有哪些?
2. 请列表比较售前、售中、售后服务的内容。
3. CRM 思想下的客户服务与传统客户服务的区别有哪些?

实训主题：建立某品牌售后服务的电子档案。
实训地点：机房。
实训目的：掌握售后服务的内容，依此内容建立电子档案。
实训过程设计：
（1）分组，每组 3~4 人，讨论确定哪个品牌。
（2）按照品牌特点设计售后服务内容。
（3）建立电子档案。

拓展学习

洗衣机可以洗地瓜吗?

海尔的维修服务人员接到顾客的抱怨，说他们的洗衣机不经用，刚用没多长时间就坏了。维修人员上门一看，原来北方的农民用洗衣机洗地瓜，地瓜的泥土太多，堵塞了排水口。维修人员并没有指责客户使用不当，而是维修好洗衣机后，表示会把顾客的意见反馈给公司。公司员工就想，如何才能满足北方农民洗地瓜的需求呢?于是公司马上开始研发了一种既能使北方农民洗地瓜又可以洗衣服的洗衣机。

回答下面问题：
（1）海尔售后服务人员除了做好维修工作还做了什么?
（2）企业应如何重视售后服务所反馈的信息?

任务 13　客户流失管理

在客户关系的管理和维持过程中，难免由于各种因素导致企业与客户关系紧张，甚至濒临破裂。本节的主要任务是分析客户流失的原因，并采取对应措施挽回客户，尤其是有价值的客户。以及如何预防客户流失。

13.1 对客户流失的认识

由于各种原因，部分企业客户会不可避免的流失，应能正确理性的对待客户流失，对不用原因的客户流失采取不同的态度和应对措施。

作为企业的管理者，经常会遇到这样的情况：某一天，你的某个客户忽然对你说，他决定终止和你企业的合作，转为经营某竞争对手企业品牌的产品；你企业的一个业务员辞职，接着他负责的几个客户都相继结束了和你公司的合作；你的已经合作三年的一个客户最近居然连续三个月没有进货了……

如今企业对保持既有客户的重视度越来越高，但是因为企业自身或客户自身的原因也不可避免存在客户流失现象，而且这一现象也越来越普遍，已经成为束缚企业发展的瓶颈因素。所以，企业在注重如何获得新客户和保持现有客户的同事，更有必要加强对流失客户的管理，想发设法与这类客户恢复正常的业务关系，以实现企业利润最大化。

13.1.1 流失客户分类及流失原因

企业客户流失的原因有很多，从客户价值和客户满意的角度来看，主要有以下几种：

1. 主动放弃的客户。由于企业产品技术含量提高，换代升级，目标顾客群体发生改变，从而主动放弃原来的客户。

2. 被迫离开的客户。因客户情况有变化，不可能继续成为企业的客户。比如客户的公司改行或者迁出本企业的服务区域等原因。

3. 被收买的客户。竞争对手所提供的产品和服务并不具备任何有何优势，而是通过引诱客户、向客户提供特殊的或者非正常途径获得的物质利益来实现将原本属于本企业的客户挖走。

4. 被吸引的客户。被竞争对手推出的功能和质量更高的产品或者服务吸引过去的客户。

5. 主动离开的客户。由于对企业的产品和服务感到不满，并通过直接或者间接的抱怨仍没有得到解决的客户，会转而投向竞争对手。

接听电话不及时导致客户流失

一位客户从他行汇款 120 万到某支行用于投标保证金，由于对方操作的失误把该客户名字输入错误，导致 120 万进不了账户。于是客户打电话给该行要求退回。但是由于该行当天管理员请假，柜台外围满了等待办理业务的客户，一旁的办公电话一直响却无人接听。

后来才知道，这名客户是该行的重要客户，而正是由于无人接听他的电话，导致他对这家银行很是失望，后来把他在该行的账户资金都转到了其他账户。

> 思考：
> 该银行这名重要客户流失的主要原因？以及今后应该做哪些调整？
> 该银行当天现场管理员虽然请假，但是没有做好对应的调度安排，导致岗位缺岗，疏忽了服务细节。该行部分员工缺乏责任感，怕管事，存在"多一事不如少一事"的心态。
> （1）明确岗位职责，服务无小事，要对接听电话定制专门的奖惩制度，规定部门岗位人员对接听电话负责，比如大堂经理对非现金区的电话负责。
> （2）重视服务细节。银行间同业竞争越来越激烈。各个行都在倡导提高服务水平，提高服务来争取客户，但是能真正做到的却不多。能赢得客户青睐的也不多。服务质量的提升要靠细节，只有把服务做细了，才能赢得客户的"芳心"。所以，要鼓励员工多站在客户的角度想问题，学会换位思考。
> （3）发挥团队合力。服务质量的提高，要考团队的共同努力。只有所有员工团结一致，整个服务的流程才能畅通、连贯。

6. 其他原因离开的客户。例如，由于企业员工跳槽而带走的客户等。

13.2.2 如何看待客户流失

1. 带来负面影响

客户背后还有客户，每位客户都有自己的"朋友圈"。流失一位重复购买的客户，不仅使企业失去这位客户可能带来的利润，还可能损失与受其影响的客户的交易机会。更有甚者，影响到企业对新客户的开发。

拓展阅读

> **某汽车公司售后业务交流材料——客户流失分析**
>
> 你知道，流失一个客户，企业会损失多少吗？
> 如果一个客户30岁，车辆使用寿命10年，那么每年它的维修保养费：保养＋维修大概2 400元。按照他每10年换1次车，每次换车的价格为10万元估算，从30岁到60岁，这个客户在汽车方面的话费是：
> 维修保养：2 400×10×3＝72 000元。
> 购车：100 000×3＝300 000元
> 一个汽车服务的忠诚用户的终身价值就是37.2万元。

2. 不可避免性

新陈代谢是大自然界的规律，对于企业来说，也存在新陈代谢的过程。特别是如今竞争如此激烈的市场，客户流动的代价和风险越来越小。不论新客户还是老客户都有可能流失，许多企业提出了"客户零流失"的目标，但是之歌目标太不切合实际。对于企业来说，有些客户的流失是很正常的，如客户年龄增长

、工作调动或"喜新厌旧"的客户，也就是这些客户对于不同企业提供的产品或者服务的差异根本就不在乎，转向其他企业不是因为对原企业不满，只是想换换"口味"。

3. 又被挽回的可能

研究显示，向流失客户进行再销售，每4人中会有1人可能成功；而向潜在客户和目标客户销售，每16人才有1人成功。课件，争取流失客户的回归比争取新客户容易的多。因为，当客户关系出现倒退现象时，企业不应该轻易放弃流失客户，而是应该重视他们，积极对待他们，争取挽回他们，尽快恢复与他们的关系，促使他们重新购买企业的产品和服务，与企业继续建立稳固的合作关系。

对于客户流失的原因，企业有必要弄清楚并做深入了解。这样企业才能发现自己在经营管理中存在的问题，采取必要的诊改措施，及时加以改进，从而避免今后再次发生客户流失的现象。相反，如果没有找到客户流失的原因，或者暂时找不到客户流失的原因，企业就不能采取有效措施加以防范，那么这些找不到根源的问题就会不断地"得罪"现有客户，从而从他们逐渐流失。

拓展阅读

亡羊补牢，为时未晚

明创公司是专门为医院化验室生产自动化微生物化验设备的专业公司。近来年，公司发现自己的一些小型化验室客户开始逐渐跳槽。为此，公司要求销售人员与每一个跳槽客户深入交谈。了解他们离开的原因。经过调查发现，问题主要出在两个方面：一是怀疑该公司设备的稳定性；二是对现有售后服务不甚满意。明创公司虚心听取了这些小客户的意见，重新对现有医疗设备进行升级完善，既提高了化验的精确性，还大大缩短了化验时间，并且完善了客户售后服务制度。

通过不到两年的努力，许多之前已经离开的客户又陆陆续续重新回到了公司，明创公司也逐渐的在市场上占据领先地位，并且经济效益明显提升。

13.2.3 对待流失客户的态度

不同的客户与企业关系的紧密程度也不尽相同，给企业带来的价值也是有差异的。客户的维持与挽留，都需要企业付出一定的人力、物力和财力。为了保证良好的经营效果，应该针对客户流失的不同原因，以及不同价值的客户，采取差别对待，只有这样才能实现企业经营效果最优化。

1. "被吸引走的客户"和"主动离开的客户"是企业最应该想方设法重新争取回来的对象，以及其他原因导致的流失客户。其中，"主动离开的客户"对于企业造成的负面

影响最大,而且这些客户回归的可能性也是最小,因为,挽回这些客户需要企业投入大量的精力和物力,对企业来说,也是最具有挑战性。

2. "主动放弃的客户""被迫离开的客户"和"被收买的客户",可以不必考虑挽回。因为企业"主动放弃的客户"一定是对于企业来讲,长期内不会造成收益上的损失;而"被迫离开的客户"和"被收买的客户"主要是由于客户自身的客观原因或者竞争对手采取的不正当竞争手段有关,即便要恢复也是要付出较高的代价,没有必要。

3. 还可以从客户价值大小去制定具体策略:

(1)"关键客户"购买量大,经营稳定,社会影响力大,应高度重视并极力挽回,哪怕付出较大的代价。

(2)"普通客户"是企业客户群体的主力军,是维持企业稳定发展的重要基础,应该在合理范围内尽力挽回。

(3)"小客户"则可根据具体情况见机行事,如果不用付出太多,则可试着将其挽回。

4. 彻底放弃不值得挽回的流失客户,包括:①不能再给企业带来利润的客户;②不遵守法律合同约定的客户;③无理取闹、不真诚合作的客户、损害员工士气的客户;④要求苛刻,超出合理范围,影响企业正常工作的客户。

13.2 客户挽回

企业在注重如何获得新客户以及保持现有客户的同时,有必要加强对流失客户的管理,设法与这类客户恢复正常的业务关系,以实现企业利润最大化。

案例导入

餐饮行业挽回老客户的方法

每个行业都有自己的经营规律和特点,把握好行业特点,了解客户的需求和体验,在遇到客户流失的情况下,仍能采取正确有效的措施,挽回老客户,下面以餐饮行业为例:

(1)餐饮企业要建立良好的客户管理系统,注意收集老顾客的消费信息。如果发现连续两个星期以上都没有来消费过一次的老顾客。餐厅经理要打电话向老顾客问候,并了解没来消费的原因,如停车不便或等位太难等原因,以便及时做出调整。

(2)餐饮企业在对顾客信息进行采集时,要注意方式方法,防止顾客反感。在收集顾客信息时,最好不要马上就问电话号码,多数人私下都是不希望被打扰的。可以留下老顾客的微信以方便联系,企业有专业对自己的微信公众号及顾客微信群进行管理,不定时推送企业信息及针对老顾客的优惠方式,以增进感情。

(3)餐饮企业要主动出击,不要被动等待客户自己上门。如果餐厅有创新菜品或者优惠打折等营销活动,要在第一时间通过电话、短信或者微信公众号等方式通知老顾客,让顾客有受到尊重的感觉。体现餐厅对他的重视和关怀。即便是已经很久没有前来消费的顾客,也要一直坚持下去,这样可以让顾客一直保持对餐厅良好的印象。

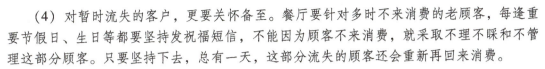

（4）对暂时流失的客户，更要关怀备至。餐厅要针对多时不来消费的老顾客，每逢重要节假日、生日等都要坚持发祝福短信，不能因为顾客不来消费，就采取不理不睬和不管理这部分顾客。只要坚持下去，总有一天，这部分流失的顾客还会重新再回来消费。

点评和建议：

（1）对于餐饮行业，主要的就是争取回头客。金杯银杯不如顾客的口碑。一个餐厅如果在顾客中建立良好口碑，生意一定会好。如果不注意对顾客的服务和管理，在今后的餐厅经营中就会使餐厅的服务下降，创新能力降低，给竞争对手带来机会。

（2）餐厅在经营过程中，要注意建设和完善自己的顾客管理体系，要将客户满意度放在首位，只有这样才能及时发现老客户的光顾频率是否降低，并及时跟进原因，了解情况，改善自己的不足之处，使自己在激烈的竞争当中立足生存和发展。

（3）餐厅的管理者要加强对顾客的重视程度，在现场要与顾客定期交流，培养感情，打感情牌，这也是维系客户关系的重要方法和手段。

企业要积极与流失客户联系，了解客户流失的原因，以便及时改进，争取挽回他们。让他们感受到企业对其的重视，给他们抱怨、投诉的机会，争取尽早挽回。

坚定践行新发展理念，深化服务业供给侧结构性改革，支持传统服务行业改造升级，大力培育服务业新产业、新业态、新模式，加快发展现代服务业，着力提高服务效率和服务品质，持续推进服务领域改革开放，努力构建优质高效、布局优化、竞争力强的服务产业新体系，不断满足产业转型升级需求和人民美好生活需要，为实现经济高质量发展提供重要支撑。

13.2.1　如何挽回流失客户

（一）挽回流失客户的策略

（1）分析流失客户的价值，决定是否实施恢复客户关系策略。企业首先要解决的问题是是否有必要争取已流失的客户，换句话说，企业必须在挽回流失客户的收益和付出的成本之间进行比较分析，一味地去挽回流失客户，有时会存在"得不偿失"的风险。对企业有价值的客户，在其流失以后，等于是拉响了企业危险的警报，但如果流失的是劣质客户，那么久没必要花费资源去调查他们流失的根本原因，而是应当反思当初在发展企业客户时策略是否存在问题。

确定流失客户的价值，识别那些客户对企业有价值，需要发掘并分析以前和现有客户的全部资料，并进行系统的、差异性的客户价值分析，才能做出科学判断。客户价值细分可借助于以销售收入为导向的 ABC 分析法，对客户进行从高价值到低价值的区间间隔（例如：大客户、重要客户、普通客户和小客户等），然后根据帕累托定律（二八法则即 20% 的客户为企业带来 80% 的利润）的原理锁定高价值客户。价值细分过程也可借助于客户边际贡献法和客户终身预期利润法来进行预判。

（2）对于需要挽回的客户应仔细聆听顾客的诉说，了解流失原因。企业要积极主动的与流失客户联系，寻访流失客户，诚恳的表示歉意。并送上小礼品或者鲜花等缓解他们的不满，虚心听取客户的意见、想法和要求，让他们感受到企业对他们的关心和重视，同时企业也可以弄清楚问题到底出在哪里。

（3）对症下药，满足流失客户的要求，就需要改进的地方与客户进行沟通，对待客户要有耐心并坦承，再次表达企业的诚意；给回归客户一个台阶下，挽回流失客户以后，继续保持与其生意往来。

（二）恢复客户关系管理的优化

（1）提高市场反应速度。包括善于倾听客户的意见和建议；建立健全督办体系，迅速解决市场问题，保证客户利益最大化；建立投诉和建议制度、建立预测系统、为客户提供有价值的信息等。市场反应速度的提高可帮助企业更加了解客户的需求和意见，从而可以在第一时间了解客户需求，听到客户心声，同时能够缩短和改进企业产品和服务周期和费用。

（2）优化客户细分过程，建立客户价值档案。企业应该使用合理的模型计算流失客户的价值，以及企业付出的挽回成本，以便计算流失客户对企业的贡献价值和公司维持流失客户的忠诚所付出的成本加以权衡。采取最合适的方式来挽回最有价值的客户，使成本最低，从而保证企业利益最大化。

（3）与客户建立密切关联。一方面，向客户描绘企业的发展愿景，以使老客户意识到自己只有长期跟随企业才能够获得长期利益，才能使客户与企业同甘苦共患难，不会被短期利益所迷惑，转而投向竞争对手；另一方面，企业需要加强与客户的沟通能力，一旦出现误会或者客户不满时，<u>企业应及时与客户沟通</u>。沟通人员要将企业的信息及时反馈给客户，还要轮回式的询问客户对企业产品及服务或其他方面的意见和建议并收集上来，及时融入到企业的各项工作改进当中，有效调整企业的经营策略以满足客户的需求，挽回因为对企业产品或服务不满而流失的客户。

中国移动公司的客户流失与挽回

我国电信行业巨头中国移动公司虽然没有经历过大规模的客户流失现象，但是客户流失问题却一直困扰着中国移动。三家通讯公司在全国各个地区之间的客户争夺竞争激烈。单从中国移动公司方面，总是不断有自己的客户专项中国联通和中国电信，给中国移动造成大量的客户流失……

中国移动通信集团公司（简称中国移动）于2000年4月20日成立，注册资本为518亿元人民币，资产规模超过7 000亿元。中国移动是中国唯一专注于移动通信运营的运营商，拥有全球第一的网络和客户规模，连续7年被《财富》杂志评为世界500强，最新排名是180位，是北京2008年奥运会合作伙伴。

虽然中国移动拥有稳定的客户，但是中国移动公司仍然非常重视客户的流失，以下是中国移动对待客户流失的观点：流失在所难免，确保流失率控制在较低水平；通过内部信息系统，定期分析客户流失情况；仔细分析客户流失原因；许多已经流失的客户是可以再次挽回的。

中国移动分析的客户流失原因

1. 竞争对手夺走的客户

任何一个行业,客户毕竟有限,特别是优质客户,更是弥汁真贵,所以往往优秀的客户也是各大厂家争相争夺的对象。

中国联通在重组之前一直致力于争夺高端客户,推出一机双卡CDMA业务,抢夺了不少中国移动的高端客户资源,造成部分客户流失。

在重组以后,由中国电信接手C网。大张旗鼓的推出了中国天翼等移动互联网品牌,吹响了全业务经营的号角。中国联通则拥有G网以及宽带业务,来势汹汹。

2. 店大欺客

由于中国移动之前在国内的业务一直处于相对垄断地位,在一段时间内对客户的服务态度存在傲慢无礼甚至强买强卖以及乱收费现象,如硬性规定办理套餐并收取额外费用,依仗其优势向客户收取更高的通话费用等,这也使得一部分客户慢慢转投中国联通。

3. 细节疏忽

客户与厂家的纽带既是利益关系,但情感纽带也同样重要,一些小细节的舒服,往往也会导致客户流失。比如营业厅引导员服务不规范,态度不礼貌等。这些问题都是中国移动内部管理问题,没有将公司的服务细节以及规范贯彻到基层,从而导致服务的舒服以及对用户的不负责。

4. 诚信问题

客户最担心的是和没有诚信的企业合作,一旦企业出现诚信问题,客户往往会选择离开。

中国移动过往出现过在客户不知情的情况下开通各种明目的套餐内容以及收取各种各样的额外费用。此外还有部分业务的计费方式含糊不清,不完全透明。

挽回措施

1. 调查原因,缓解不满

如对全球通VIP客户,中国移动的客服人员有定期电话访问任务,当发现客户离网,即派专人致电"慰留",问明原因,并尽力解决客户问题,以缓解不满,尽量挽留。

2. 对症下药,争取挽回

针对资费不优惠现象,做出调整资费策略。如应对"天翼"下调套餐费;针对服务态度不佳,开展提升服务质量,如"暗访"行动,加强营业厅服务监管;针对业务落后,则开发了新业务如推出飞信,针对家校联系,以及网聊套餐等。

挽回的具体措施有:

梳理"客户至上"服务意识,加强服务质量的管理。中国移动坚持深化员工的职业道德建设;在员工中广泛开展"假如我是客户"、"可爱的移动人"等讨论,向员工传达服务理念、加强员工培训,提升员工服务意识和企业服务质量;改变传统的培训方式，强化移动新业务知识和服务技能的培训，吸引员工积极参加多媒体在线培训、分层级阶梯培训、案例演示情景模拟等多样化培训。

改善之前客户提出的关于服务态度不好等投诉，改变客户对中国移动的印象，提升品牌形象，提升员工服务意识和服务态度（包括电话接线员、营业厅服务员），用积极重视的态度真正落实各项改善措施、提升中国移动品牌形象。

提供个性化套餐和服务。通过对现有个人用户消费行为的分析设计提供有针对性的个性化套餐和服务，以吸引挽回客户，如适合学生的"动感地带"套餐，适合经常出差商务人士使用的"全球通"。

扩大服务广度。促进客户发展以及维系客户，通过各种合作伙伴的捆绑扩大服务的广度，比如在机场增设"VIP全球通"贵宾客户休息室服务、提供火车站的易登车贵宾厅、免费代客户办理银行国际金卡、联盟商家会员优惠等。

建立客户流失信息支撑系统。中国移动建立了强大的客户流失支撑系统，这有助于其企业管理水平的提高、管理成本的降低。中国移动的经营分析系统拥有世界上最大的数据仓库，多项技术处于世界领先。如中国移动的两级结构的经营分析系统，在国际上是首创，将很多的指标数据统一到一起，总部不但看到各省份汇总报表，还可以看到部分详细的数据。

3. 对不同级别客户采取不同策略

（1）对于VIP客户。由于VIP客户的流失会导致较大损失。因此，中国移动会通过拜访客户、电话回访等尽力挽回。

（2）对于低价值的小客户。由于这部分客户价值低，挽回的成本高于获得的收益，因此，中国移动采取顺其自然的态度对于不值得挽留的客户。

中国移动对于客户流失，也并不是全都挽回的，对于不值得挽回的客户，中国移动会选择彻底放弃，如：

①低价值客户，挽回成本超过所能获得收益的客户；

②声望太差的客户，恶意欠费的客户等。

五、客户练习

（一）客户体验

沉默客户的挽留

背景

客户：蔡小姐

时间：20××年3月

人物：电话客户经理张云、客户蔡琳

事件：该客户为"沉默"客户，有转网意向。从不参加任何预存优惠活动，目前档案业务中只办理过388元的套餐和套餐赠送的一卡多号香港万众号码。

起因

20××年3月7日早联系蔡小姐，我向其进行日常关怀工作。电话接通后先向客户进行自我介绍。客户蔡小姐语气冷淡地回了声："什么事？"于是我赶紧简单的向客户介绍最近商旅套餐用户在全国（除港澳台）范围内接听电话免费的新资讯。客户突然抱怨说："我的话费为什么那么贵啊，我都不怎么打电话，每个月话费都有六七百左右，这个号码我都不想用了"。

听到客户的话，我大吃一惊。然后马上跟客户解释："您别急，我现在为您查询一下您近几个月的话费使用情况，好吗？"在客户同意后，我在系统里查询到客户正在使用的388元套餐在最近半年的业务中都未泽呢么使用话费赠送分钟数，但是每个月的短信费和上网的流量费却都有上百元。

过程

将上述情况向客户进行说明后，客户蔡小姐说："是的，我现在打电话没有以前那么多了，经常需要微信或者短信。那我该选择什么话费才合适呀？"通过客户最后这句话，我意识到客户还是有可能和希望继续使用该号码的，也许只是因为她因为现有话费太贵。所以我连忙对客户说："针对您目前的话费使用情况，我更向您推荐我恭喜的短信套餐业务包，套餐费从10元、20元、50元到100元不等，根据您的实际需要进行选择"。客户马上感兴趣地问："10元、20元的包多少条短信？"我耐心详细地逐一讲解，并在介绍完补充道："账单显示您每月的短信费用都有100多元，我建议您不如直接办理一个50元包1 000条的短信套餐，您觉得呢？"客户此时稍作停顿说："是不错，等我有空了其营业厅了解一下。"（分析：按照我以往工作经验，通常此类情况下都是客户的"缓兵之计"，不会真去办理的）。我向客户笑称"没关系"。

紧接着我又向客户推介："我们公司最近有个上网版商旅套餐，套餐内还包含有每月150M的上网流量。"客户听后颇有兴趣，于是我又详细地向客户介绍了该套餐的优惠。因为考虑到客户其实很少去香港，且现在通话话费较以前有所减少，所以我建议客户将原来的388元通话套餐改为268元上网版套餐。这个268元套餐不仅包含国内主叫1050分钟，全国（不含港澳台）接听电话免费，还有额外的150M上网流量赠送，如果觉得短信不够，只需再选加个50元的短信套餐包就足够了，可以让客户节省较多的话费。并且我向客户强调："如果您觉得套餐不合适，可以随时更改，下月就生效变更。"发现客户仍有些许犹豫，我趁热打铁："您放心，作为您的专属客户经理，我会为您密切留意话费使用情况。"

结果

客户经过一番思量，终于同意办理该业务。为客户核对完毕个人信息后，我为客户办理了268元上网版套餐、50元短信套餐、并取消了原来的一卡多号业务。业务均在下月1号生效。客户很满意的挂了线。

我记录下客户的号码，实时留意客户的话费使用情况，为后续工作做准备。初步打算在5月回访客户，加深了解客户的使用需求，争取和客户建立朋友关系。并打算在适当时候向客户推介捆绑优惠，如预存话费购机、预存话费送优惠积分等。

练习要求：

学生3~6人一组自由组合，首先分析客户不满原因，并分析客户经理张云及时挽回客户的试试不走，然后分别扮演客户与客户，重现挽回客户的过程。

（三）技能训练

1. 企业要想方设法重新争取的对象，是那些（　　）以及其他原因导致的流失客户。
   A. 被吸引的客户　　　　　　　　B. 主动离开的客户
   C. 主动放弃的客户　　　　　　　D. 被收买的客户

2. 彻底放弃不值得挽回的流失客户，是指（　　）。
   A. 不再给企业带来利润的客户
   B. 不按遵守法律合同约定的客户
   C. 无理取闹，不真诚合作的客户，损害员工士气的客户
   D. 要求苛刻，超出合理范围，影响企业正常经营

（二）能力测试

抗挫折能力测试

抗挫折能力是指一个人在受到外部或者内部困难冲击时的一种自我意识的防卫心理及行为，如果一个人的抗挫折能力很差，那么他在遇到困难时心理就容易被击垮，导致自暴自弃；反之，抗挫折能力强的人，就算遇到再大的困难也能应对自如。想知道你的抗挫折能力吗？快来认真回答下面的测试问卷吧。

1. 在面临困难时，你通常采用何种应对方法？（　　）
   A. 放弃目标　　　　　B. 知难而进　　　　　C. 找人帮助

2. 对于每次遇到的挫折，你通常能解决到什么程度？（　　）
   A. 大部分自己无法结局　B. 大部分靠自己解决　C. 有一部分靠自己解决

3. 与周围的人相比，你对自己的能力素质的自信程度如何？（　　）
   A. 不太自信　　　　　B. 十分自信　　　　　C. 比较自信

4. 在过去的一年中，你认为自己遭受挫折的次数为（　　）
   A. 6次以上　　　　　B. 2次或以下　　　　　C. 3~6次

5. 如果有令你很担心的事发生时，你通常（　　）
   A. 无法安心工作　　　B. 工作照样不误　　　C. 介于A、B之间

6. 碰到令人讨厌的竞争对手时，你通常（　　）
   A. 无法应对　　　　　B. 应对自如　　　　　C. 介于A、B之间

7. 面临失败时，你通常的做法是（　　）
   A. 破罐子破摔　　　　B. 把失败转化为成功　C. 介于A、B之间

8. 当工作进展太慢时，你会（　　）
   A. 焦躁万分　　　　　B. 冷静地想办法　　　C. 介于A、B之间

9. 碰到难题时，你通常会（　　）
   A. 失去信心　　　　　B. 为解决问题而费尽心思　C. 介于A、B之间

10. 在工作中感到疲劳时，你通常（　　）
    A. 总是想着疲劳，脑子也变得不好使了

B. 休息一段时间，就能把疲劳给淡忘掉

C. 介于 A、B 之间

11. 当工作条件恶劣时，你通常（　　）

A. 无法干好工作　　　　　B. 能克服困难，干好工作　　C. 介于 A、B 之间

12. 当因工作而产生自卑感时，你会（　　）

A. 不想再干工作　　　　　B. 继续振奋精神去干工作　　C. 介于 A、B 之间

13. 当上级交给你很难完成的任务时，你会（　　）

A. 竭力把任务顶回去　　　B. 千方百计去干好　　　　　C. 介于 A、B 之间

14. 当困难落到自己头上时，你往往会（　　）

A. 厌恶至极　　　　　　　B. 认为这是个锻炼的好机会　C. 介于 A、B 之间

学习情境 5

客户关系管理综合实训

学习目标

技能目标

本学习情境主要是通过工作任务，培养学生树立以客户为中心的服务理念、敬业奉献的工匠精神以及团队合作意识等职业素养，强化学生以下岗位技能。

1. 能够梳理客户专员的岗位职责和任职资格；
2. 能够设计有场所的街头拦截访问的实施方案及访问提纲；
3. 能够针对不同类型的大客户实施差异化的客户关系管理；
4. 能够设计新、老客户档案资料卡、客户关怀短信息；
5. 能够设计客户拜访提纲；
6. 能够合理设计报价单；
7. 能够设计客户满意度调研问卷，进行样本选择以及数据收集，并给出合理化建议；
8. 能够根据企业的具体情形有针对性地提出提升客户忠诚的策略；
9. 能够分辨不同的客户异议类型并给出恰当的处理建议；
10. 能够分辨不同的客户投诉类型并妥善处理投诉；
11. 能够根据企业的具体情况有针对性地提出客户服务的策略；
12. 能够根据不同的客户流失原因制定具体的挽回策略。

主要任务

任务 14　熟悉客户专员的岗位职责
任务 15　利用街头拦截访问法收集客户信息
任务 16　建立客户信息档案
任务 17　准确识别与管理超市的大客户
任务 18　拜访大客户
任务 19　设计超市报价单

任务20　制定提升客户满意度方案
任务21　培养客户忠诚度具体措施
任务22　积极化解客户异议
任务23　妥善处理客户投诉
任务24　有效提升客户服务
任务25　恰当防止客户流失

任务背景设计

某企业是覆盖全省的大型零售企业，业态涉及生活超市、社区购物中心及商业地产及物业管理等。伴随着激烈的市场竞争及客户多样化、个性化需求，该企业要想在竞争中处于有利地位，就必须面对不断变化的市场，根据客户需求的变化及时准确做出应对。

该企业的客服部是连接消费者和企业的重要部门，主要负责开拓客户、全过程订单跟进、客户满意度忠诚度管理、客户异议管理、客户投诉处理以及提升客户服务等工作。客服部由线上客服组、收银组、仓管组、客户服务组和大宗团购组等几个小组组成。

张晓梅是商务专业的一名大三实习生，她实习的部门是客服部，岗位是企业客户专员。

任务14　熟悉客户专员的岗位职责

任务引入

张晓梅刚刚入职，对于企业和客服岗位的认知不足。为了尽快熟悉岗位，张晓梅主动向领导和同事请教岗位相关知识和技能。以下是客服部经理提供给张晓梅的一些关于客户专员岗位的资料。

关于该超市客户专员的部分岗位工作职责如下：

1. 接待顾客咨询

客服人员需要热情、耐心地接待每一位顾客，解答他们关于商品、价格、促销活动等方面的疑问。对于不熟悉的商品或服务，客服人员应该尽快了解并能够提供准确的解答。同时，客服人员还需要了解顾客的需求和反馈，及时向相关部门反馈并跟进处理。

2. 处理顾客投诉

当顾客提出投诉时，客服人员需要耐心听取并记录投诉内容，尽快与相关部门协调处理。如果问题无法立即解决，客服人员需要向顾客说明情况并尽快给出解决方案。同时，客服人员还需要对投诉进行分类整理，及时向上级反馈并改进相关服务。

3. 商品退换货处理

当顾客需要退换商品时，客服人员需要了解退换货政策，核实商品情况并尽快处理。如果商品存在质量问题或与描述不符时，客服人员需要尽快与相关部门协调处理。同时，客服人员还需要对退换货情况进行记录和分析，及时反馈并改进相关流程。

4. 促销活动解释

在促销活动期间，客服人员需要对活动内容、时间、地点等进行详细解释以便顾客更好地参与活动。同时，客服人员还需要解答顾客关于促销活动的疑问，确保活动顺利进行。

5. 维护购物环境

客服人员需要保持超市内的整洁、有序，确保购物环境舒适、安全。对于不遵守规定的顾客，客服人员需要及时提醒并协调处理。同时，客服人员还需要关注超市内的各项设施是否正常运行，如有损坏应及时报修并跟进处理。

6. 顾客关系维护

客服人员需要建立良好的顾客关系，了解顾客的需求和反馈，及时跟进处理并反馈结果。对于长期顾客，客服人员可以采取一些措施进行维护和关怀，如发送生日祝福、推荐新品等。同时，客服人员还需要与顾客保持联系和沟通，收集市场信息和竞争对手情况，为超市的运营和发展提供有力支持。

7. 员工沟通协调

客服人员需要与其他部门员工保持密切沟通和协作，确保各项工作的顺利进行。在遇到问题或需要协调时，客服人员需要及时与相关部门或员工沟通解决同时，客服人员还需要协助其他部门处理顾客的疑问和投诉，提供支持和帮助。

……

关于超市客户专员的部分岗位任职资格如下：

1. 普通话标准，口齿清楚，较强的语言表达能力和沟通能力；
2. 形象气质佳、良好的服务意识、耐心和责任心，工作积极主动；
3. 具备一定的市场分析及判断能力，具有较强的客户沟通谈判技巧，善于分析客户；
4. 善于团队合作，工作认真，思维活跃，敢于大胆设想及良好的执行力；
5. 具备较强的应变能力、较强的心理素质，具备独立处理紧急问题的能力；
6. 熟练使用office办公软件及自动化设备，具备基本的网络知识；

……

除此之外，超市客户专员的工作内容还有：

1. 每天营业开始时，迎接顾客；
2. 接受符合会员资格的单位或个人的办卡申请；
3. 大宗会员、顾客登门拜访和接待；
4. 顾客投诉的处理并记录；
5. 顾客存/取包；
6. 负责促销商品的赠品发放；
7. 为大件家电购买者进行检测、试机；
8. 接受顾客咨询；
9. 超市快讯的跟踪、分发；
10. 全店的广播服务工作等；

……

任务分解

客户专员在企业中扮演着至关重要的角色,他们负责支持销售、反馈客户需求、维护客户关系、提升客户满意度、高效解决问题、提供售后服务保障、塑造企业口碑与品牌形象、监控服务质量以及促进企业内部沟通等多方面的工作。作为第一次接触客户管理和服务的新人,首先要掌握客户关系管理的基本理念、客户关系管理相关岗位的工作内容和流程,其次要完成下面的任务:
（1）理清客户专员岗位的岗位职责；
（2）掌握客户专员岗位的任职资格条件。

任务实施

（1）请按照任务背景设计和任务引入的相关资料,完善超市客户专员的岗位说明书。

岗位名称		超市客户专员	
	职责概述	具体工作职责及工作内容	
岗位职责及工作内容			
岗位任职条件	最低学历		专业要求
	工作经验		
	专业知识		
	能力素质		
	资格证书		
	其他要求		

（2）根据超市客户专员的工作内容,梳理其岗位工作流程,画出其岗位工作流程图。

任务 15　利用街头拦截访问法收集客户信息

任务引入

近三个月,超市客流量出现了明显的下滑。为了搞清楚客流量下降的原因,客服部决定在超市周边开展街头拦截访问来收集客户信息。于是客服部经理将街头拦截访问工作任务交给张晓梅,张晓梅也抓紧筹备起来。

任务分解

街头拦截访问法是调查人员将事先拟定的调查项目或问题以某种方式向被调查对象提出,要求其给予回答,由此获得信息资料。街头拦访又分为随机街头拦截访问(即平时所说的街头拦访)和有场所的街头拦截访问(即定点拦访)两种形式。我们今天要完成的任务便采用有场所的街头拦截访问这种方法。其优势是访问地点、人员比较集中,访问成本低,且收集到的信息的真实性和针对性较强。具体应完成以下任务:

(1)能够设计有场所的街头拦截访问的实施方案;
(2)能够设计有场所的街头拦截的访问提纲;
(3)根据所设计的街头拦截访问提纲内容设计街头拦访电子问卷,进行实地调查。

任务实施

张晓梅通过上网查询资料以及向客服部的同事请教,了解了有场所的街头拦截访问所涉及的一些因素和注意事项,如下表所示。

(1)请根据该方案的涉及因素和注意事项,按照模块分别写出其具体的实施要点(要具有现实意义和可操作性)。

任务节点	方案涉及因素	注意事项	方案实施要点明细
访问时间	人流高峰时段	选择人流高峰期进行访问以提高拦截成功率。	
	调查受众高频活动时间	根据受众的活动时间,选择最合适的时间段进行访问。	
	天气和季节因素	需要避开极端天气,最好选择适宜外出季节、天气。	
访问地点	人流量	选择人流量较大的超市入口或出口,以确保有足够数量的潜在受访者。	
	客户人群特征	根据调查需求,选择符合调查对象特征的客户人群,例如针对特定年龄段或消费习惯的客户人群。	
	访问环境	选择相对轻松、安静、舒适的地点以避免干扰他人或影响受访者的心情。	

续表

任务节点	方案涉及因素	注意事项	方案实施要点明细
访问培训	制定访问员任务	根据项目的具体要求，在各个访问地点合理分配样本配额，并且合理安排访问员的劳动强度。	
	访问态度	访问人员需要以礼貌、友好的态度对待受访者，以减轻其紧张感和反感。	
	访问目的	在拦截受访者之后，需要迅速说明访问的目的和内容，以避免受访者产生疑虑。	
	引导语设计	在访问过程中，需要设计同意的引导语，引导受访者回答问题，并且尽量避免偏题或情绪化。	
	访问安全	访问过程中，需要注意自身和受访者的安全，避免在人流密集的街头进行长时间停留。	
受访者选择	受访者特征	根据调查需求，选取不同受众特征的受访者，例如年龄、性别、职业等。	
	受访者态度	在拦截受访者之前，观察其表情和举止，以避免拦截到明显反感或不适的人。	
	随机性	确保拦截的受访者具有随机性以避免样本偏差。	
访问物品准备	访问提纲	访问提纲或者问卷（包括所需的示卡）。	
	访问员身份证明	胸卡、夹子或工作证等。	
	礼品	礼品应该选择精致并且较为实用，价格在预算范围内的物品。	
数据收集整理分析	数据收集	在访问过程中，需要对受访者的回答进行详细记录，包括问题的回答态度和情绪等。	
	数据整理分析	收集数据后，首先进行数据清洗整合，其次要注意对客户信息进行分类整理，如可分为客户基础信息，需求和偏好信息以及交易记录等，再对客户信息进行深入分析，并据此制定相应客户维护策略等。	

（2）根据调查提纲中给定的调查内容模块，分条目设计每一模块的提纲内容。

序号	调查内容	提纲内容设计
1	调查目的	
2	开场语	
3	被访者购买行为决策过程	
4	被访者购买行为与习惯	
5	被访者对超市的整体满意度	
6	超市主要面临哪些问题（环境、物品摆设、价格、地理位置、服务态度等）	
7	超市竞争对手满意度调查	
8	结束语	

（3）为提高街头拦访的工作效率，根据刚才所设计的街头拦截访问的提纲内容，将此内容设计成电子问卷（可利用问卷星、腾讯问卷、问卷网等电子问卷设计工具），进行实地调查。

任务16　建立客户信息档案

任务引入

在本周的工作例会上，超市销售经理强调本店近三个月销售情况有所下滑，具体表现为新客户不愿进店，老客户也降低了购买频率。超市销售经理认为超市在对客户维护方面做得不足，在和客服部进行沟通达成一致后，决定要从客户维护这一块入手，逐步建立完善的客户信息档案，对客户数据进行分析，并通过有针对性地收集客户信息，设计客户关怀方案，提高客户的满意度和忠诚度，从而提高业绩。

于是客服部经理就将设计客户信息登记表的任务交给张晓梅，用于建立客户档案，并开始收集、完善新老客户的个人信息档案，建立客户档案数据库。

任务分解

建立客户信息档案就是对客户资料进行有效的管理，其对象是每个客户，即企业的过去、现在和未来的直接客户与间接客户，他们都应纳入企业的客户管理系统。目前，客户信息档案的形式有两大类：纸质形式与电子形式。本任务主要体验纸质客户信息档案的设计。具体应完成以下任务：

（1）能够设计新、老客户档案卡，理清二者之间的区别联系；

（2）能够合理设计客户关怀短信息。

任务实施

张晓梅通过查看对比各行各业的客户信息表，利用 Office 办公软件设计出该超市新客户资料登记卡，如下表所示。

新客户档案资料卡

销售人员　　　　　　　　　　　　　　　　　　　　　　　　年　月　日

基本信息	客户姓名		性别		联系方式	
	微信号		身份证号			
	居住地址		年龄		生日	
购买偏好	购买商品类别偏好	□蔬果品　□肉蛋品　□水产品　□熟食品　□粮油品				
		□冷藏乳饮品　□酒饮品　□休闲食品　□冲调品				
		□文教品　□体育玩具　□家具　□大家电　□小家电				
		□日化品　□妇婴用品　□服饰　□箱包　□五金工具				
		□生鲜　□蔬果肉品　□水产熟食　□其他杂项等				
购买行为	购买商品名称		数量		单价	
	折扣		实付金额			
	购买时最满意因素					
	购买时最不满意因素					

（1）张晓梅设计的新客户档案资料卡是否合理？如不合理，存在哪些方面的问题，如何修改？

序号	类别	设计是否合理	如不合理，请说明原因，并提出整改意见
1	客户基本信息		
2	客户购买偏好信息		
3	客户购买行为信息		
4	其他信息 （可补充上表中缺失项目）		

（2）根据以下思路，为该超市设计老客户档案资料卡。

设计思路：我们要对产生过购买行为的消费者进行客户管理，将他们的个人信息和消费情况整理成表格，作为客户档案登记在册。通过对客户购买行为的分析，来找到商品自身的优势和劣势，分析出热销商品和滞销商品；分析客户群的消费行为，找出主要客户群的特征；分析主要客户群和次要客户群的购买心理，扬长补短，发挥超市的优势，弥补和修正不足的地方。

（3）对比设计好的新老客户档案资料卡，分析它们之间的区别与联系。

项目	新客户档案资料卡	老客户档案资料卡
区别		
联系		

（4）客户关怀短信息是一种有效的客户维护方式，能够提升客户的满意度、忠诚度、口碑传播、品牌形象和复购率。根据已经建立的客户档案，我们可参照客户分类、购买频率、购买偏好、最后购买时间等客户档案要素作为客户关怀短信的设计依据，为1-3个月未到超市购物的会员客户设计一条关怀短信息。

任务17　准确识别与管理超市的大客户

任务引入

张晓梅本周被借调到大宗团购组协助大客户专员完成部分工作，大宗团购组专门处理大客户的团购订单，可以说这个部门就是与大客户接触最多的部门。超市设有专用的团购订单处理系统，每一次大客户团购都会经过系统录入，同步库存等数据库，最终生成订单存档以供统计和查询。根据商品的多少与客户的需求，超市大宗团购组会对一些有需求的并且商品货物数量与金额达到一定数额的订单进行配送，该项工作由大宗团购组与品牌促销员负责。大客户与超市的交易金额相较于普通客户而言非常可观，如果能与大客户保持良好的合作关系，有利于超市的采购优惠与减少损耗，交易的金额、频率也会趋于稳定。因此大客户团购管理能维护与大客户长久、良好的关系，从而保证超市的稳定发展。所以，张晓梅更是以十二分的热情投入到大客户专员岗位的工作中。大宗团购组组长交给张晓梅的第一个任务就是熟悉大宗团购组的工作流程以及大客户的划分标准。

任务分解

经济学上的帕累托法则的原理也适用于市场营销中的客户关系管理工作，如把企业的客户按照销售金额由高到低的顺序进行排名，往往发现前20%的客户累计销售额占企业销售额的比例大大超过其它80%的客户，也就是说，企业的大部分销售额来自于一小部分客户，而这部分客户就是企业的大客户。

稳定的客户群体是超市赖以生存的基础。超市服务的客户群体除一般的普通消费者外，大客户、团购客户更应该是超市客户服务的又一重点。大客户可以有效提升超市的经营业绩，为其占有更大的市场空间发挥着极其重要的作用。如何更好地服务大客户，关注大客户的消费需求？在超市的日常经营管理过程当中，要对大客户给予重点关注，并要对已有的和待开发的潜在大客户进行必要的管理。具体应完成以下任务：

（1）能够设计超市大客户的判断指标和评判标准；

（2）能够针对不同类型的大客户实施差异化的客户关系管理。

任务实施

（1）张晓梅整理了目前超市的大客户判断标准，请根据附近的超市市场调查情况或者资料查询，补充大客户的判断指标和评判标准，并设置判断指标的分值，完善表格（分值设计总分为百分制）。

大客户团购界定标准		指客户对大件商品（如家电、家具等）或小件商品的购买金额累计达 2 万元以上，长期固定合作单位月采购额达到 3 万元以上。	
序号	判断指标	分值	评判标准	实际得分
1	为公司带来主要利润的客户		服务收入 50 万元以上	
			服务收入 20 – 50 万元之间	
			服务收入 10 – 20 万元之间	
			服务收入 2 – 10 万元之间	
2	今年预计的服务收入		服务收入 50 万元以上	
			服务收入 20 – 50 万元之间	
			服务收入 10 – 20 万元之间	
			服务收入 2 – 10 万元之间	
3	良好的付款记录		很好，按合同付款	
			较好，基本按合同付款	
			一般，总是拖延，但可以收回	
			较差，需要花大量精力收款	
			很差，很难收款，尾款收不到	
4	在行业中有重要地位和影响的客户		业务量大，在行业内对全国具有影响力	
			对周边地区具有较大的影响力	
			对其他同行影响力不大	
5	有力支持公司在该行业发展的样板客户		是公司最重要的样板客户	
			可以安排客户参观	
			不是样板客户	
6	已经具有长期的合作关系		5 年以上	
			3 – 5 年	
			2 – 3 年	
			1 – 2 年	
			1 年以下	

续表

序号	判断指标	分值	评判标准	实际得分
7	客户关系程度		与客户高层到技术人员均有密切往来	
			与客户高层有较少的往来，与客户中层关系密切	
			与客户中层和技术人员保持联系	
			与技术人员有较好的关系	
			没有联系	
8	客户发展战略与公司的发展战略可以配合支持发展		一致	
			基本一致	
			不一致	
9	失去该客户对公司在该行业的业务影响		会造成不可挽回的影响，如退出该行业	
			有影响，但是通过其他方式可以挽回	
			没有太大的影响	
10				
11				
12				
13				
14				
15				
16				

（2）根据以上标准为超市的大客户进行分类，完善等级划分标准和相应的客户关系管理要求，针对不同类型的大客户实施有针对性的客户关系管理。

序号	大客户等级	等级划分标准	客户关系管理要求
1	A级	上表实际得分为____分以上	每月至少进行一次实地拜访；每月至少进行三次电话回访；……
2	B级	上表实际得分为____分以上	
3	C级	上表实际得分为____分以上	

任务 18　拜访大客户

任务引入

大宗团购组整理了近期可能购买的大宗团购潜在客户信息,并决定近期对这些潜在客户进行开发,进行客户拜访。大宗团购组组长决定带张晓梅一起拜访潜在大客户,并让张晓梅事先做好潜在大客户拜访的提纲,次日提交。

任务分解

大客户是公司收入的主要来源,大客户拜访在客户关系管理中扮演着重要的角色。通过拜访大客户,企业可以深入了解客户需求,建立和维护与大客户之间的紧密关系,从而提高客户满意度、增加销售额、提升企业形象,提高客户满意度和忠诚度,从而实现可持续发展。具体应完成以下任务:
(1) 掌握大客户拜访的流程和技巧;
(2) 能够设计大客户拜访提纲。

任务实施

张晓梅通过向大宗团购组的同事请教,设计了客户拜访提纲,如下表所示。请实训学生自行选择学校所在地的任一可能购买超市商品的企业为目标客户,收集其资料,根据该拜访提纲中的涉及因素和注意事项,按照模块分别写出拜访该企业大客户的具体实施要点(要具有现实意义和可操作性)。

拜访阶段	提纲涉及因素	注意事项	提纲实施要点
拜访前准备	个人准备	拜访者需要从内在和外在两方面做准备,比如自我形象,开场白,举止仪态等。	
	拜访客户信息收集准备	比如客户在行业中的地位、规模大小、年销售额以及主要的销售市场分布、销售渠道构成、预算以及决策人资料准备等。	
	拜访资料准备	如公司相关资质、行业信息及同行案例、合作的优秀客户案例以及合同、财务信息、名片、签字笔等。	
	拜访时间地点准备	拜访时间应提前约定,避免客户的繁忙时段;地点的选择上应尊重客户意见,根据拜访目的和客户需求选择合适的地点。	

续表

拜访阶段	提纲涉及因素	注意事项	提纲实施要点
拜访中注意事项	建立融洽关系	进行自我介绍,适当的寒暄和赞美,寻找共同话题引起客户注意和兴趣。	
	初步观察客户	通过观察环境,客户形象谈吐,捕捉客户信息,初步判断客户特点。	
	倾听客户诉求	倾听的关键就是重复客户说的话,认同其感受,跟客户确认需求。	
	提问题深入挖掘客户需求	可以就客户的现状、未来的发展期望、客户最想解决的问题等方面进行询问,也可通过一些封闭问题引导客户回答。	
	塑造产品的价值	要跟客户讲出产品的最独特卖点,这些卖点是其他竞争对手产品不具备的,而且这个优势又刚好是客户需要的。	
	客户异议处理	拜访前预设一些客户可能提出的不同类型异议,并尝试回答,拜访时可根据客户的异议类型,有针对性回复。	
	提出签单,促成购买	在恰当的时机要勇敢地提出成交要求。	
拜访后总结	记录拜访活动	比如记录客户等级调整、待解决的问题、沟通中有价值的信息以及下次拜访的时间等。	
	梳理总结,制定后续工作计划	在对重要客户拜访后,相关人员一起将此次重要客户拜访中的心得体会、经验教训及时总结,便于工作的进一步提高,针对拜访中涉及的问题及时制订后续跟踪工作计划。	

任务19 设计超市报价单

任务引入

通过前一阶段对于潜在的大客户进行拜访,超市大宗团购组持续跟进了几个极有可能购买的大客户。通过几轮的拜访和沟通,我们锁定了一个商机:某工厂决定为员工采购春节福利购物卡。根据这个商机,客户开发主管、大宗团购组组长和张晓梅将于近日向该客户进行报价,组长让张晓梅提前设计好报价单,并了解一些报价谈判的技巧。

任务分解

在激烈的市场竞争背景下,企业间的协作显得愈发关键。在商业领域中,报价单是一种常见的文档,主要用于向客户展示产品或服务的价格及具体信息。一个条理清晰、格式规范的报价单不仅能提升企业的专业形象,还有助于促进合作的顺利进行。报价谈判在客户关系管理中占有至关重要的地位,是企业和客户之间的商业交涉过程。它的核心目标在于促成双方都能接受的合同从而使双方建立长期的合作关系,为企业的发展提供坚实的支撑。

那么报价单应该包含哪些内容呢?

1. 基础信息

报价单中的基础信息是构建客户合作关系的基石。在报价单的顶部,内容首先应包含企业的名称与联系方式、电子邮件等信息,便于客户与您进行直接联系。其次报价单还应该有编号与日期等信息以便进行跟踪和管理。最后,还要设计客户信息登记栏,便于客户核对与确认所接收的信息。

2. 产品或服务信息

这是报价单的主体部分,这包括:(1) 产品或服务名称:清晰地列出所提供的产品或服务的名称,以便客户能够准确理解其购买的商品或服务内容。(2) 规格与型号:如果产品有多种规格或型号,务必在报价单中作出具体说明,以便客户能够选择适合自己需求的产品。(3) 数量与计量单位:明确标出客户所需产品或服务的数量和计量单位,使客户了解所需的总数量和计量方式。(4) 价格与期限:在报价单中,应明列出每个产品或服务的单价和总价,以便客户清楚地了解价格结构和所需的总费用。与此同时,还应标明产品或服务的有效期,以提醒客户在有效期内做出决策。

3. 其他费用与条款

除了产品或服务的价格,报价单中还应包括其他相关费用和条款的说明。比如运输费用、安装与维护费用、付款方式和期限、售后服务等。

报价单的格式和设计直接关系到客户对企业的印象,并可能促进业务关系的进一步发展。具体应完成以下任务:

(1) 能够合理设计报价单;
(2) 理解并掌握报价谈判的技巧。

任务实施

(1) 张晓梅通过向大宗团购组的同事请教,查阅历史报价单资料等方式进行报价单模板的设计,请帮张晓梅设计向工厂报价的超市购物卡报价单的模板。

(2) 小组讨论:以下表格中是一些常见的在报价谈判中客户可能提出的价格问题,如何解决更合理,才能够促进客户购买?

序号	报价谈判中客户的疑虑	解决方案
1	认可产品，但觉得价格太高	
2	对比超市其他竞争对手给出的报价	
3	以新客户建立合作关系为条件要求降价	
4	企图放弃赠品或者附加服务来降低价格	
5	一直询问最低价格，得到答复后要求再降价	

任务 20　制定提升客户满意度方案

任务引入

为了不断提升超市的客户服务质量和服务水平，超市客服部计划近期开展基于客户满意度的专项调查，掌握所在地区消费者选择购物超市的影响因素，以了解客户对本超市客户服务满意程度，并提供改进建议。

任务分解

在市场竞争日益激烈的今天，企业要想保持竞争优势，就必须把客户满意度摆在重要的位置。客户满意度不仅仅代表着客户对企业产品或服务的满意程度，更是客户对企业整体价值的认可和信任。客服组的工作人员在开展调查工作前，需要熟悉并掌握客户满意度调查的基本流程和基本方法（如下图所示）。

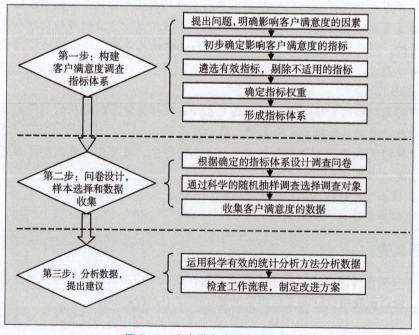

图 5-1　客户满意度调查的流程

完成本公司的所属业态领域的客户满意度科学调查，具体需要完成以下三个方面的主要任务：

(1) 构建客户满意度调查指标体系；

(2) 设计客户满意度调研问卷，进行样本选择以及数据收集；

(3) 能够分析数据并提出合理化建议。

任务实施

张晓梅所在部门也迅速响应公司要求，要求组建项目调研小组：

(1) 每组5-6人，选出一名组长，由组长确定组员任务和项目小组工作进度的安排（附团队照片）。

(2) 具体要求和考核标准（可根据实际情况自行调整）

评估项目	评估标准	分值
1. 计划增加的品类及具体产品	1. 计划的可行性 2. 计划的条理性	(10分)
2. 研究前的信息收集	1. 信息的完整性 2. 信息的针对性	(15分)
3. 企业满意度分析	1. 企业基本情况分析 2. 顾客满意度策略分析 3. 客户满意战略执行分析 4. 客户满意度的调查与分析	(25分)
4. 合理分工和团队协作	1. 分工明确 2. 团队合作 3. 具有明确的项目进度计划表	(10分)
5. 信息收集记录情况	1. 一手资料 2. 二手资料	(10分)
6. 信息技术运用	1. 网上资料达到50% 2. 报告写作电子化	(10分)
7. 项目研究内容	1. 内容丰富（企业简介、顾客满意战略、顾客满意效果等） 2. 格式规范 3. 文字表达通畅、简练 4. 适当应用图表	(10分)
8. 项目研究演示	1. 幻灯片效果 2. 报告人台风 3. 报告人熟练程度 4. 逻辑清晰	(10分)

(3) 完成时间：一周

(4) 完成内容：

a. 设计客户满意度调研问卷。根据企业的需求和调查目的，设计合理的调研问卷，应包括定性和定量评分问题。

范表

客户满意度调查问卷

类别	具体项目	满意度感受				
品牌形象	品牌知名度	□很满意	□满意	□一般	□不满意	□很不满意
	推广宣传度	□很满意	□满意	□一般	□不满意	□很不满意
	品牌整体形象	□很满意	□满意	□一般	□不满意	□很不满意
产品质量感知	产品口味	□很满意	□满意	□一般	□不满意	□很不满意
	产品包装	□很满意	□满意	□一般	□不满意	□很不满意
	产品种类丰富度	□很满意	□满意	□一般	□不满意	□很不满意
服务质量感知	客服人员业务水平	□很满意	□满意	□一般	□不满意	□很不满意
	客服人员服务态度	□很满意	□满意	□一般	□不满意	□很不满意
价值感知	产品价格	□很满意	□满意	□一般	□不满意	□很不满意
投诉与其它	投诉处理	□很满意	□满意	□一般	□不满意	□很不满意
	意外情况处理	□很满意	□满意	□一般	□不满意	□很不满意

b. 设计客户满意度仪表盘。通过可视化的方式展示客户满意度指标和变化趋势，便于管理者直观了解客户满意度的情况。

c. 根据所得数据信息，制定提升客户满意度的具体措施和方案。

任务21　培养客户忠诚度具体措施

任务引入

超市作为零售业的主要形式之一，面对竞争激烈的市场环境，吸引并保留忠诚顾客变得至关重要。张晓梅所在的超市为了提高客户忠诚度，前期已经制定了一系列的对应措施：

一、会员制度

建立会员制度。超市向顾客提供会员卡，通过会员卡进行身份识别和积分统计。会员可以享受更多的优惠和特殊服务，例如会员专属折扣、生日礼品、积分双倍等。会员制度可以让顾客感受到超市的关怀和特殊待遇，增加他们的满意度和忠诚度。

二、定期优惠活动

定期举办优惠活动。超市通过打折、赠品或积分等形式来激励顾客,让他们有更多的购物动力。比如,每周举行一次特价日,针对热门商品或新品推出折扣优惠,吸引顾客前来购买。此外,还设置了积分制度,让顾客在购物中获得积分,积分可以换取商品或折扣,增加顾客对超市的消费意愿。

三、提供优质服务

超市加强售后服务,例如提供商品包装、配送、退换货等便利服务,让顾客感到购物的便捷和舒适。因为超市的管理层意识到在服务方面的表现也是影响顾客忠诚度的重要因素。提供友好、热情、专业的服务可以增加顾客对超市的好感和信任,进而提高他们的忠诚度。超市可以培训员工的服务意识和技能,确保他们能够满足顾客的需求,及时解决问题。

任务分解

要想赢得客户的忠诚,还要根据实际采取不同的措施,具体可以从以下几个方面着手:

(1) 想法设法,努力实现客户的完全满意;
(2) 通过财务奖励措施,为忠诚客户提供特殊利益;
(3) 采取多种有效措施,切实提高客户的转移成本;
(4) 增加客户对企业的信任感与情感交流;
(5) 加强企业内部管理,为客户忠诚提供基础保障;
(6) 建立不同类型的客户组织,有效稳定客户队伍。

具体应完成以下任务:

(1) 能够对企业面临的内外部市场环境进行分析;
(2) 根据企业自身实际与特点,能够有针对性地制定培养和提升客户忠诚度的策略。

任务实施

在电子商务环境下,我国大型连锁超市顾客忠诚度面临着严重的挑战。连锁超市必须研究新环境下顾客忠诚度的特点,采取多种措施提升自身的顾客忠诚度水平,以适应未来更加激烈的市场竞争。

张晓梅是商务专业学生,现需要她从本专业的角度出发,利用SWOT模型对超市内外部环境进行分析,并结合超市实际,有针对性提出培养和提升客户忠诚度的策略和建议。

(1) 利用SWOT模型分析出电商环境下连锁超市的优势和劣势;

	优势 Strengths	劣势 Weaknesses
内部因素	1. 2. 3.	1. 2. 3.

续表

外部因素	机会 Opportunities 1. 2. 3.	威胁 Threats 1. 2. 3.

（2）针对电子商务环境的特点，从连锁超市自身实际出发，应该通过哪些途径和具体措施培养和提升顾客忠诚度。

任务22　积极化解客户异议

任务引入

张晓梅在超市工作的过程当中，在与客户的沟通过程中经常会遇到客户提出来的各种各样的问题，她的领导提醒她，在和客户沟通的时候一定要多多用心，正确地读取理解客户所提出的异议，认真考虑客户异议并且采取相应的应对措施。

任务分解

客户异议不等于拒绝，要善于挖掘顾客的隐藏异议和虚假异议，从根本上解决问题。具体应完成以下两个任务：

（1）能够准确识别隐藏异议和虚假异议；

（2）能根据所收集到的客户异议，按照性质和内容的不同，对其进行具体分类。

任务实施

请根据异议分类的原则，对张晓梅这一周所遇到的具体客户异议对号入座，并给出相应的处理建议，然后给出一个总的分析结论。

客户异议	所属类别 （根据性质划分）	所属类别 （根据内容划分）	处理建议
客户："这种鞋设计得太古板，颜色也不好看。"	虚假异议	价格异议	亲亲，您的想法也对呢，都有自己的不同的看法嘛，不过您看看，这种版式结合这个颜色看起来很搭？您觉得呢？
客户："算了，连你（销售员）自己都不明白，我不买了。"			

续表

客户异议	所属类别 （根据性质划分）	所属类别 （根据内容划分）	处理建议
客户："给我10%的折扣，我今天就给你下订单。"			
客户（一中年妇女）："我这把年纪买这么高档的化妆品干什么，一般的护肤品就可以了。"			
客户："××公司是我们的老关系户，我们没有理由中断和他们的购销关系，转而向你们购买这种产品。"			
分析结论			

任务 23 妥善处理客户投诉

任务引入

张晓梅在超市工作的这段时间里，针对所收集到的客户投诉案例，反复进行了梳理总结，发现引起顾客投诉的原因不外乎以下几种：

1. 因商品质量问题引起顾客投诉

（1）商品质量不良。如床单在经过洗涤后缩水、变皱、褪色；罐头内有异物；音响的声音有杂音等。

（2）商品标识不全。如毛衣上未标示质量成分，按照商品标识的方法洗涤却褪了色。

（3）制造上的瑕疵。如上装的袖子上有污点；半打装的玻璃杯中有一个已经破裂。

2. 因超市服务人员服务方式、态度引起顾客投诉

（1）应对不得体。如不顾顾客的反应，只顾自己聊天，不理会顾客的招呼；在为顾客提供服务后，顾客又不买了，马上板起面孔，给顾客脸色；说话没有分寸，过于随便。

（2）销售方式不当。如硬性撤销，强迫顾客购买；对于商品的相关知识不足，无法满足顾客的询问。

（3）商品标识与内容不符。如标签名册上标示着红色的毛巾，回家拆开后才发现里面装的是蓝色毛巾；买了5个，却发现盒子里面只有4个。

（4）价格标识与实际不符。如价格标牌上写的是促销的价格，但扫描显示却是正常的价格；价格标牌上写的是一种价格，但扫描显示是另一种价格。

（5）对收银的抱怨。如少找了零钱给顾客；多扫描了商品，多收了顾客的钱；收银速度太慢等。

（6）运送不当。如送货送得太迟；送错了地方；运输途中把商品弄坏了。

3. 对超市环境、设施的抱怨

（1）缺乏安全感。地板太滑，导致小孩子摔跤；人太多，被小偷偷了钱包；扶手电梯突然停电。

（2）购物环境不便利。超市卖场灯光太暗；不通风；夏天空调不够大，太热。

（3）服务设施不合理。比如，顾客必须先上二楼百货区才能下到一楼的生鲜区；存包处太少；没有试衣间。

任务分解

不论是超市的一线营运人员、管理人员，还是客服组负责顾客服务的专职人员，在接待顾客投诉或抱怨时，处理的原则都是一致的。主要的目的是消除顾客的不满与抱怨，使问题能够得到妥善的处理，使顾客感觉到在问题处理的过程中受到了尊重。具体应完成以下两个方面的任务：

（1）能够归纳整理好客户投诉的主要类型并找出原因；

（2）根据顾客投诉反馈的主要问题，能给出具体对应的改进措施。

任务实施

顾客任何一次投诉意见，服务中心工作人员都必须以文字形式记录，跟踪反馈处理。关于《顾客投诉意见接受单》（见附表），客服组工作人员于每天晚上九点半上交到分店负责人办公室签名审阅。第二天早上十点钟前客服组工作人员到分店负责人办公室取回，随即将分店负责人回复的相关问题对顾客给予反馈。请模拟一次客户投诉情况，并填写《顾客投诉意见接受单》。

附1：《顾客投诉意见接受单》

顾客投诉意见接受单

顾客姓名		联系电话		投诉日期	
投诉范围：	商品价格	商品质量	人员服务	购物环境	其它
事件发生时间：					
顾客投诉时间：					

续表

顾客投诉事项：			
我方处理意见：			
顾客反馈意见：			
顾客满意	顾客不满意（需第二天跟踪处理）		
处理人：	接待人：	前台负责人：	

附2：不同类型客户的不同接待策略（可供参考）

顾客基本类型	顾客基本特点	顾客次要特点	顾客其他特点	营业员的接待策略
爱好辩论的顾客	对各营业员的话语都是持异议	不相信营业员的话，力图找出差错	谨慎缓慢地作出决定	出示商品，使顾客确信是好的；介绍有关商品知识；交谈时用"对，但是……"这样的话语
"身上长刺"的顾客	明显的心情（脾气）不好	稍遇一点不顺心的事他就勃然大怒	像是预先准备的，具挑衅性	避免争执；坚持基本事实；根据顾客需要出示各种好的花色品种；提供温和的服务
果断的顾客	了解自己需要什么商品	确信自己的选择是正确的	对其他见解不感兴趣	语言简洁些；争取一次成买卖避免争执；机智老练的插入一点见解
有疑虑的顾客	不相信营业员的话	不愿受人支配	要经慎重的考虑才作出决定	强调品牌，介绍商品；出示商品，让顾客看、摸、尝试商品
注重实际情况的顾客	对有根据的信息感兴趣，希望详尽些	对营业员介绍中的差错很警觉	注重查看商标	强调品牌和制造商的真实情况；提供详细信息
犹豫不决的顾客	不自在、敏感	在非惯常的价格下购买商品	对自己的判断缺乏把握	友好地对待顾客，尊重他们，让他们感到舒适自在
易于冲动的顾客	会很快地作出决定或选购	急躁、无耐性	易于突然停止购买	迅速接近，避免时间过长，讲话过多；注意关键点
优柔寡断的顾客	自行作出决定的能力很小	顾虑，惟恐考虑不周，出现差错	要营业员帮助作出决定；要营业员当参谋，求作出的决定是对的	实事求是地介绍相关商品及服务的特点及优点；解答顾客心中疑虑

续表

顾客基本类型	顾客基本特点	顾客次要特点	顾客其他特点	营业员的接待策略
四周环顾的顾客	看货购物者，寻找新、奇、特商品	不要营业员说废话	可能大量购买	注意购买迹象，礼貌、热情地突出商店的服务
沉默的顾客	不愿交谈，只愿思考	对信息似乎没有兴趣，但却关注地听信息	似乎满不在乎	询问直截了当，注意购买迹象
考虑比较周到的顾客	需要与别人商量	寻找别人当参谋	对自己不了解的事感到没有把握	通过与顾客一致的那些看法，引出自己的见解，取得顾客的信任

任务24　有效提升客户服务

任务引入

在日趋激烈的市场竞争环境下，服务已经成为现代企业参与市场竞争的重要手段。张晓梅作为优秀实习员工代表，被公司派往中原地区某商贸集团参观学习，被誉为零售界服务"天花板"的该零售企业在服务方面有着自己的独到之处，近年来在众多同质企业中脱颖而出，被其他企业广泛借鉴。

超市服务台服务标准

一、环境卫生

1. 台面干净、整洁，桌面上各种票本、水盒、计算器摆放整齐有序，不允许摆放与工作无关的物品。

2. 电脑、电话等设备保持干净，能正常使用。

3. 信箱保持干净整洁、无胶印、无破损，留言簿、笔统一摆放在指定位置。

4. 退货商品按分类摆放在指定位置。

5. 服务台调、退货友情提示牌应保持干净、整洁、字体清晰。

6. 地面卫生须及时清理，地板砖保持无破损、无裂痕。

二、仪容仪表

仪容：上岗时保持良好的精神面貌。

1. 头发：头发梳洗整齐没头屑，留海不过齐眉，长发需扎起，男员工发脚侧不过耳，后不过颈。

2. 面部：牙齿清洁、口腔清新，男员工胡须剃干净。

3. 佩戴：饰物只能戴手表，女员工淡妆上岗，不准佩戴饰品和另类头饰。

4. 手：指甲常剪及清洁，女员工站立时右手压在左手上，男员工站立时双手自然下垂。

仪表：

1. 工装：工装清洁、整齐、烫平，大小适中，纽扣齐全，西裤长短适中。

2. 工卡：工卡按公司要求佩戴，照片须用一寸彩色红底工装照，打印完整、清晰。

3. 鞋袜：穿公司指定鞋袜。

三、岗位职责

1. 遵守《员工手册》和公司所制定的各项规章制度。

2. 维护并展现良好的企业精神面貌。

3. 做到热情、主动接待好每一位顾客。

4. 处理客诉时做到耐心、亲切、冷静，超越自身权限无法解决时，及时上报主管，并做好客诉记录。

5. 查看信箱顾客留言薄，24小时内与顾客联系，同时感谢顾客的意见和建议。

6. 详细了解店内所做的促销活动，方便顾客咨询。

7. 做好差价的退补工作。

8. 对于顾客所需商品及时登记，上报区域主管，做好电话回访。

9. 做好每天退货记录，有质量问题的商品及时上报，填写《商品退货明细表》。

10. 为顾客查询家园卡的余额、消费明细，为消磁的家园卡加磁。

11. 为顾客提供发票业务、办理会员卡业务。

12. 保证每天日清日结，账实平衡。

四、服务规范

行为规范

1. 上班不准迟到、早退、代别人签到、签退。

2. 必须严格执行考勤制度，需请假者，必须履行病事假手续。

3. 不准在上班前吃葱、蒜等带异味的食物，不准酒后上岗。

4. 上班期间不允许接打私人电话，不允许买东西（业务及顾客电话除外）。

5. 不准在卖场内追逐打闹、聚堆聊天、哼小曲，不准串岗空岗妨碍他人工作（为顾客服务除外）。

6. 营业期间，不准当众双手叉腰、抱臂、插入口袋。

7. 咳嗽、打喷嚏时应转身向后，稍加回避，如正接待顾客，应说"对不起"，不准当顾客的面喝水。

8. 不准在卖场内大声喊叫、大声说话、影响顾客购物。

9. 当班期间，不准出现抱怨，带情绪上岗等不利于工作的言行举止，工作期间不允许讨价还价、讲条件。

10. 按规定时间、人数出席会议，参加会议时，手机应关机或调为无声，应主动带笔和本子。

11. 参加集体大型活动时，要维护公司的形象，按规定时间进场和离场。离场时，清理自己携带的杂物。

12. 在卖场看到果皮、纸屑等垃圾应主动捡起放入垃圾桶内，养成良好的卫生习惯，做到随手清洁。

13. 感冒必须戴口罩，不允许随地吐痰。

14. 不允许乱丢垃圾、工作区域内不允许吸烟。

15. 骑乘摩托车、踏板电动车时必须戴头盔，携带有效证件，不允许酒后驾车。

16. 上下电梯时应站在电梯的右侧。

服务用语

1. 当遇到顾客不满意时，应说：行、好、请稍等、非常抱歉、马上为你办理；当超出自己权限时，应立即上报主管解决。

2. 当顾客向服务台走来时，服务人员应站起身面带微笑向顾客示意："您好，请问您需要帮助吗？"

3. 为顾客服务过程中要始终面带微笑，语气亲切。

4. 办理退货时，报出商品售价、退款金额，提醒顾客钱款当面点清："您好，这件商品50元，退给您50元，请您点好钱，慢走。"双手把钱、票递给顾客。

5. 为顾客办理完调退货，顾客离开时应有送声："请您慢走，走好"。

禁忌语：

1. 切勿用"哎"、"喂"等简单词来对待顾客。

2. 禁止背后议论顾客或在顾客背后指指划划。

3. 禁止使用"这不归我管"、"这不是我们的原因"、"这没有办法退货"等，尽量不使用否定语，更不准以貌取人。

五、工作流程

营业前

1. 提前10分钟签到，检查仪容仪表。

2. 打扫工作区域内卫生，为顾客提供一个美观、整齐、干净的环境。

3. 打开顾客留言信箱，把留言簿整理后上交值班店长。

4. 准备好工作中所需的用品，例如水盒、计算器、电话本、退货单据。

5. 熟悉当日的促销活动、特价商品，方便顾客咨询。

6. 打开电脑、发票机，检查网络是否正常运行，电话是否能正常使用。

7. 准备好退货备用金。

8. 精神饱满地迎接顾客。

营业中

1. 顾客有疑难问题，需要我们帮助时，主动上前询问，耐心解答。

2. 做好差价退补工作。

3. 正常调退商品，在顾客满意的前提下，5分钟内办理完毕。

4. 退货备用金的准备。到财务室把前一天的退货、差价总金额上报财务主管，核定查清后把现金送服务台以备当日退货使用。

5. 对于顾客所需商品及时登记，上报区域主管，做好电话回访。

6. 处理客诉时做到耐心、亲切、冷静，超越自身权限无法解决时，及时上报主管，并做好客诉记录。

7. 中午交接班内容：

a. 晨会的具体内容；

b. 未处理完的客诉，需要电话回访的顾客联系方式及回访原因；

c. 当日有促销商品的信息；

d. 顾客遗失物品交待清楚。

8. 每天所退物品，由质验人员验货后，分类退入卖场：

a. 配送验货人员把每天退货商品检验准确，（黑联由验货人员对完张数后上交收银负责人进行电脑退货）；

b. 准确计算出当天的退货总金额，由验货人员交给电脑员，金额和收银台从电脑上打出的退货金额相一致；

c. 把当天退货商品写在退货明细上，细致地说明退货原因，交给电脑员在第二天早上上传在公司网站上。

9. 细致分出各课、各处当天的差价、费用金额。整理费用单（由各处长签字）。

10. 有质量问题的商品及时上报处理。统一填写《商品质量退货明细表》。

11. 送宾前10分钟查清当日退货后剩余现金、差价、费用、报损、奖卡不当日领取的备用金必须相符，清楚每日账目，做到账实平衡。

营业后：

1. 把工作台整理干净，现金、数据性物品放至财务室。

2. 打扫区域卫生，关闭电源、拔掉插座。

3. 协助现场人员做好营业结束其他后续工作。

4. 到家后，查看员工发的平安短信。

任务分解

客户关系管理是企业运营中不可或缺的一环，而客户服务则是客户关系管理的核心。优质的客户服务对于企业来说，不仅是提高客户满意度的关键，更是推动业务增长、塑造品牌形象、预防客户流失以及优化数据管理的重要手段。为确保提供优质客户服务必须要做到"言行一致"，需要完成以下两个方面的任务：

（1）能够树立正确的客户服务理念；

（2）能够制定有效的客户服务具体措施。

任务实施

超市领导希望几位学习回来的优秀员工为全体员工做一次"如何做好客户服务管理"

专题培训,请你以张晓梅的身份,制定一份专题培训计划书,设计出详细具体的培训内容。

如何做好客户服务管理	
培训主题	培训内容
第一单元: 专业知识培训	◇ ◇ ◇ ◇ ◇
第二单元: 沟通技巧培训	◇ ◇ ◇ ◇ ◇
第三单元: 态度与形象培训	◇ ◇ ◇ ◇ ◇
第四单元 听力与倾听培训	◇ ◇ ◇ ◇ ◇
第六单元: 问题处理与冲突管理培训	◇ ◇ ◇ ◇ ◇
第七单元: 强化顾客服务意识	◇ ◇ ◇ ◇ ◇

任务25　恰当防止客户流失

任务引入

三个月前,张晓梅所在的超市(以下称超市A)销售业绩以及营业收入下滑显著,经过一系列数据分析和活动复盘发现：这段时间客户流失严重，一些粘性消费客户在近一个月甚至两个月都没有到店消费，新客户的增长也趋向缓慢，整体客户数呈现下降趋势，这显然是异常的。

此前，商圈内有一家重装开业的超市（以下称超市B），客户短暂流失在所难免，等到过了促销期自然会恢复平衡状态。但是促销期过后的两个月，超市A老客户流失情况愈加严重，极大地影响了日常销量，为此做过活动，但改善效果并不明显。

由此可见，张晓梅所在的超市日常对老客户的维护工作肯定不够重视，在超市B活动期间，也没有及时挽回，给了超市B"趁虚而入"的机会。

而从外部原因分析，如果前期超市A的老客户流失归因于超市B的价格优惠，那么在超市B开业活动结束后，老客户"脱粉"问题依旧显著，则要反思超市B在重装开业后增加了哪些优于超市A的服务，这中间除了超市B本身的营销宣传以外，客户被动或主动的配合宣传也发挥着巨大作用。

任务分解

随着市场逐渐细分和竞争加剧，客户流失越来越成为企业面临的一大挑战。如何有效地挽回客户，成为了企业优化客户关系的重要工作。为了方便"对症下药"，应具体完成以下任务：

（1）分析客户流失的具体原因；
（2）制定防止客户流失的具体措施。

任务实施

张晓梅和同事经过大量的市场调研及摸排走访，经过梳理发现，超市前段时间客户流失主要是涉及到下面几个方面的因素影响，现在请你帮助他们再深入具体地找到原因，并制定挽回客户的具体对应措施。

客户流失的原因	挽回措施
1. 顾客因素	◇ ◇ ◇ ◇ ◇
2. 竞争者因素	◇ ◇ ◇ ◇ ◇
3. 产品因素	◇ ◇ ◇ ◇ ◇

续表

客户流失的原因	挽回措施
4. 服务因素	◇ ◇ ◇ ◇ ◇
5. 员工因素	◇ ◇ ◇ ◇ ◇
6. 企业形象因素	◇ ◇ ◇ ◇ ◇